청소년을 위해 쉽게 풀어쓴

이이화의
인물 한국사

5

끝나지 않은 역사 앞에 선
현대사 인물들

청소년을 위해 쉽게 풀어쓴
이이화의 인물 한국사

5 끝나지 않은 역사 앞에 선 현대사 인물들

1판 1쇄 인쇄 | 2012. 1. 6.
1판 1쇄 발행 | 2012. 1. 13.

이이화 지음

발행처 김영사
발행인 박은주
편집인 박숙정
편집 김준영 전지운 고영완 문자영 김진희 김지아 김인혜 김효성 김보민
전략기획실 이소영 이은경 김은중
해외저작권 박선하 황인빈
디자인 김순수 전성연 이설아 고윤이   디자인 진행 이지호 오성미
마케팅 이희영 이재균 박진옥 정민영 양봉호 강점원 김대현 정소담
제작 안해롱 박상현 김일환
사진 제공 권태균
등록번호 제406-2003-036호
등록일자 1979. 5. 17.
주소 경기도 파주시 문발동 파주출판단지 515-1(우413-756)
전화 마케팅부 031-955-3100 편집부 031-955-3113~20
팩스 031-955-3111

값은 표지에 있습니다.
ISBN 978-89-349-5236-7 (세트)
      978-89-349-5585-6 44900

좋은 독자가 좋은 책을 만듭니다.
김영사는 독자 여러분의 의견에 항상 귀 기울이고 있습니다.
독자의견전화 031-955-3139 | 전자우편 book@gimmyoung.com
홈페이지 www.gimmyoungjr.com

청소년을 위해 쉽게 풀어쓴

이이화의
인물 한국사

5

끝나지 않은 역사 앞에 선
현대사 인물들

이이화 지음

주니어김영사

꿈과 지혜를 키워 주는 역사인물 이야기

많은 사람들이 한 시대를 산 역사인물의 행적에 대해 큰 관심을 보입니다. 더욱이 꿈이 많은 청소년들은 역사인물에게서 큰 영향을 받기 때문에 관심이 더욱 크지요.

역사에 등장하는 인물은 아주 다양합니다. 정치가와 사상가도 있고, 변혁운동가와 독립투사, 과학자와 의학자도 있습니다. 체제에 순응해 살아간 인물도 있고, 나라를 팔아먹거나 권력이나 이권만 챙긴 탐관오리들도 있습니다. 그렇다고 그들이 모두 역사의 주역이라는 말이 아닙니다. 다만 이런 다양한 역사인물을 통해 역사의 흐름을 짚어 볼 수 있고, 그 시대의 사정을 살펴볼 수도 있습니다. 때로는 한 사람의 인물에게서 용기 있는 행동을 볼 수도 있고 때로는 방황하는 모습도 볼 수 있습니다. 이렇듯 한 인물의 삶은 일관되게 전개되는 것이 아니라 양면성을 지니고 있는 경우가 많습니다.

저는 평생 우리 역사를 공부하고 글을 쓰면서 인물의 역할에 대해 느끼는 것이 많았습니다. 최고 통치자인 제왕이나 특정한 영웅이 역사를 만들어 냈다고 보지 않았습니다. 아무리 그들의 역할이 컸다고 하더라도 역사의 주인은 대다수 민중이기 때문입니다. 저는 이런 관점에서 인물의 전기를 쓰면서, 한 인물이 살아온 시대 사정과 개인의 성장 환경, 그리고 여러 행동들을 추적하여 개개인의 공적과 과실을 함께 담아내려고 했습니다. 그러다 보니 역사인물의 삶을 통해 그 당시의 역사와 시대가 '스크린'처럼 보였습니다.

여기에 담긴 내용은 위인전기도 아니며 영웅설화도 아닙니다. 그저 평범함 속에서 진실을 찾아가는 과정을 표현한 것입니다. 그래서 한 인물의 경우, 태어날 때 용꿈을 꾸었다는 따위의 태몽이나 어릴 때부터 천재적 재능을 지녔다거나 행동이나 인품이 나무랄 데가 없다는 따위의 전능(全能)하다는 표현은 자제했습니다.

최근 인물에 대한 전기와 책들이 많이 나오는데, 실체도 알 수 없는 왕의 독살사건이나 역사인물의 지나친 애정 이야기가 주를 이루고 있습니다. 이것은 바람직하지 못하다고 생각합니다. 우리 청소년들이 이를 보고 역사적 사실로 받아들이기 때문입니다. 이건 아주 위험한 일이지요.

이 책 속에 담긴 인물의 약전(略傳)을 읽어 보면 역사인물의 기본 상식을 알게 될 것입니다. 다시 말해 그 사실과 진실을 찾는 판단 기준을 알게 된다는 뜻입니다. 저는 한 인물의 양면성을 기술해서 판단의 기준을 제공하려고 했습니다. 예를 들어 세종대왕의 훈민정음 창제나 이순신이 승리했던 전략이 혼자의 힘으로 되지만은 않았다는 사실을 기술했고, 이것은 여러분에게 토론할 거리를 준다고 생각합니다. 두 가지 서로 다른 평가를 두고 토론을 벌이는 것은 학습 효과가 아주 큰 방법입니다. 이 책에 실린 역사인물의 양면성은 자신의 견해와 관점을 밝히는 좋은 토론의 소재가 될 수 있을 것입니다. 이제 인물 전기에서 연대나 외우는 일은 끝내야 합니다. 이런 것들은 창의성과 상상력을 해치는 교육방법입니다. 또한 영웅 한 개인이 역사의 물꼬를 텄다는 생각도 버려야 합니다.

끝으로 여러분에게 꼭 하고 싶은 말이 있습니다. 지금 우리 겨레의 뿌리와 역사 전개를 밝혀 주는 역사교육이 학교와 사회에서 소홀하게 다루어지고 있습니다. 하지만 일본에서는 독도 문제와 근현대 역사를 제멋대로 기술하고 있고, 중국에서는 '동북공정'이란 이름으로 고구려와 고조선의 역사를 왜곡하고 있습니다. 이런 현상을 '역사 전쟁'이라고 불러도 좋을 것입니다.

이런 현실에서 우리 청소년들에게 《인물 한국사》시리즈가 역사를 알고, 역사인물의 역할을 이해하는 길잡이가 되기를 기대합니다. 그리고 살아가는 삶의 지혜를 얻기를 바랍니다.

임진강 가의 새벽 바람을 맞으며
이이화 쓰다

차례

머리말   004

1부   정부수립과 개발, 그리고 독재의 명암

01 이승만 . 독재자인가 건국의 아버지인가   010
02 박정희 . 개발 독재의 상징   090

2부   정치의 그늘은 깊다

01 신익희 . 이승만의 정치적 맞수   162
02 조병옥 . 말썽 많은 극우 자유민주주의자   180
03 조봉암 . 간첩혐의를 쓴 정치적 희생양   198
04 장면 . 군사 쿠데타로 좌절한 정치가   216

3부 **누가 북한을 움직이는가**

01 김두봉 . 독립운동의 원로이자 북한정권의 원수   234

02 김일성 . 항일과 항미 그리고 독재자의 두 얼굴   250

4부 **이념인가 민족인가**

01 허헌 . 월북한 외로운 민족지도자   322

02 백남운 . 학자 출신의 좌파 정치인   340

◉　　　◉

박　　　이
정　　　승
희,　　　만,

개　　　독
발　　　재
　　　　자
독　　　인
재　　　가
의
　　　　건
상　　　국
징　　　의

　　　아
　　　버
지
　　　인
　　　가

1부

정부
수립과
개발,
그리고
독재의
명암

01
이승만

독재자인가 건국의 아버지인가

이승만은 일제 식민지 치하에서 분명 독립운동의 신화적 존재였다. 그러나 광복 후 이승만이
보여준 행보는 한국 현대사에 갈등과 분열이라는 치유하기 힘든 후유증을 남겼다. 오늘날
이승만에 대한 국민들의 평가는 사뭇 다르게 나타난다. 왜 그럴까?

● 이승만, 그는 누구인가

유난히 무덥던 1945년 여름, 한반도의 하늘에는 B29라 불리는 미국 비행기가 하늘 높이 떠서 흰 구름을 뿜어내며 날아다녔다. 어린아이들은 넋을 잃고 비행기가 사라질 때까지 바라보았다. 비행기가 사라지면, 아이들은 미국에 있는 이승만李承晩(1875~1965) 박사가 "흰옷을 입은 조선 사람들은 폭격을 하지 않으니 흰옷을 입으시오"라고 방송했다고 귓속말로 속닥거렸다. 그리고 나서 어른들에게서 들은 이승만이나 김일성 또는 독립운동가에 관련된 이야기들을 늘어놓았다.

당시 이승만은 단파 방송인 〈미국의 소리〉를 이용해 고국 동포에게 소식을 전했다. 이 방송은 1940년부터 시작되었다. 대체로 미국 등 열강이 대한민국 임시정부를 승인해줄 것이며 머지않아 우리나라는 독립할 것이라는 내용이었다. 희미한 전파를 탄 이승만의 목소리는 어찌 들으면 차분했고 어찌 들으면 애잔했다. 이 방송을 들은 사람은 극히 적었지만 그들의 입을 통해 점차 퍼져나가 어린이들에게도 전달되었던 것이다.

한국전쟁 시기, 미국 전투기들이 한반도 상공을 무수히 떠다녔는데, 사람들은 이를 '호주기'라고 불렀다. 오스트레일리아濠洲 비행기라는 뜻이다. 이승만의 부인 프란체스카(1900~1992)는 오스트리아奧地利 출신인데, 이를 오스트레일리아로 잘못 알고 '호주기'라고 부른 것이다. 다시 말해 장인의 나라인 호주에서 이승만을 돕기 위해 비행기를 보내주었다고 생각한 것이다. 누가 일부러 퍼뜨렸는지는 모를 일이나, 이런 헛소문이 끝없이 퍼지면서 이승만의 국부國父 이미지를 조작해냈다.

그러면 이승만은 누구이기에 식민지 치하에 있는 어린이들조차 그의 이름을 알았고 터무니없게도 아내의 나라에서 비행기까지 원조했다고 여겼을까? 그는 분명히 신화적 존재였다. 그의 인생역정을 더듬어보면 이해할 만한 대목도 있을 것이다.

이승만 이승만의 어릴 적 이름은 승룡承龍이었다. 어머니의 태몽에 용이 나타났다고 하여 지은 이름이다.

● 갑오개혁으로 출세의 꿈이 무산되다

이승만의 어릴 적 이름은 승룡承龍이었다. 어머니의 태몽에 용이 나타났다고 하여 지은 이름이다. 아버지는 무수한 화제를 뿌린 태종의 왕자인 양녕대군의 후손 이경선李敬善이고 어머니는 훈장의 딸인 김씨이다. 그의 아버지는 몰락한 지주의 아들로, 좋게 말하면 풍류객이고 나쁘게 말하면 방랑객이었던 모양이다. 남은 재산을 팔아 산천을 유람하면서 가정살림을 돌보지 않았다 한다. 어머니는 어릴 때 훈장 아버지에게서 글을 배워 문자를 읽을 줄 알았고 열성적인 불교 신도였다 하니, 당시로서는 보기 드문 여성 지식인에 속했다.

승룡은 두 누이가 출가한 뒤 외동아들로 태어나서 유난히 귀여움을 받았고, 떠돌이 아버지보다 어머니의 훈도를 입었다. 그의 부모는 1877년 세거지인 황해도 평산군 마산면 능내리를 떠나 서울 남대문 밖 염동으로 이사를 했다. 그가 세 살 때였다. 아버지 이경선은 서울 언저리로 이사를 온 뒤에도 유람을 즐겼다고 한다. 어머니는 외아들과 여종 하나를 데리고 어려운 살림을 꾸렸다. 그의 어머니는 삯바느질을 하면서 외아들에게 《동몽선습》 같은 초보적인 한문교육을 시켰다. 승룡은 어릴 적 다음과 같은 시를 지었다고 한다.

바람은 손이 없어도 나무를 흔들고
달은 발이 없어도 하늘을 건너간다

이인수 〈우남 이승만〉《한국현대인물론》

어린 승룡은 여섯 살 때 천연두를 앓아 눈이 보이지 않게 되었다. 승룡은 아버지의 친지인 혜민서 의원 이호선의 주선으로 진고개 서양 의사에게 치료를 받고 다시 시력을 회복했다. 우리나라 최초로 서양 의술의 혜택을 받은 것이다.

그 뒤 승룡은 퇴직대신이요 전주 이씨 문중 인사인 이건하가 마련한 서당(낙동서당)에 다녔다. 아마도 전주 이씨 종친들과 끈이 닿았던 것 같다. 그의 가족은 낙동으로 이사를 갔고 이 서당에서 본격적 수업을 받던 중, 임오군란과 갑신정변을 겪었다. 이 무렵 이건하 일가가 시골로 피란을 가자 그의 가족은 낙동서당을 지켰다.

그 뒤 그들은 다시 도동으로 이사를 갔다. 이곳에는 양녕대군의 사당인 지덕사가 있고 봉사손으로 대감을 지낸 이근수 일가가 살고 있었으며 도동서당도 있었다. 승룡은 열 살쯤에 다시 도동서당에 다니면서 본격적으로 유교 경서를 읽으며 과거준비를 서둘렀다. 이때 승룡은 아명을 버리고 승만으로 이름을 바꾸었다. 그리고 도동 우수현의 고개 이름을 빌려 우남雩南이라는 호를 지었다. '우雩'는 기우제라는 뜻을 지니는 한자이다. 이 무렵부터 해마다 과거에 응시했으나 연달아 낙방을 했다.

당시 과거는 부정의 소굴이었다. 실력이 모자라도 권문세가의 자식들은 합격을 했고, 아무리 출중한 인물이라도 가난하고 집안이 변변치 못한 사람은 턱걸이도 못했다. 그러니 이승만은 실력이 모자라서 낙방한 것이 아니라 부정의 희생물이 된 것이다. 1894년 갑오개혁 시기, 과거제가 철폐되었다. 이로써 이승만은 더 이상 과거를 볼 수 없게 되었다. 출세의 꿈이 무산된 것이며 전주 이씨 종친의 혜택을 받을 기회마저 잃고 이씨 왕조에 봉직할 계기도 중단된 것이다. 하지만 이 일은 그에게 새 전기가 열리는 계기가 되었다.

● 신지식에 눈을 뜨다

그는 16세 때 박춘겸의 딸인 동갑내기 처녀와 결혼을 했다. 이들의 신접살림은 예전에 살던 염동의 집에서 시작된 것으로 보인다. 박씨가 해방이 될 때에도 염동의 집에서 산 것으로 보아 이를 짐작할 수 있다.(이설이 있음)

이승만의 나이 20세 때인 1894년 11월(음력. 1895년까지 연대는 음력으로 사용함)에 옛 서당 친구의 권고로 배재학당 영문부에 입학했다. 이때부터 그는 영어를 비롯해 역사, 수학, 과학 등 다양한 과목을 익혔다. 그는 재능을 인정받아 여자 선교사인 조지아나 화이팅에게 한국어를 가르치는 일을 맡았다. 이는 그가 영어실력이 있었음을 의미한다. 더욱이 다음 해 8월에는 배재학당에서 부설한 초급 영어반에서 영어를 가르치기도 했다.

이 무렵 그는 상투를 잘라버리고 개화청년으로 변신했으며 자연스레 기독교 신자가 되었다. 1897년에 그는 또 한 번 화려한 무대에 올랐다. 배재학당 방학식에는 사회 명사들이 참석하곤 했는데, 이해 여름 방학식에는 미국에서 귀국한 서재필, 미국 공사와 선교사, 교사, 학생 등 600여 명이 참석했다. 이 자리에서 그는 학생 대표로 〈한국의 독립〉이라는 연설을 영어로 했고 좋은 평판을 받았다. 그는 학생 신분임에도 영어를 잘하는 청년, 미국 선교사들의 귀여움을 받는 청년, 미남에다가 언변이 좋은 전도유

망한 인물로 칭송을 받았다.

　그는 무엇보다 서재필의 눈에 들었다. 이 만남은 청년 이승만에게는 커다란 행운이었다. 하지만 그 시절에는 두 사람이 평생 적대관계로 치달아 해방 공간에서 영원히 결별할 줄은 몰랐을 것이다.

　서재필은 망명길에 오른 지 10년 만인 1895년 말경, 미국 시민권을 얻고 미국 의사가 되어 미국 여인을 아내로 데리고 왔다. 이것이 금의환향이었을까? 서재필은 귀국 후 독립문 건립을 추진했으며 독립협회를 조직하고 기관지인 〈독립신문〉을 창간했다. 독립협회는 국권운동, 민권운동에 나섰다. 독립협회에서는 학생, 시민 등 여러 계층이 참여해 토론회를 벌였고, 만민공동회를 통해 정부에 정책을 건의하기도 하고 반대여론을 환기시키기도 했다. 이승만은 초기 단계에는 학생 신분으로 독립협회의 총대위원이 되어 대중 집회를 이끄는 데 앞장섰다. 이들은 주로 대한제국을 주무르며 이권을 먹는 러시아에 대한 반대투쟁을 벌였다. 특히 독립협회는 1898년 후반기부터 비리 대신의 규탄, 입헌군주제 등 정체의 개정 등을 주장하는 정치활동을 전개했다. 시민들이 시위를 벌이면서 난동으로 흐르자 윤치호 등 온건파는 자제를 당부했지만, 강경파인 최정덕, 이승만 등 소장파들은 폭력시위로 발전시켜 무정부 상태로 만들고 정권을 탈취하려는 계획을 세웠다. 이때의 사정을 두고 다음과 같은 설명이 있다.

　강경파들은 서울의 빈민들을 돈을 주고 동원해 몽둥이 따위로 무장시켰다. 자금을 마련하기 위해 부호와 상인들에게 거의 강제로 수표를 끊어주고 돈을 빌렸다. ……이들은 무장대를 이끌고 관아 건물이 들어서 있는 광화문으로 집회장소를 옮겼다. 그곳에서 대신들과 벼슬아치들의 출근을 가로막고 만민공동회에 참석하라고 강요했다. 또 미리 황국협회 관련 인물 명단을 만들어와 그들을 잡아 족치며 압박하는 일도 서슴지 않았다.

이이화 《한국사 이야기 19 오백년 왕국의 종말》

● 옥중에서 정치가로 성장하다

고종의 친위대들은 총칼로 광화문 집회를 공격했고 이어 법적으로 기능을 정지시켰다. 강경파들은 최후의 수단으로 폭탄 테러를 비롯한 암살을 시도했다. 이 사실이 탄로나 일부 인사는 일본으로 망명하기도 했으나 최정식에게는 교수형, 이승만에게는 종신형이 선고되었다. 한편 이승만은 1898년 〈뎨국신문〉이 창간되었을 때 사장 이종일에게 발탁되어 주필을 맡아보면서, 만민공동회에서 내건 여러 주장을 글로 써냈다. 한편으로는 정부의 회유책으로 중추원 의관에 임명되기도 했다.

그러다 1899년에 체포되어 서소문 한성재판소 감옥에 갇혀 종신형을 선고받고 흙감방에서의 나날을 보냈다. 한번은 배재학당의 학우인 주상호(뒤에 주시경으로 개명)의 주선으로 탈옥을 위해 담을 넘다 발목이 간수들에게 잡혀 다시 끌려간 적도 있었다. 그때 그에게 사형이 언도되었으나 고종은 무기로 감형시켰다. 이런 활동으로 이승만의 명망은 서울을 울렸고 그의 인기는 치솟았다. 정치가 수업을 톡톡히 한 셈이다.

이 무렵 어머니는 작고했으나 아버지는 아들이 죽었다는 소문을 듣고

시체를 찾으려고 감옥 문 앞을 얼쩡거렸다고 한다. 이승만은 극한 상황에 서도 성경을 탐독하며 기독교에 더욱 빠져 들었고 영문 잡지를 읽으며 영어 실력을 키워나갔다. 또 〈뎨국신문〉에 논설을 집필하기도 하고 〈신학월보〉에 옥중기를 게재하기도 했다.

1904년 러일전쟁이 일어나자 그는 감옥에서 겨레의 독립심을 고취하려는 목적으로 《독립정신》을 지었다. 이 글은 1910년 미국에서 간행되었다. 이 저술은 순 한글로 집필했는데, 이는 그가 동료인 주시경이 몰두했던 한글운동에 동조했음을 보여준다. 이러한 과정을 거치며 그는 선진적 지식인의 대열에 들어섰다고 할 수 있다.

이외에 옥중생활을 하면서 그는 새 동지로 박용만朴容萬을 만난다. 박용만은 열혈청년이었다. 당시 두 사람은 의기투합했으나 뒷날 미국에서는 원수 사이로 벌어진다.

이해 8월 이승만은 감옥에서 고종의 특사령으로 풀려났다. 하지만 그의 사회활동에는 많은 제약이 따랐다. 그런 탓으로 그는 학교에 돌아갈 수 없었고 언론활동을 벌일 수도 없었다. 그의 선택은 제한되어 있었다.

● 미국 망명생활을 시작하다

당시 민영환, 한규설 등은 한미수호통상조약에 따라 미국에 비밀외교를 벌이려는 공작을 은밀하게 진행시키고 있었다. 여기에 영어를 잘 하고 미국인들과 친분이 두터운 이승만이 선택되었다. 그리하여 그는 1904년 11월

5일 유학생으로 위장하여 인천항에서 기선을 탔다. 아직 일제의 한국통감부가 설치되지 않았고 이른바 '보호조약'으로 외교권이 박탈되기 전이어서 고종이 특사령을 내릴 수 있었던 것이었으며 외교관 신분으로 미국에 들어갈 수 있었다.

처음에 이승만은 비밀 외교관의 밀령을 띠고 유학생으로 위장해 미국으로 향했다. 그러나 을사조약으로 외교권이 박탈되자 외교활동을 펼칠 수 없었다. 그리하여 유학생이 되어 학문에 열중할 수 있는 조건이 조성되었다. 그는 미국에서 박사학위를 받은 최초의 한국인이 되었고, 이는 평생 독립운동 또는 정치활동에 커다란 밑천이 되었다.

당시에는 미국의 상선이든 군함이든 태평양을 가로질러가는 직항로가 개설되어 있지 않았다. 미국의 기선들은 중간에 연료를 공급받거나 기관을 점검해야 했기 때문에 태평양을 바로 질러올 수 없었고, 일본의 연안을 따라 홋카이도 언저리를 거쳐 베링 해협 아래쪽을 통과해 알래스카로 내려가 하와이의 호놀룰루에 도착했다. 이승만이 탄 기선 역시 이 코스를 밟아갔다.

이승만은 이해 12월 31일에야 긴 여정 끝에 목적지인 워싱턴에 도착했다. 그는 대한제국 정부의 밀령에 따라 미국 국무장관이나 루스벨트 대통령을 만나 포츠머스에서 열리는 러일강화회의에서 대한제국의 권익을 보장해달라는 진정서를 제출하려 했다. 그러나 루스벨트는 공식 통로인 대한제국 공사관을 통해 제출할 것을 요구했고 대한제국 대리공사인 김윤정은 정부의 훈령이 없다고 하여 발송을 거절했다. 햇병아리 비밀 외교관인 이승만은 좌절하고 말았다.

더욱이 1905년 을사조약으로 대한제국의 외교권이 일본으로 넘어가서 주미공사관은 철수할 수밖에 없었다.

그 뒤 그는 미국에 주저앉아 공부를 하기로 결심했다. 사실 귀국하려 해도 할 수 없는 처지였다. 그는 조지 워싱턴 대학을 졸업하고 이어 하버드 대학에서 석사과정을 마쳤으며, 1910년 7월 프린스턴 대학에서 철학박사 학위를 받았다. 이 박사 학위야말로 이승만의 출세과정에 가장 빛나는 간판이 되었다. 이때 그는 뒷날 미국 대통령이 된 프린스턴 대학 총장 토머스 우드로 윌슨Thomas Woodrow Wilson을 알게 되었다.

그는 수학을 하면서 여러 곳에 강연을 다니며 학비를 버는 동시에, 한국의 처지를 알리는 데 많은 공헌을 했다. 그리고 물심양면으로 동포들의 지원을 받기도 했다. 이 무렵 그의 독립운동 노선에 중대한 변화가 온 것으로 보인다. 예전 만민공동회 활동에서 보여준 급진적 개혁과 다른 현실관이 형성된 것이다.

곧 한국독립 방안으로 무장투쟁이 아니라 온건한 외교노선을 지향해야 한다고 본 것이다. 이는 많은 무장투쟁 세력과 견해를 달리하는 것으로 갈등과 분쟁의 소지를 안고 있었다.

그가 학위를 받은 지 한 달쯤 지나 조선은 완전히 일제 식민지로 전락했다. 따라서 미국시민권을 얻지 못한 이승만의 국적은 허공에 뜨게 되었다. 일본 국적을 얻지 않는 한 국제 미아가 될 수밖에 없었다. 진정 망명객의 신세가 되었다.

● 미국 추종주의자로 전락하다

마침 서울의 기독교청년회에서 그를 학생부 간사로 초청했다. 미국인 기독교도 관계자들이 그를 적임자로 꼽은 것이다. 그는 가슴앓이를 하면서 번민 끝에 이 초청을 받아들였다. 그는 뉴욕을 출발해 대서양을 건너 런던, 파리, 베를린, 모스크바를 거쳐 시베리아 철도를 이용하여 만주에 들어갔다. 그리고 출발한 지 한 달 일주일 만에 서울에 도착했다. 긴 여정이었고 제대로 답사를 하지는 못했으나 유럽의 도시를 거쳐 오면서 선진 문명국에 관해 견문을 넓힌 것만은 확실하다.

서울에 돌아온 이승만은 처음 약속과는 달리 학생 지도를 맡은 기독교청년회의 학감이 되었다. 그는 이 일을 수행하면서 두 차례에 걸쳐 전국에 전도활동을 하기도 했다. 일제 경찰의 감시 아래 이루어진 고난의 여행이었지만 식민지 나라의 실정을 알아볼 수 있는 좋은 학습의 연장이었다.

이 무렵 미국 종교 지도자들의 도움을 받아 미국에서 열리는 세계감리교대회에 감리교 평신도 대표로 선발되어 미국에 갈 수 있었다. 제2의 인생길이 열리는 커다란 행운의 계기를 잡은 것이다. 그리하여 1912년부터 영욕의 미국 망명생활이 다시 시작되었다. 그의 본격적 활동의 시작은 먼저 미국 대통령이 된 옛 스승 윌슨을 만나 한국독립을 주장하는 일이었다.

그런데 이 시기 이승만의 언동은 늘 화제로 떠올랐다. 그는 강연이나 기고 또는 기자의 인터뷰에서 "조선이 병합된 뒤에 눈부시게 발전했다"거나 "나는 조선 안에서나 하와이에서나 혁명을 획책할 생각은 없다"는 말을 하면서 일본과 무력투쟁을 하지 않겠다는 의사를 토로했다. 그리고는 독립청원서를 내거나 강대국의 위임통치론을 들고 나왔다. 이승만은 백인우월주의에 동화되고 기독교 문명을 철저히 숭배한 미국 추종주의자로 전락했다. 이런 의식과 언동은 무장투쟁론자들에게 찬물을 끼얹었다.

● 미국에서 독립운동을 펼친 박용만과 안창호

1913년 초봄, 그에게 새 전환의 계기가 또 찾아왔다. 그와 의형제를 맺은 박용만이 그를 하와이로 초청한 것이다. 여기서 박용만에 대해 살펴볼 필요가 있다. 박용만은 이승만이 미국에 올 무렵인 1904년 유일한 등과 함께 미국으로 유학을 와서, 네브래스카 군관학교에서 정치학과 군사학을 공부했다. 그는 학교를 다니면서 조선인 자제를 모아 헤이스팅스에 한인 소년보병학교를 세우고 군사훈련을 시켰다. 그 뒤 그는 늘 군복을 말쑥하게 입고 다니면서 군인으로 행세했고, 우리 군대를 일본 본토에 상륙시켜 독립을 쟁취하자고 외쳤다.

1908년 안창호가 중심이 되어 대한인국민회(이후에는 국민회로 호칭)가 결성되어 기관지《국민보》를 발행했다. 박용만은 1911년 하와이로 건너가《국민보》주필을 맡아 활동했다. 1912년에는 샌프란시스코에서 국민회 중앙총회를 열고, 공립협회 등 여러 기구를 통합해 새로운 기구로 확대했다. 회장에 안창호, 부회장에 박용만을 추대했다. 안창호가 해외 조직을 확대하기 위해 중국, 시베리아 등지로 나가자 국민회 하와이 조직은 박용만이 도맡아 관리했다.

국민회는 운영자금과 유지비를 마련하기 위해 해마다 회원들에게서 25달러를 내게 했다. 국민회는 자치정부의 역할을 하며 회원증을 발급하고, 자치 경찰을 두어 재판을 하거나 불법행위를 단속하기도 했다. 박용만은 이 일을 보면서 동포 자제로 15세 이하가 15명 이상 거주하는 곳에 초급학교를 설립하는 운동을 벌였다. 이는 군대를 양성키 위한 준비작업이기도 했다.

한편 24세의 청년 안창호는 미국의 문명을 익히기 위해 1902년 샌프란시스코로 건너갔다. 그곳에서 그는 늦은 나이이긴 했지만 초등학교 과정을 마쳤다. 그러던 어느 날 길을 가다가 두 사람의 동포가 길가에서 상투를 부여잡고 싸우는 광경을 보았다. 두 사람은 인삼장수였다. 이들의 집을 가보니, 불결하고 예절을 지키지 않아 미국 이웃 사람들의 빈축을 사고 있었다. 이후 그는 공부를 포기하고 동포들을 대상으로 청결운동, 예절운동을 벌이기로 결심했다. 다음 해 이대위 등과 함께 교포 친목단체인 상항(桑港, 샌프란시스코의 한자식 표기)친목회를 결성했다. 이곳에는 당시 유학생과 인삼장수를 합해 23여 명이 살았다 한다. 그러니 샌프란시스코와 하와이는 거의 동시에 초기 조선 이주민이 자리 잡은 곳이 된다.

그는 1907년 귀국해 국내에서 활동을 벌이다가 1912년 다시 미국으로 건너가 샌프란시스코에 자리를 잡고 활동을 벌였다. 그리고 공립협회 조직을 확대하기 위해 미주 본토에 지회를 설치하고 국내와 연해주, 중국 본토, 만주 일대를 돌아다녔다.

1908년 공립협회에서 하나의 사건을 일으켰다. 대한제국의 외교 고문을 지낸 스티븐스는 일본 침략을 옹호하는 미국인이었다. 스티븐스는 샌프란시스코에서 "일본이 조선을 보호하는 것은 정당하다"는 말을 신문 인터뷰에서 천명했다. 이에 공립협회는 회원 장인환과 전명운을 시켜 스티븐스를 암살케 했다. 스티븐스는 장인환의 저격을 받고 숨졌다. 이 사건은 미국의 신문 지면을 장식했다. 그 뒤 공립협회는 침체를 면치 못하다가, 국민회에 합류했다. 그런데 장인환의 법정 통역을 이승만에게 부탁하자, 이승만은 "기독교도로서 살인자를 도울 수 없다"고 거절해 많은 비난을 받았다.

● 조선인들, 하와이로 이주하다

그러면 미주 독립운동의 중심지인 하와이 동포의 사정을 알아보자. 서술이 비록 장황하기는 하지만, 이는 미주 독립운동 또는 이승만의 행적을 알아보는 데 빠질 수 없는 부분이다. 다만 여기서는 1919년 이전의 사정만 언급하기로 한다.

1902년 12월 22일, 크리스마스를 며칠 앞두고 제물포 부두에서는 일본 기선이 긴 기적을 울리면서 출발했다. 남루한 옷을 걸치고 부두에 몰려나와 찬 바닷바람을 맞으며 환송하던 사람들은 소매를 걷어 올려 진한 눈물을 닦았다. 소똥, 말똥, 석유 냄새가 진하게 풍기는 기선 3등 칸에는 조선 사람들이 타고 있었다. 조선 사람들은 대부분 한복 차림에 상투를 틀고 수염을 기르고 있었다. 이들이 조선 최초의 공식 이민자들이었다. 이들은 일본 고베에서 신체검사를 받았는데, 그 과정에서 20명이 탈락해 총 102명이 미국 이민선인 캘리스호로 갈아탔다. 그리고 1월 13일(우리 날짜는 1월 14일) 하와이 호놀룰루에 도착했다. 서울에서 출발한 날로부터 꼬박 22일이 걸렸다. 이들은 하와이의 여러 사탕수수 밭에 투입되었다.

대한제국 정부는 하와이 이민제의를 받고서 수민원과 동아개발공사에서 이민자를 모은다는 광고를 여러 곳에 붙이고 신문에도 광고를 냈으나 응모자가 없었다. 이를 안 제물포 용동의 내리교회의 존스 목사가 서울, 원산, 인천 등지의 교회 신도들과 노동자들을 설득해 이민자를 모았다. 그 때문에 첫 이민자의 절반이 기독교 신자였다.

하와이는 태평양의 진주로 불리는 아름다운 섬으로 사탕수수와 백단(향료나 기름, 약의 원료)이 풍부하게 생산되는 곳이며 고래잡이의 전진 기지였다. 19세기 중엽에 영국, 프랑스 등이 피지 군도를 점령하고 하와이에 상륙하는 따위로 태평양 연안을 석권했다. 그러자 가까운 곳에 있던 미국은 이를 눈감아 둘 수 없어 선제공격을 가했다. 하와이를 점령하고 하와이 왕국을 괴뢰로 만든 뒤, 추장들을 회유하여 친미파로 돌려놓았다. 하와이는 미국의 정치적, 경제적 예속 단계를 거쳐 1898년에 미국에 합병되었다. 이때부터 하와이 사탕산업은 미국의 상업자본가가 독점했다. 현지에서 노동력을 확보할 수 없게 되자, 이민국을 설립하고 중국 광동 지방의 고력苦力(쿨리)들을 수입했다. 중국 남쪽 사람들은 하와이로 활발하게 진출해 장사꾼이나 기술자, 가정부가 되기도 하고, 농장을 경영하기도 했다.

하와이 당국과 사탕업자들은 1880년대 말까지 고력 5,000여 명을 수입했고, 1890년대부터 1902년까지 일본인 노동자를 받아들였는데, 그 숫자는 모두 3만여 명이 넘었다. 중국과 일본 노동자들이 자주 쟁의를 벌이자 그들은 새로운 노동 시장을 찾았다. 그 대상이 바로 조선 노동자였다.

그래서 처음 조선 사람들이 하와이로 간 뒤부터 단계적으로 노동자가 수출되었다. 조선 노동자들은 미리 전대금前貸金을 받는 등 다른 노동자들보다는 조금 나은 혜택을 받았다. 그래서 1902년부터 1905년까지 7,297명의 조선 노동자들이 하와이로 건너갔다. 이 속에는 여자 1,341명, 어린이 911명이 포함되어 있다. 여자와 어린이들은 대개 가족의 일원이었다. 더욱이 이들의 신분은 농민이 아니라 서울 주변의 도시 노동자, 구식 군인, 하급 벼슬아치, 정치 망명자, 학생, 순검, 광부, 하인, 승려들이었다.

그러면 이들의 노동 조건은 어떠했는가. 이들은 계약노동제도에 따라 복무가 규정되었다. 첫째, 계약 기간은 5개년 이내, 때로는 2~3년으로 한정되기도 한다. 둘째, 만일 사탕 재배원에서 일하기를 거부하면 감옥에 가두어 강제노동을 시킬 수 있다. 셋째, 노동 거부로 소송이 발생할 경우에 비용은 노동자가 부담한다. 넷째, 하와이로 오는 뱃삯은 임금의 일부로 대여 받을 수 있다. 마지막으로, 고용주가 잔학 행위를 했을 경우에는 5달러 또는 100달러의 벌금을 문다.

이 규정은 주인과 노예의 관계를 기본으로 한 것으로, 주인 또는 감독하는 사람이 매질을 할 수도 있었다. 따라서 앞의 규정에 비록 벌금을 규정하긴 했으나 임금의 기본, 노동자의 복지 등 다른 관계의 규정은 없었다. 이 규정은 많은 논란을 거쳐 조금씩 개정되었다.

모든 이민자들은 출신국을 표시하는 고유 번호표를 받았다. 이 번호표는 신분증과 같았다. 영어를 전혀 모르는 사람이나 서투른 사람들을 가려내 화장실 청소 등 잡역을 시켰다. '루나'라 부르는 감독은 거의 백인들이었다. 악질의 루나들은 조금이라도 게으름을 피운다 싶으면 발로 차고 채찍으로 후려치기도 했다.

정부 관리로 이민선을 타고 동행했던 현순은 《포규유람기布珪遊覽記》(포규는 하와이의 한자식 표기)에서 조선 노동자의 처지를 이렇게 설명하고 있다.

첫째, 사는 집은 목제 가옥으로 보통 방이 네댓 개 있다. 노동자 대여섯 명이 방 한 칸을 사용했으며, 아내가 있는 자는 방 한 칸을 사용했다. 식당은 별채에 마련했다. 둘째, 음식은 쌀밥, 채소, 고기, 우유 등을 먹으며 더러 보릿가루로 떡, 만두, 국수를 만들어 먹기도 한다. 자취하는 사람도 있고 돈을 내고 기식하는 자도 있다. 셋째, 작업의 종류는 땅 일구기, 나무 심기, 김매기, 풀베기, 물대기, 잎 다듬기, 수확하기, 실어 나르기 등이다. 운반과 왕래는 철도를 이용한 운반차를 사용한다. 넷째, 노동시간은 아침 6시부터 시작해 한 시간 동안 점심을 먹고 오후 4시 30분에 돌아온다. 일하는 동안 떠드는 것과 담배 피우는 것을 금지한다. 다섯째, 임금은 한 달에 26일 노동한 자는 18달러를 받는다. 그중에 식비 6달러와 담배, 의복, 잡비 10달러를 제하고 8달러를 저축한다.

당시의 8달러는 오늘날 실질 가치로 800달러에 해당한다고 한다. 결코 적은 돈이 아니다. 근검절약해 많은 돈을 모아 계약 기간이 끝나면 귀국하는 자도 있었으며, 하와이에서 자립하여 상업에 종사하는 노동자들도 있었다고 한다.

현순의 목격담에 대해서는 대체로 좋은 면만 적어 놓았다고 보는 학자들도 있다. 고승제는 《한국이민사연구》에서 이렇게 기록하고 있다.

전대금을 2년 동안 갚느라 임금을 한 푼도 받지 못하고 노예같이 일했다. 또 식사의 지급이 충분치 못하고 혹사를 당해 병이 들어도 제대로 치료할 수 없었다.

1905~1907년 사이 1,000여 명이 사탕 재배원을 탈출하거나 쟁의를 벌여 쫓겨났다. 그들은 샌프란시스코와 캘리포니아 등지의 쌀 재배 농장 또는 광산이나 철도 노동자로 진출했다. 당시 캘리포니아의 쌀 농장은 미국 농민들이 실패한 뒤 다른 곳으로 가버려 황폐해 있었다. 이들 농장을 인수해 쌀을 재배했고 큰 성공을 거두었다. 또 광산과 철도 노동자들은 하루 2달러 이상의 노임을 받았다. 하지만 겨울철에는 일거리가 없어 형편은 나아지지 않았다.

계약 기간이 끝난 하와이 조선 노동자들 몇몇은 고국으로 돌아가기도 했으나, 나라가 망한 처지여서 귀국을 포기하고 하와이의 여러 도시로 흘러가서 새로운 직업을 가지기도 했다. 특히 호놀룰루에서 잡화상, 가구상, 식당 등을 하면서 많은 돈을 번 사람들도 있었다. 그리고 파인애플과 커피 재배원에서 좋은 조건으로 일해 돈을 모으기도 했다.

1913년 하와이 조선 노동자는 1,400여 명을 헤아렸다. 초기 이주 단계에서 4분의 1정도 감소했다. 여기에는 애국심이 강한 구식 군인 500여 명이 섞여 있었다. 그중 200여 명은 다른 노동자와 함께 미국 본토인 캘리포니아, 네브래스카, 콜로라도 등에 흩어져 살면서 한인사회를 형성했다.

초기 이주 한국 노동자의 10분의 9가 홀아비였다 한다. 1910년 조선총독부에서 뱃길을 열자 고국에서 처자를 불러오기도 하고 사진결혼의 방법으로 고국의 여자를 데려오기도 했다. 1910년대에 조선에서는 "하와이에는 돈이 주렁주렁 열리는 나무가 있다"라거나 "길가에 먹을 것이 굴러다닌다" 따위의 소문이 나돌아 하와이를 낙원처럼 여겼다. 사진결혼의 경우, 나이차가 대체로 열다섯이었다고 하며 스무 살 이상 차이가 나는 경우도 더러 있었다 한다. 그리하여 고국에서 간 사람들과 2세, 3세가 태어나면서 한국계 인구가 늘어났다.

한편 조선 이민자들은 초기부터 교육열이 높아 순수한 한인 사립학교를 설립하기도 하고 미국계 공립학교에 취학하기도 했다. 그리하여 당시 31퍼센트의 취학률은 일본계의 30퍼센트보다 높았으며 동양인들 사이에서 가장 높았다. 한인들이 미국 학교에 입학할 경우에는 백인들의 배척을 받았다. 샌프란시스코에서는 백인들이 '일인·한인 배척동맹'을 결성해 학교에서 내쫓는 사태가 일어나기도 했다. 그 속에서도 한인 학교에서는 한국어와 한국 역사를 가르쳤으며, 교회에서도 강연 등을 통해 한국인임을 일깨워 주었다. 이런 기반 위에서 조국의 독립을 위해 모금을 하거나 직접 독립투쟁에 나서기도 했다.

● 새로운 분열의 싹이 트다

이승만은 하와이에서 감리교 부속의 한인중앙학원장으로 재직하면서 활동을 전개했다. 그는 감리교에서 설립한 한인기숙학교를 한인중앙학원이라 고치고 민족교육을 실시했다. 그러자 미국인 감리교 감리사가 민족교육을 반대하고 나섰다. 이에 이승만은 학원장직을 사임하고 새로운 학원을 세웠다. 그는 태극기를 걸어놓고 민족교육에 열중했다. 초기의 이런 학교 형태는 1918년 한인기독학원으로 발전했다. 더욱이 감리교에서 한인의 민족운동을 금지하자 한인기독교회를 창설하고 교회 안에서 어린이들에게 우리말을 교육하기도 했다.

그리고 〈태평양잡지〉를 창간해 청나라와 일본이 조선땅에서 전쟁을 벌인 내력을 적은 《청일전기》 등의 홍보물을 간행하는 등 언론 출판활동을 전개했다. 이들 학생과 후원자들은 뒷날 이승만 계열 또는 지원자가 되어 하나의 파벌을 이루었다.

한편 이승만은 하와이에 온 초기부터 하와이 실력자이면서 군사양성에 열중하는 박용만을 맹렬하게 비난했고, 박용만 반대세력을 규합했다. 이승만은 국민회의 운영권 곧 회비관리권을 움켜쥐려고 온갖 공작을 벌였으나 쉽게 실현되지 않았다. 박용만은 다른 농장으로 군영을 옮겨가면서 군사훈련을 거듭했으나 두 사람의 대립은 그칠 줄 몰랐다.

이 무렵 일제는 밀정을 통해 박용만의 군사훈련 사실을 캐냈다. 주미 일본대사관에서는 미 국무장관에게 이를 항의했고 국무장관은 하와이 총독에게 그 실정을 알아보게 했다. 1918년 박용만이 살인미수 혐의로 재판을 받자 이승만은 다음과 같이 증언했다.

그는 미국 영토에 조선국민군단을 설립하고 배일행동을 하면서 일본군함 출운호가 호놀룰루에 도착하면 파괴하려고 음모를 꾸미고 있다. 이는 미국과 일본 사이에 중대사건을 일으켜 평화를 방해하려는 짓이다.

김원용 《재미한인오십년사》

박용만은 온갖 음모에 시달리면서 주도권을 잃어갔다. 이승만은 자금 횡령 혐의로 국민회 간부들을 고소했고, 국민회 간부들은 법정에서 고통을 받아야 했다. 서로 벌인 소송사건이 열 차례나 있었다. 두 파가 서로 테러를 가하기도 하고 국민회 대표회의 때 총격이 가해지는 일도 벌어졌다. 이런 분쟁 속에서 마침내 국민회 주도권이 이승만의 손아귀에 들어갔다. 분쟁이 야기되는 속에서도 독립기부금은 잘 걷혀, 1915년 1,523달러에서 해마다 늘어나 1918년도에는 3,775달러를 기록했다.

하와이 사탕수수 노동자 출신들과 한인 사업가들이 조국 독립을 바라는 일념에서 배를 곯아가면서 회비를 냈던 것이다. 하지만 많은 동포들은 이승만을 '협잡배'라고 매도했고 돈을 너무 밝힌다고 꾸짖기도 했다. 그러나 그는 아랑곳하지 않았다.

1918년 1차대전이 끝나고 파리강화회의가 열린다는 소식이 미주 동포사회에 날아들었다. 많은 동포들은 이에 고무되었다. 안창호는 윌슨 미국 대통령에게 청원서를 낼 대표로 이승만, 정한경, 민찬호를 지명했다. 그리고 이해 11월 안창호는 국민회 중앙총회를 열어 정한경을 파리강화회의 대표로 지명했다. 이렇게 되자 이승만 계열에서는 이승만이 대표에서 빠졌다고 항의했고, 안창호는 다시 이승만을 대표로 추가했다. 이승만은 정한경이 작성한 청원서에 다음과 같은 내용을 추가했다.

장래에 한국의 완전한 독립을 보장하는 조건 하에서, 국제연맹의 위임통치 아래에 두고 현재 일본의 통치 아래에서 해방하는 조치를 취할 수 있도록 저희의 자유, 소망을 평화회의의 탁상에서 지지하여 주시기를 간절히 청원하는 바입니다.

이이화 《이이화의 한국사 이야기 20 우리 힘으로 나라를 찾겠다》

이를 요약하면 정한경과 이승만은 조선 자치론을 주장했다. 그들은 영국이 인도에 허용한 수준으로 일본도 조선의 자치를 허용해야 한다는 논리를 전개했다. 이는 전승국인 일본의 동의를 바라는 청원의 성격을 띠었다. 우리나라는 독립을 할 수 있는 국제 환경이 아니니 자치라도 해야 한다는 것이다. 실현 가능성이 있는 방안 같지만 이것은 장수가 전투를 중지하고 백기를 들고 항복하는 것이나 다름없었다.

이 청원서는 미국이 이들에게 여권을 내주지 않아 제출하지 못했다. 하지만 이는 새로운 분란을 야기했다. 위임통치안의 내용이 전해지자 많은 미주의 동포들은 벌집 쑤셔 놓은 듯 와글거렸다. 자치론 요구 소식이 전해지자 이승만에게 '제2의 이완용'이라는 비난이 쏟아졌다. 이런 언동은 박용만을 비롯한 무장투쟁세력, 서재필을 비롯한 언론을 통해 독립운동을 벌이는 계열, 무력투쟁을 통한 혁명운동을 전개하는 신채호, 이동휘 등에게 심한 분노를 자아냈다. 그리고 실력양성론을 펴는 안창호와 같은 온건론자와 상해에서 중국의 힘을 빌리려는 신규식 같은 인사들의 불만을 샀다.

● 임시정부의 대통령으로 추대되다

1919년 고종의 인산을 계기로 벌어진 3·1만세운동은 이 나라의 역사를 바꾸어 놓았다. 물론 세계대전이 끝나고 윌슨이 민족자결주의를 주창해 이를 계기로 일대 운동을 펴려고 준비를 서두른 막후 인사들의 영향도 있었지만, 고종이 일제의 손에 독살되었다는 설이 유포되어 민중의 분노를 자극한 데 직접적 원인이 있다.

3·1만세운동의 봉화가 타올라 전국에 걸쳐 전개될 시기인 4월 23일, 서울에서 전국의 13도 대표들이 모여 국민대회를 열었다. 그들은 국체를 공화제로 하고 이승만을 집정관 총재로 추대했다. 이를 한성임시정부라 부르지만 대표성에는 의문이 제기된다. 그저 임시정부를 발족시켰다는 의미만 있을 뿐이다.

한편 이보다 앞서 이해 2월에 만주 길림에서 여준 등이 중심이 되어 임시정부를 수립하고 선언문을 발표한 바 있다. 여기 독립선언에 이름이 오른

이승만 대통령 취임 환영식   1920년 12월 상해에서 열린 이승만 대한민국 임시정부 대통령 취임 환영식. 가운데 화환을 두른 사람이 이승만이다.

인물은 만주 지역의 김동삼, 김좌진, 이상룡, 이시영 등, 중국 본토의 신규식, 박은식, 신채호, 김규식 등, 러시아 연해주의 이동휘, 이동녕 등, 미주의 이승만, 박용만, 안창호 등이었다. 그러나 대체로 임의로 이름을 올려 대표성에 한계를 지니고 있었다. 한편 연해주 블라디보스토크에서 레닌이 약소민족 해방을 언급하자 이에 고무되어 임시정부를 발족시키기도 했다.

그리고 서재필, 이승만 등은 이해 4월 14일부터 사흘 동안 필라델피아에서 한국인 대표자대회를 열고 한국독립을 선언하고 자유민주국가의 수립을 다짐했다. 이승만은 한성정부에서 자신을 집정관 총재로 추대했다는 소식을 듣고 별다른 준비와 합의도 없이 집정관총재 사무소를 개설했다. 상해에서는 임시정부를 준비하면서 이승만을 국무총리로 추대하려는 움직임이 있었다. 그런데 이승만은 '임시 대통령'이라는 호칭을 쓰면서 미국 외교가를 누볐다. 이에 안창호가 임시정부는 국무총리제이니 임시 대통령이라는 호칭을 쓰지 말라는 전보를 보냈고, 이승만은 "독립운동에 방해가 되니 떠들지 마시오"라는 회전을 보냈다. (강원룡《역사의 언덕에서》참고할 것)

상해에서는 오랜 준비를 끝내고 이해 9월 6일, 마침내 대한민국 임시정부가 출범했고 정체는 공화제를 표방하고 대통령에는 이승만을 추대했다. 우익전선과 좌익전선, 무장투쟁노선과 외교노선, 온건파와 강경파 등이 합의해 임시정부라는 망명정부를 결성했다. 임시정부는 민족해방운동의 총지휘부로 출발한 것이다. 그리하여 많은 독립운동 인사들이 속속 상해로 몰려들었다.

그러면 이승만이 왜 대통령으로 추대되었을까? 그 근거는 세 가지로 요약할 수 있다. 첫째, 먼저 발족한 한성임시정부에서 이승만을 집정관 총재로 추대한 데 근거를 둘 수 있다. 한성정부를 통합한다는 명분을 내걸어 통합 흡수의 의미를 보탠 것이다. 둘째, 망명정부의 국제적 승인이 절실하게 필요했다. 이승만은 외교가를 표방하면서 활동해왔고 영어 구사능력을 갖추고 있으니 효용성이 있었다. 셋째, 국내에서 대중적 인기가 있었던 것에서도 근거를 찾을 수 있다. 이승만은 만민공동회에서 공화제를 주장했고 사형을 언도받았으니 대중적 이미지가 있었다.

하지만 이승만을 대통령으로 추대한 일로 임시정부는 초기부터 내분에 휩쓸렸다. 박용만은 이승만과 함께 일할 수 없다며 처음부터 참여를 거부했고, 이동휘, 신채호 등은 이승만이 위임통치론을 주장한 인물이라며 맹렬히 비난했다. 이승만 반대론의 대표적 인물은 신채호였다. 그는 평소에 이승만의 외교론과 자치론, 안창호의 준비론 또는 실력양성론을 현실성 없는 위험한 노선이라고 보았으며, 조선과 일본은 어느 한쪽이 망해야 결말이 난다고 주장했다. 이승만이 임시정부 대통령으로 추대되자, 그는 이완용은 존재하는 나라를 팔아먹었지만 이승만은 나라를 찾기도 전에 팔아먹었으니, 이승만은 이완용보다 더 큰 역적이라고 매도했다.

그런 탓인지 이승만은 임시정부가 발족한 지 1년이 넘는 1920년 12월 8일에야 상해에 부임했다. 그가 상해에 나타나자 분란은 더욱 거세졌다. 끝내 그는 여러 가지 이유로 의정원의 탄핵을 받았고, 상해에 온 지 채 1년이 못 되어 상처만 남기고 미국으로 돌아갔다. 그는 다시 미국에서 임시정부 구미위원부를 설치해 외교활동을 벌였고, 국민회에 맞서 대한인동지회를 발족시켰다. 그런데 이 무렵 그에게는 하나의 고정관념이 자리를 잡았던 것으로 보인다. 곧 그를 철저하게 반대한 임시정부 안의 사회주의 세력을 미워하고 견제한 것이다. 이것은 그의 미래 정치행각에 커다란 영향을 주었을 것이다.

● 구미위원부 위원장으로 활동하다

여기서 이승만과 국민회가 독립자금 문제로 분란을 겪은 사실을 알아보자. 임시정부가 발족되자 국내외에서 많은 독립자금이 들어왔다. 1919년 미주의 국민회에서 임시정부에 송금한 내역을 보면 공식적으로 36,000달러였다. 다음 해 이승만도 많은 돈을 가지고 상해로 왔다. 1920년도에는 미주에서 200만 달러를 모금했는데, 오늘날의 가치로 보면 2억 달러가 된다.

이승만이 구미위원부를 발족한 뒤, 미주 동포들이 낸 독립자금은 구미위원부에서 마음대로 전용하고 임시정부로 보내주지 않았다. 그리고 독립자금 모금을 두고 다시 주도권 분쟁이 야기되었다. 안창호, 박용만이 없는 미주에서 이승만은 단독 외교를 벌이면서 자신의 영역을 넓혀나갔다.

이승만은 1925년 3월 임시정부 대통령직을 사임했으나 임시정부 산하에 있는 구미위원부의 위원장 자리는 지키고 있었다. 이 시기 그는 학원, 교회, 동지회 등 3대 사업에 열중했으나 비교적 평온한 나날을 보냈다. 그는 여러 강연을 통해 일본이 새로 전쟁을 도발할 것이라고 미국 청중들에게 경고를 했다. 결국 일제는 중일전쟁의 시작인 만주사변을 일으켰고 뒤이어 진주만을 습격해 태평양전쟁을 야기했다.

1933년 그는 스위스 제네바로 가서 국제연맹에 한국의 독립을 호소했고, 각국 대표에게 조선독립이 이루어져야 극동의 평화가 보장된다고 역설했다. 하지만 미국 정부는 물론 각국 대표들은 그의 설득과 주장에 귀를 기울이지 않고 무시하기 일쑤였다. 그는 좀 더 설득력을 얻기 위해 1940년 일본의 침략을 폭로한 《일본 내막기》를 집필해 출간했다. 이와 때를 같이 해 태평양전쟁이 야기되자, 이 책은 더욱 주목을 받았다.

● 서양 여인과 결혼하다

이승만의 생애에서 커다란 화제를 뿌린 사건은 바로 프란체스카와의 결혼이다. 이 결혼에 대해서는 여러모로 찬사와 비난이 엇갈렸다.

1933년 2월, 이승만은 스위스 제네바에서 열리는 국제연맹 회의에 참석하는 각국 대표들을 만나기 위해 스위스 레만 호반에 있는 뤼시 호텔에 묵었다. 호텔 식당은 각국 대표들로 만원을 이루었다. 이승만은 식당의 빈자리를 찾다가 어느 모녀가 앉은 자리에 합석하게 되었다. 초로의 동양신사 이승만과 벽안의 모녀는 영어를 매개로 인사를 나누었다.

다음 날 일본의 중일전쟁 도발을 규탄하고 한국 독립을 주장하는 이승만의 인터뷰가 신문지면을 장식했다. 여인은 기사에 실린 이승만의 사진을 보고 스크랩을 해서 호텔 프런트에 전해주었고, 잇따라 다른 보도 기사도 모아서 보내주었다. 이승만은 이 젊은 여인에게 감사를 표하기 위해 차를 접대했다.

이 여인은 오스트리아 비엔나 출신으로 사업가의 딸이었다. 상업전문

이승만과 프란체스카 이승만 생애에서 가장 커다란 화제를 뿌린 사건은 프란체스카와의 결혼이었다. 왼쪽이 이승만, 가운데가 프란체스카이다.

대학을 졸업하고 스코틀랜드에서 유학했다. 그녀는 예전에 결혼을 했으나 3년 만에 이혼하고 자녀도 없이 독신으로 지냈다. 그녀는 이 만남 뒤에 이승만과 서신을 주고받았고 재회하기도 했다. 그녀는 여러모로 이승만을 돕다가 만난 지 1년 3개월 만에 결혼을 약속했다. 그들의 결혼식은 1934년 뉴욕에서 치러졌는데, 당시 신랑은 59세, 신부는 34세였다. 그녀는 한번도 잉태하지 않은 석녀石女로 알려졌는데 이것이 불행인지, 다행인지는 모를 일이다.

　그러면 첫 번째 아내 박씨는 어떻게 되었는가? 그가 1912년 한국을 떠날 때 이미 헤어지기로 작정하고 친지에게 이혼수속을 부탁해 놓았다 한다. 그는 고종사촌인 한사건에게서 100원의 돈을 빌려, 박씨에게 이혼 뒤

생활근거를 마련해 주도록 했다.(이인수 〈우남 이승만〉《한국현대인물론》)

　그런데 여기에 의문점이 있다. 과연 이혼수속이 제대로 되었는지 확인되지 않는다. 근래 배재대 우남관에 보관되어 있던 그의 빛바랜 가족사진 한 장이 발견되었다. 이승만이 도미할 무렵의 사진이라 한다. 사진 왼쪽에는 이승만의 부모로 보이는 남녀 노인, 오른쪽에는 이승만 부부, 가운데는 10살이 넘은 듯한 여자아이와 모자를 쓴 7~8세쯤 되는 남자아이가 서 있다. 이승만이 콧수염을 기르고 있는 것으로 보아 2차 도미 때 찍은 기념사진으로 보인다. 이승만은 1남 1녀를 둔 것으로 추정된다.[한국방송 〈한국사전 – 이승만편〉(2008년 8월 30일 방영)]

　이승만이 미국에 체류하고 있을 때 아들 봉수가 죽었다는 연락을 받고 무척 슬퍼했다는 기록이 있다. 게다가 해방 뒤 박씨와 딸은 이승만의 옛집이 있던 남대문 밖 염동에 살고 있었다 한다. 그러니 박씨는 이혼을 하지 않고 관습에 따라 시아버지를 한동안 모시고 살았던 것으로 보인다. 이승만은 1913년 하와이에 있을 때 아버지의 초상을 알리는 전보를 받았다. 《이승만문서》 그러니 앞의 이혼 얘기는 이승만의 이미지를 위해 만들어진 것으로 보인다. 한편 서정주는 이승만의 증언을 직접 듣고 전기를 펴냈는데, 여기에 다음과 같은 기록이 있다. 여기서는 이승만이 재혼하지 않고 독신으로 살아가고 있음을 말하고 이렇게 잇고 있다.

　　고국에 그의 처음의 아내 '박씨'가 있기 때문이었다. 그러나 박씨는 벌써 오래 전에 그를 기다리지 않고 그와는 다시 만나볼 수 없는 사람이 되어버렸다.

　　　　　　　　　　　　　　　　　　　서정주 《우남 이승만전》

박씨가 부정한 짓을 했거나 재혼했다는 뜻이다. 이 기록이 사실일지도 모른다. 하지만 어느 것도 정확하지 않다. 그를 신비스럽게 그리려는 이유도 있었고 흠집이 되는 점을 애써 감추려는 이유도 있을 것이다.

이승만과 프란체스카의 결혼은 미국 동포사회에서 비상한 관심을 끌었다. 프란체스카가 젊고 아리땁고 영어도 잘하고 타이프도 능숙하게 치는 지성적 여인이라서가 아니었다. 이승만은 하와이 등지로 다니면서 동포들로부터 재혼을 권유받았다. 그럴 때마다 그는 독립을 이루기 전에는 결혼을 하지 않겠다고 다짐했다. 그런데 그런 그가 동포 여인도 아닌 '양코 여인'과 결혼을 한다고 하니 그야말로 놀랄 일이었다. 하와이 동포들은 제네바에 있는 이승만에게 이 여인을 데리고 오지 말라는 전보를 두 번이나 쳤으나, 이승만은 아랑곳하지 않고 뉴욕에서 결혼식을 올리고 나서 프란체스카와 함께 하와이에 나타났다. 부두에는 1천여 명의 환영객이 나왔고 큰 환영 잔치도 벌어졌다. 하지만 동포 여인들은 그를 두고 배신자, 위선자라고 하면서 비난을 퍼부었다.

이들의 신접살림은 호놀룰루에서 시작되었다. 프란체스카는 한복을 입고 김치를 담그면서 한국여인이 되려고 노력했고, 한인기독교학원 등에서 피아노를 가르치고 실무를 맡아보기도 했다.

그리하여 비난의 소리를 어느 정도 누그러뜨릴 수 있었다. 프란체스카가 사서 고생을 한 꼴이었지만, 일단 그녀는 나라 잃은 노 혁명가를 돕는 가상한 여인이었다.

● 국내외 다양한 인사들과 접촉하다

태평양전쟁이 일어난 뒤 이승만은 바빠졌다. 그는 중국의 임시정부에 연락해 임시정부가 대일 선전포고를 하도록 당부하기도 하고, 국내외의 동포들에게 이 기회를 타서 일본을 격파해 자유를 회복하자는 방송을 하기도 했다.(《이승만문서의 육성녹음 테이프》 1942년 6월 13일자) 앞에서 언급한 〈미국의 소리〉 방송은 틈틈이 전파를 타고 한반도에 전달되었다.

그리고 그는 미국 정보기관에 접근했다. 미 대통령 직속의 종합정보부에 한국인 청년을 전략처oss에 배치해 참전케 해달라고 부탁했다. 그리하여 김구는 임시정부의 이름으로 한국 청년 15명을 보냈다. 파견된 청년들은 한동안 동남아 일대에서 미국 요원들과 훈련을 받았으나 끝내 참전하지는 못했다.

그리고 미국 국무부 장관에게 임시정부 승인을 요청했다. 하지만 미 국무부에서는 한국의 임시정부를 승인하게 되면 동맹국인 소련을 자극한다며 거절했다. 사실 소련은 임시정부를 중국 국민당 정권의 지시를 받는 정보단체 쯤으로 보고 있었다. 그는 계속해서 미국 국무장관에게 서한을 보내 임시정부 승인을 요청했다. 그러나 아무런 회답도 받지 못했다. 이어 카이로 선언 등 여러 회의에 서한을 보내는 공작을 계속했다.

1945년 2월에는 얄타 회담이 열렸다. 당시 미국은 전쟁의 희생자를 줄이려고 소련의 참전을 요구했고, 소련은 극동의 발언권을 확보하려고 이를 뒤늦게 승낙했다. 루스벨트는 이 회담에서 스탈린에게 미국, 영국, 소련, 중국이 주관하는 한국의 신탁통치를 제안했다. 스탈린은 외국 군대가 주둔하지 않는다는 조건을 달아 동의했다. 한국문제는 우리 지도자들의 의사와는 상관없이 강대국의 입맛대로 진행되었던 것이다.

이승만은 미국에 기대어 모든 문제를 풀어보려 했다. 사실 그의 능력으로 할 수 있는 다른 방도가 있는 것도 아니었다. 그는 철저한 반공주의자로 소련 공산주의를 매도해 왔다. 그에게 소련은 타도의 대상이지 협의의 대상이 아니었다.

이런 마당에 마침 1945년 4월, 미국 샌프란시스코에서 유엔 창립총회가 열렸다. 이승만은 임시정부 단장 자격으로 참석했다. 그는 소련이 얄타 회담 협정에 따라 한반도를 공산주의 땅으로 만들려 한다는 전단을 만들어 회의장에 뿌렸다. 이러한 돌출행동은 이승만 자신과 임시정부의 존재를 알리는 데는 효과가 있었지만, 이것은 그야말로 재를 뿌린 것이었다. 성과는 아무것도 없었고 오히려 임시정부에 타격만 주었다.

이승만은 일본이 항복한 지 두어 달이 지난 뒤인 1945년 10월 12일, 임시정부의 미주 대표 자격으로 김구 등 중국의 임시정부 일행보다 한 발 앞서 귀국했다. 그의 말에 귀를 기울인 미국 정부와 맥아더 사령부가, 앞으로 미국의 이익에 도움을 줄 정치인으로 키우기 위해 그를 융숭히 대우해 보낸 것이다. 이승만은 맥아더에게 전보와 편지를 십여 차례 보낸 바 있었다.

그는 맥아더 최고 사령관이 보내준 맥아더 전용 비행기를 타고 하와이에서 동경을 거쳐 서울로 들어왔다. 그는 아내 프란체스카를 미국에 남겨두고 혼자 귀국길에 올랐다. 여기에도 정치적 계산이 깔려 있었다. 서양 여인을 아내로 맞이했다는 비난을 피하기 위해서였고, 실제 그런 비난이 일어나면 중상모략의 말이라고 도리어 반격을 가했다.

그는 동경에서 맥아더와 만나 회담을 가졌다. 이때 맥아더는 이승만의 반공·반소 노선을 확인했다. 그는 이승만에게 절대적 신임을 보였으며 사실상 한국 대통령 자리를 보장받았다.

이승만이 귀국할 때 미군들은 대대적인 환영행사를 벌였다. 그는 조선호텔에 머물면서 한동안 신비적 분위기를 자아내고 권위를 한껏 돋우는 위엄을 보이면서 여러 사람을 만났다. 그를 만난 사람들은 그가 70이 넘은 나이인데도 기가 살아 있으며 용모가 단정하고 설득력이 있는 언변을 구사하며, 때로는 상대를 제압하는 위엄을 지니고 있다고 생각했다.

10월 23일에는 국내 여러 정당과 단체의 대표 200여 명을 조선호텔에 초치해 회의를 가졌다. 단체 대표들은 너도나도 몰려갔다. 이 모임에서 이승만은 독립촉성중앙협의회 결성을 결의했다.

그의 정치적 제스처는 능수능란했다. 그가 만난 상대는 아주 다양했다. 임시정부 요인들, 미국 유학파들, 지주 출신의 자산가들, 온건한 노선을 걸었던 국내 인사들, 점령군으로 군림하는 미군 장교들, 별로 악질적이지 않은 친일파들이었다. 그가 꺼리는 사람들은 가장 치열하게 일제에 저항했던 사회주의 계열의 인사들이었다.

그는 이렇게 정치세력을 접촉하면서 정치활동을 전개했다. 화려한 등장이었다. 그러나 이는 독재정권의 출범을 예고하는 드라마의 첫 장면이었다. 그 뒤 그가 추진한 정책들은 때로는 반민주적, 반역사적 또는 단순한 고집으로 진행되었고 일정한 의미를 지닌 개혁도 있었다.

● 대한민국 단독정부가 수립되다

조선 총독은 일본 천황이 항복하던 날인 8월 15일 아침, 여운형을 총독관 저로 초청했다. 그는 여운형에게 일본인의 안전을 위해 치안 유지에 협력해달라고 요청했고, 여운형은 사상범의 석방과 집회의 자유를 보장해 달라는 조건을 내걸고 받아들였다. 그리하여 여운형은 건국준비위원회를 결성하고 치안대를 조직했다. 여운형, 허헌 등은 이해 9월 6일, 좌우를 합작해 조선인민공화국을 선포하고 이어 이승만을 주석으로 자신을 부주석으로 선정했다.

이런 상황에서 안재홍은 조선민국당, 송진우는 한국민주당, 백남운은 조선신민당을 창당했고, 많은 군소정당과 단체들이 결성되어 정치세력으로 등장했다. 그런데 좌익 계열 이외에는 거의 임시정부를 지지했다. 이승만은 지주 출신의 집합체인 한국민주당의 절대적 지지를 받았고, 여운형은 미군사령관인 하지와 군정장관인 아놀드의 견제를 받아 미군정장관 고문 11명에 끼지 못했다. 미군정은 임시정부 요인들 곧 김구, 김규식, 조소앙, 김원봉 등에게 개인 자격으로 귀국하게 해 사람들을 어리둥절하게 만들었다.

그런데 이승만은 속마음을 접어두고 귀국 성명에서, 대동단결로 공산당의 협조를 요망한다고 밝히며 소련은 어떤 감정을 가진 사람이 아니라고 밝혔다. 계산된 정치적 제스처였다.

한편 미군은 이해 9월 8일 인천에 상륙했고, 이어 38선 이남에 미군정 실시를 선포했다. 미군은 점령군처럼 행동했다. 그리고 군정을 하는 동

헌법 제정 1948년 7월 제헌헌법에 서명하고 있는 이승만. 당시 이승만은 국회의장을 맡고 있었다.

안 좌우합작 남북협상을 추진하는 과정에서 주로 친일파와 이승만 계열에게만 귀를 열어놓았다. 그리하여 조선인민공화국은 도깨비로 전락했다.

조선공산당의 대표인 박헌영은 친일파를 포함시킨 독립촉성중앙협의회 결성식에서 이를 비난하면서 무조건 단결을 반대한다고 천명하고, 일제와 친일파를 완전 구축해서 진보적 민주주의를 해야 한다고 주장했다. 이승만은 첫 도전을 받은 셈이다. 그러나 이승만은 이 주장을 들으려 하지 않았다. 그래서 박헌영 등 공산 계열은 이탈했다.

이승만은 미국, 소련, 중국, 영국이 주도하는 한국의 위임통치안이 제의되었을 때도 반대했고, 미소공동위원회에서 좌우합작을 추진할 때도 동조하지 않았다. 이때 미 국무성에서 미국이 소련에 대항하기 위해서는 극단적인 인물인 이승만과 김구를 제외시키고, 중도적 인물을 등장시켜야 한다고 지시해 한때 이승만이 소외되기도 했다.

그 뒤 이승만은 철저하게 반공·반소의 발언을 토해냈고 파업을 조종하는 공산당을 극렬하게 비난했으며, 이승만 노선에 동조하는 한국민주당은 찬탁을 주장하는 공산당을 경멸했다. 여운형은 하지 사령관에게, 한국인에게 민정을 이양하고 김규식을 수반으로 임명하라고 요구했다.

이 무렵 이승만은 호남지방을 순시했다. 정읍 역전에서 남쪽에서라도 임시정부가 주도하는 위원회를 조직해 소련이 38이북에서 철퇴하도록 세계 여론에 호소해야 한다고 했다. 이것은 남한단독정부의 수립을 주장한 것으로 받아들여져 여론을 들끓게 했다.

그동안 그는 사설 정보기관을 가동해 여러 정보를 수집했다. 특히 그와 정치적 라이벌이 될 인물의 동정을 알아내는 일에 열중했다. 그리고 반공·반소를 거듭 표방했다. 그리고 미국에 가서 외교를 펼치기도 하고 한국문제를 유엔에 상정시키려는 노력을 기울이기도 했다. 이때 김구는 미군정을 접수하려고 국민의회를 결성해 이승만을 주석, 자신을 부주석으로 선출했으나, 이승만은 이를 무모한 짓이라고 여겨 중지케 했다.

그러나 이승만은 귀국 후 자율적인 정부수립 운동을 벌였고 그러면서 하지와의 관계가 매우 나빠졌다. 그의 정치생명이 위태로울 수도 있었다. 결국 유엔의 감시 아래, 남한 단독정부 수립을 위한 선거가 실시되었다. 이승만은 물론 북한이 정부 수립을 준비하는 마당에서 이를 적극 지지했고, 김일성의 제안으로 1948년 4월 평양에서 개최된 하나의 정부 수립을 위한 남북협상도 비난하고 나섰다. 이렇게 하여 제헌의회를 구성할 5·10선거가 실시되었고 이승만은 국회의 간접 선거를 통해 대통령에 당선되었다.

이 과정에서 여운형, 송진우, 장덕수, 김구가 차례로 암살되었다. 그 진상은 지금도 명확하게 밝혀지지 않았다.

● 하나의 백성을 부르짖다

대한민국 단독정부가 수립되고 남북분단 구조 아래에서 이승만은 대한민국 국가 이념으로 일민주의一民主義를 제창했다. 그의 추종자들은 이를 이론적으로 정립하기 위해 반민주적, 전체주의적 발언들을 쏟아냈다. '일민'은 '하나의 백성'이라는 뜻이니, 남북분단에 적용할 수도 있었고 국민을 하나로 묶는 이데올로기로 적용할 수도 있었다. 신익희 중심의 대한국민당은 1948년 10월 발기총회를 열고 일민주의를 당의 이념으로 결의했다. 그 뒤 이승만을 지지하는 정당인 민주국민당 등도 이를 당의 이념으로 내걸었다.

이어 1951년 12월 자유당이 결성되어 결실을 보았다. 이승만의 생각을 받든 반공단체인 대한청년단(단원 800만 명)도 결성되었다. 이들 역시 일민주의를 단의 이념으로 내걸었으며 학교마다 학도호국단을 결성했고, 모든 부인이 가입하는 한국부인회와 모든 노동자들이 가입한 대한노동조합총연맹, 전국 농민을 대상으로 한 대한농민조합총연맹도 만들어졌다. 이승만은 앞서 열거한 모든 단체의 총재였다. 이에 대해 서중석은 다음과 같이 쓰고 있다.

이승만은 삼중사중으로 여러 형태의 국민을 거느리고 있었다. 이승만 대통령은 일종의 '두령국가'를 지향했다. 자유민주주의 헌법과 파시즘적 두령체제의 동참이었는데 그것이 이승만 반공공화국의 초기 모습이었다.

서중석 《이승만과 제1공화국》

그러나 일민주의는 실패로 끝나고 말았다. 분명한 논리를 분식하지 못하고 메시지가 없었기 때문에 흐지부지되고 말았던 것이다.

이승만은 입만 열면 북진통일을 외쳤고 그를 맹종하는 인사들은 "평양에서 점심을 먹고 신의주에서 저녁을 먹는다"고 허풍을 떨었다. 1950년 6월 벌어진 한국전쟁은, 도발한 김일성에게 죄를 물어야겠지만 이승만의 허풍도 한 모퉁이의 책임을 져야 할 것이다. 한국전쟁이 벌어졌을 때, 이승만은 국군이 북진하고 있으니 국민은 안심하라고 방송하고 자신은 대전으로, 부산으로 허겁지겁 피난을 떠났다. 그러는 과정에서 연합군(실제는 미군)에게 전시작전통제권을 넘겨주었다. 이 군사권의 포기는 자주국가 되기를 포기한 것이나 다름없었다.

● 부정선거로 다시 정권을 잡다

이승만은 임시 수도 부산의 경남도지사 관사에서 전쟁이 일진일퇴를 거듭하는 전황을 초라한 몰골로 지켜보면서도 변함없이 독재 수법을 구사했다. 대표적으로 발췌개헌을 들 수 있다.

이승만은 자신의 대통령 임기가 1952년 7월말까지임을 알고, 새해 들어 대통령직선제와 국회양원제를 추진했다. 그래서 1952년 1월 정부 개헌안을 국회에 제출했고 표결에 붙인 결과, 가표 19표, 부표 143표가 나와 부결되었다. 찬성이 겨우 19표라니. 이승만은 전쟁 중인데도 대통령 직선을 추진하다가 막다른 궁지에 몰리게 되었다. 그러나 경험이 많은 이승만은 결과를 예상하고 대책을 세워두었다.

이른바 민의를 동원한 것이다. 대한노총, 대한청년단, 대한부인회를 동원해 항의시위를 벌이게 했다. 특히 자유당의 양우정, 대한청년단의 문봉제는 대통령에게 불려가 지시를 받았다. 그들은 백골단을 동원해 국회의원을 공격했고 정치깡패인 땃벌떼들이 동원되어 협박을 가했다. 이들 시위대는 국회로 몰려가 "민의를 무시하는 국회는 해산하라"고 외쳤다. 그리고 이승만은 그간 미루었던 지방선거를 실시한다고 발표했다. 이는 민의를 동원할 수 있는 방법의 하나였다.

이런 마당에 곽상훈 등이 국회에 내각책임제를 골자로 한 헌법 개정안을 제출했고, 이승만은 국무총리 장면을 해임하고 장택상을, 내무장관에 이범석을 임명했다. 이어 이승만은 부산 일원에 비상계엄령을 선포하고 원용덕을 계엄사령관에 임명했다. 1952년 5월 26일 국회의원 40명이 탄 통근버스는 견인차에 의해 헌병대로 끌려갔다. 국회의장인 신익희, 부의장인 조봉암이 대통령에 항의했으나, 이승만은 "그놈들이 장면을 추대하려 한다"고 말하고 막무가내로 석방을 거부했다.

헌병대로 끌려간 국회의원 임흥순, 서범석 등 10여 명이 체포되었는데, 이들은 장면 추대와 관련이 있으며 국제공산당에 관련되었다고 발표했다. 국회는 5월 28일 계엄령 해제를 결의했고 부통령 김성수는 성명서를 발표하고 부통령직을 사임했다. 이 무렵 이승만이 국회를 해산한다는 소문이 나돌았다. 이때 국회 교섭단체인 신라회에서 대통령제와 내각책임제를 절충한 발췌개헌안을 준비했다. 하나의 타협이었다. 당시 관제 시위대는 국회를 몇 겹으로 포위하고 위협과 공갈을 퍼붓고 있었다.

6월 28일에는 민국당이 중심이 되어 국제구락부에서 호헌구국선언대회가 열렸다. 그러나 괴한들이 습격해 마구잡이로 폭력을 가했고 유진산 등이 구속되었다. 그리고 발췌개헌안 통과를 위해 경찰들은 피신한 국회의원을 강제 등원시켰다.

발췌개헌안은 의장 신익희가 무기명 투표를 한다고 선언했는데도, 의원 동의 결의라 해 기립 표결을 하게 했다. 재적 183명 중 166명이 찬성했다. 발취개헌의 골자는 정부통령을 직선, 국회는 양원제로 하는 것이었다. 이것이 부산정치파동과 발췌개헌안이었다.

그 결과 이해 8월 5일 전시 아래에서 정부통령 직선제를 실시했다. 이승만은 자유당 후보로 등록했고 자유당 부통령 후보는 잘 알지도 못하는 함태영이 지명되었다. 말 잘 듣는 인사를 고른 것이다. 대항마는 이시영과 조봉암이었다.

이승만이 523만 표를 얻었는데 반해 차점자 조봉암의 득표는 79만 표였다. 부통령 후보는 난립했는데 함태영이 294만 표, 이범석이 181만 표, 조병옥이 57만 표 나왔다. 모두들 상식으로는 풀지 못하는 득표였다. 이는 3·15부정선거의 전주곡이었다.

● 부패한 정치로 독재권력을 휘두르다

이승만이 대통령으로 있을 때 벌인 정책이나 일화 비슷한 사건을 몇 부분으로 나누어 살펴본다. 이를 통해 이승만의 오만한 성격과 자기 과신을 이해할 수 있을 것이다.

조병옥은 국회에서 "우리나라에는 지당장관至當長官, 낙루장관落淚長官, 여신장관如神長官이 있어 대통령에게 올바르게 진언하지 않는다"고 질책했다. 바로 대통령의 말끝마다 "지당합니다"라거나 눈물을 흘리며 감격해하고 신처럼 받드는 신성모, 백두진, 이선근 등을 지목한 말이다.

세상에서는 이승만을 두고 "외교에는 귀신, 내정에는 병신, 인사에는 등신"이라는 말들이 공공연하게 나돌았다. 이승만은 집권 이래 철저한 반공을 표방했다. 외교에도 이를 적용했다. 그는 주한 미군 사령관이나 주한 미국대사가 미지근한 반공정책을 쓰거나 공산주의자들과 대화와 타협을 시도하면 어김없이 반발했다. 미국이 북한과 정전협정을 벌일 때는 북진통일을 표방하고 관제 시위를 조정했다. 그리고 포로 교섭을 벌일 때는 불법으로 반공포로를 석방시켰다.

그리고 일본에게는 철저한 반일감정을 드러냈다. 일본과 외교교섭을 거부하며 일본 어선을 나포하고 일방적으로 '이승만 라인'을 선포했다. 이를 두고 사람들이 "외교에는 귀신"이라고 했으나 미국이나 일본에서는 고집불통 노인으로 통했다. 한때 미국에서는 이승만을 제거하려는 공작을 꾸몄다고도 한다. 그래서 반공이 국가 이념이 되었고 이데올로기가 되었다. 이 이름으로, 조금의 혐의가 있어도 경찰에 잡혀가 문초를 받았으며 국가보안법에 따라 연좌제를 적용하여 혐의자 가족들 역시 감시를 받고 취직도 제한 받았다.

"내정에는 병신"이라 했다. 이승만은 국내에서 발행하는 신문을 보지 않고 영자 신문만 보았다. 그는 가끔 민정을 알아본다고 시장 같은 곳을 시찰했으나 경찰들은 미리 상인에게 거짓으로 물건 값을 말하도록 지시해 놓았다. 또 농촌 마을을 시찰할 때에는 집을 새로 고치고 도로를 닦았고 전등을 가설했다. 그래서 이승만은 쌀 파동이 일어나면 "쌀만 먹지 말고 계란, 사과도 먹으면 되지 않느냐"고 말했다는 소문이 돌았다. 이승만의 눈과 귀는 가려져 있었다. 그는 내정이 어떻게 돌아가는지 알지 못했다.

"인사에는 등신"이라 했다. 그는 아첨꾼이나 친일파들을 고위직에 등용했다. 신성모는 공식으로 만나는 자리에서도 큰절을 올리면서 말끝마다 눈물을 뚝뚝 흘렸다. 그래서 그를 두고 낙루장관이라 불렀다. 최인규는 이승만의 말이 떨어질 때마다 "지당하십니다"를 연발하여 지당장관이라 불렀다. 이익흥은 이승만이 방귀를 끼자 "시원하시겠습니다"라고 말해 유행어를 만들어냈다. 이런 아첨꾼들이 이승만 내각의 장관 일을 보았다. 바른 말을 하는 장관들은 가차 없이 쫓겨났다.

한편 정권에 빌붙은 실력자들은 원조경제의 혜택을 누려 원조물자를 불법으로 빼냈고, 재벌들은 특혜를 받으면서 성장했다. 그래서 도시의 중소기업인과 영세상인들은 불만이 쌓여갔다. 그리고 잉여 농산물이 도입되어 쌀값이 폭락하자, 이농현상이 빚어져 농촌은 황폐해졌다. 이농민들은 도시의 빈민촌을 형성해 살았고 공장 노동자로 전락해 저임금에 시달렸다. 1957년 원조가 대폭 삭감되고 세계적 불황이 겹치자, 영세상인과 공장 노동자들의 불만은 절정에 이르렀다.

● 무고한 민간인 학살이 자행되다

대한민국의 국체는 자유민주주의를 표방한다. 그러나 진정한 민주 가치는 그동안 역대 독재 정권에 의해 유린되어 왔다. 한국전쟁을 전후로 무고한 민간인들이 학살되었다. 사실, 정치적 혼란기 또는 전쟁 기간에는 무고한 희생자가 무수히 나오기 마련이다. 근대 이후 많은 침략전쟁이 야기되었고 그 과정에서 무고한 민간인이 희생되어왔다. 역사적 배경을 더듬어 보면 이러하다.

첫째, 일제 식민통치 아래, 민족의 질곡이 연출되면서 학살이 자행되었다. 동학농민군과 의병을 토벌하는 과정에서 많은 마을이 불타고 민간인이 학살되었다. 3·1운동 시기에는 화성 제암리 등 곳곳에서 집단학살을 당했다. 또 징용이라는 이름으로 강제 동원된 노동자들도 탄광 같은 곳에서 죽어갔으며 여성들도 정신대(일부 군위안부)의 이름으로 끌려가 인권을 유린당했다.

둘째, 해방 이후 우리의 사정은 아주 복잡하게 전개되었다. 정치적 혼란기에는 민족세력과 반민족세력이 충돌했고, 남북문제를 두고도 정치적, 사회적 갈등과 대립이 첨예하게 벌어졌다. 미군정 시기, 좌우의 이념대립 속에서 많은 희생자가 발생했다. 대구 10월 항쟁, 제주 4·3사건 등이 대표적 사례이다. 더욱이 이 시기에는 여운형, 송진우 등 많은 암살사건이 발생했으며 테러 등이 자행되었다. 가해자는 미군정의 지원을 받은 경찰, 군인, 좌우의 청년들이었다.

미군정 3년 뒤 성립된 이승만 정권은 반민족적, 반동적 행태를 보였다. 이 시기 정치적 사건으로는 국회 프락치사건, 김구 암살사건, 조봉암 간첩 조작사건 등이 있다. 또 숙군을 추진하는 이승만 정권에 대한 항쟁으로는 여순사건 등이 유발되었다. 특히 정부가 수립되던 해인 1948년 12월, 국가보안법이 공포되었고 이어 국민보도연맹이 결성되었다.

한편 1950년 한국전쟁을 전후로 해서 민간인 대량학살이 자행되었다. 적어도 민간인 수십만 명이 희생된 것으로 추정된다. 구체적 대상은 보도연맹원(좌익경력자, 반정부활동가), 형무소의 죄인, 좌우익의 가족, 작전 지역의 일반 주민, 이른바 빨갱이를 배출한 마을 사람이었다. 가해자는 이승만 정권의 비호와 사주를 받은 군인, 경찰, 좌우익 청년단체, 미군이었다. 거창사건과 문경 석달학살은 군인, 강화도와 고양 금정굴 학살은 우익청년단체, 노근리와 이리역 폭격사건은 미군들이 자행했다. 보도연맹원들과 형무소 수감죄인 학살은 이승만의 지시를 받은 군인, 경찰들이 저질렀다. 또 국민방위군사건은 군 고위 장성들이 저질렀다. 이 시기 적어도 순수한 민간인 피해자가 발생한 곳은 경기도 아래 지역에 집중되었다.

이 시기에 자행된 학살과 인권유린사태를 군이 성격에 따라 규정하면, 민족해방운동, 단독정부 수립반대, 조국통일운동의 범주에 포함될 것이다. 하지만 이름도 쓸 줄 모르는 많은 '무지렁이' 민간인들은 이념이 무엇인지 모르고 죽어갔다.

이 문제와 직접적으로 관련되는 국가보안법과 보도연맹은 다음과 같이 성립되었다. 국가보안법은 여순사건의 발발을 계기로 탄생했다. 당시 내무부 장관 윤치영은 경찰이 영장 없이 반란군을 체포할 수 있도록 해달라고 요구했고, 수도경찰청장 김태선은 공산정권을 세우려고 쿠데타를 주동한 세력을 검거했다고 허위사실을 유포했다. 그리고 연달아 김구 계열을 압박해왔다. 이 과정을 거쳐 1948년 11월 국가보안법을 국회에 제출했다. 반대파 의원들은 세 차례나 폐기 동의안을 냈으나 끝내 이해 11월 20일 통과되었다. 이 법안에 대해 반대파들은 이렇게 주장했다.

> 독립운동가나 정부 비판자, 양민들을 때려잡는 데 악용될 수 있고, 일제의 치안유지법처럼 다수의 정치범, 사상범을 만들어내게 될 것이 확실하고, 내란죄 등 기존의 형법으로도 공산당의 범법행위를 규제할 수 있다.
>
> 서중석 《이승만과 제1공화국》

국가보안법은 실질적으로 정치, 사회, 사상, 문화에 엄청난 제약을 가할 수 있는, 헌법을 초월한 절대적 존재가 되었다. 무소불위의 도깨비 방망이가 된 것이다. 방법은 간단했다. 정치적 반대파 인사들이나 좌익 성향이 있는 사람들 그리고 연루자들에게 '빨갱이'라는 누명을 씌우거나 혐의를 잡아 연행했다. 이들 연행자들은 모진 고문을 받았다.

한편 1949년 6월 5일, 또 하나의 인권유린사건이 벌어졌다. 국민보도연맹이 결성된 것이다. 이 단체는 일제시기 조선사상범 보호관찰령, 시국대응전선사상보국연맹을 모방해 조직한 것이다. 보도연맹은 법적 근거 없이 사상검사들이 중심이 되어 임의로 만든 단체였다.

보도연맹의 결성 목적은 대한민국을 절대지지, 수호하고 공산주의를 박멸키 위해, 과거에 좌익단체에 가입했거나 좌익운동에 가담한 인사를 모두 가입시켜 심사와 사상선도 교육을 받게 하기 위해서였다. 그리하여 관련자로 농민, 노동자, 여성, 문화인 등의 인사들이 강제로 가입되었다. 가입자는 전과를 나열하는 자백서를 써야 했다. 이를 전향의 증거로 삼고 전과를 불문에 붙인다고 유혹했다. 한편 남조선노동당(이하 남로당)에서는 지하조직의 일환으로 여기에 가입하는 사례도 있었다.

가입자는 정확하지 않지만 전국적으로 30만 명쯤으로 추정된다. 가입자 중 유명인사는 각종 반공단체에 동원되기도 하고 사상선도 강연을 다니게 하기도 했다. 그리고 남로당 박멸작전을 벌여 수많은 사람들이 감옥에 갇혔다. 1949년 10월에 감옥의 죄수는 36,000여 명으로 늘어났다. 죄수 중 빨갱이 혐의자가 8할이었지만 진짜 빨갱이는 그 중에서 5분의 1도 되지 않았다.

반공을 국가 이념으로 한 정부는 빨갱이를 양산해냈다. 정치노선이 달라도 빨갱이라 몰아붙였고 부탁을 해서 들어주지 않아도 빨갱이, 동업을 하고서 이익을 독점하려고 동업자를 빨갱이로 지목해 싸움을 하기도 했다. 모략에 걸린 이들이 감옥에 갇혀 고문을 받았다.

한국전쟁이 발발하자 이승만의 지시에 따라, 평택 이남 지역에서 보도연맹 가입자들을 잡아들여 집단학살을 했고, 감옥에 있는 미결·기결의 죄수를 마구 죽였다. 그 수는 현재 조사해 통계를 내고 있는 중이다.

● 야만의 시대를 열다

한국전쟁 시기, 처절한 동족상잔이 전개되었다. 이 전쟁은 과거 역사에서 볼 수 있는 정복전쟁과는 달랐다. 한국전쟁 시기, 민간인 희생자들은 옥석을 가릴 것 없이 대부분 적색분자로 몰렸다. 물론 보도연맹의 경우는 남로당에 가입한 경력이 있거나 반정부활동을 벌인 인사들이어서 혐의를 전혀 배제할 수는 없다.

하지만 일반 집단학살 또는 무차별 포격으로 죽은 경우는 전혀 달랐다. 어린아이를 비롯해 여자, 노인들도 포함되었다. 1949년 12월 24일 자행된 문경 석달마을의 사례를 보면 주민 86명이 학살되었다. 아직 이름도 짓지 않은 갓난아이를 포함해 15세 미만의 어린아이들이 32명이었다. 또 1950년 7월 11일에 저질러진 이리역 폭격사건에는 300여 명이 희생되었는데, 많은 통학생들이 포함되어 있었다. 전국 어디서나 대상을 가리지 않고 학살되었다고 해도 과언이 아닐 것이다.

특히 지리산 공비토벌작전 지역에서는 적의 거점을 완전 제거하는 견벽청야堅壁淸野 작전으로 "작전 지역 내의 인원은 전원 총살"했다. 흑백을 가리지 않고 마구잡이로 죽인 것이다. 사례로는 1951년 2월 거창, 산청, 함양 등지에서 마을 주민 1,419명이 학살된 사건을 꼽을 수 있다.

이런 현실에서 경찰, 군인, 인민군, 미군들에 의해 어린아이에서 노인, 부인을 가리지 않고 옥석구분玉石俱焚의 살육이 자행된 것이다. '옥석구분'은 어느 것이 옥인지 어느 것이 돌인지를 가리지 않고 모조리 태워버린다는 뜻이다. 이처럼 한국전쟁 당시에는 총으로 죽이기도 하고 죽창으로 찔러 죽이기도 하고 비행기에서 폭탄을 퍼붓기도 하고 집과 마을에 불을 지르기도 했다. 시체마저 집단으로 묻거나 불태우거나 버렸다.

그 가족들은 많은 재산을 수탈당했다. 또 피학살자의 후손들은 진상을 가리지 않고 무조건 적색분자의 가족으로 기록되었다. 호적에 표시되기도 하고 경찰 등 정보기관의 신상명세서에 기록되기도 했다. 그리하여 대부분의 경우 사회활동과 취업전선에서 엄청난 제약을 받았다. 경찰이나 국군 장교(특히 사관학교 입학), 정보계통에는 취업이 불가능했으며, 외국 유학을 가거나 여행을 갈 때는 특별히 허가를 받아야 했지만 거의 비자를 발급해 주지 않았다. 연좌법의 적용을 받은 것이다.

주목받는 대상의 후손들은 늘 경찰의 감시를 받아야 했다. 간첩사건이나 정국이 소란스러운 일이 벌어지면 특별 감시를 받아야 했다. 요시찰 대상으로 지목된 것이다. 이들은 이웃이나 친척들에게서도 따돌림을 받았다. 국회의원 같은 선출직에 나오지 못했으며, 설령 입후보하더라도 집중공격의 대상이 되었다.

이를 집행하는 기관은 경찰서의 반공과, 치안국의 반공실, 군의 방첩대(뒤에 보안사) 등 정보기관이었고, 그 하수인이 된 민간단체는 반공청년단, 백골단, 땃벌떼, 서북청년단 등이었다. 이 정부기관 요원들은 불법체포를 일삼고 고문을 가했으며 민간단체 단원들은 폭력 테러와 음모를 꾸미는 수법으로 협조했다. 고문은 조선시대와 일제시기에 자행되던 방법을 전수하고 새로 개발했다. 이에 대해 인권변호사 박원순은 다음과 같이 기록하고 있다.

한국현대사의 굽이굽이, 정권의 고비마다 벌어지는 고문의 현장에는 다른 나라의 역사에서 볼 수 있는 고문의 수단과 방법이 예외 없이 등장한다. 그야말로 고문의 보편성을 확인할 수 있는 것이다. 고문과 가혹행위의 기본인 구타와 폭행은 말할 것도 없고, 물고문, 전기고문, 위협과 협박, 모욕과 굴욕감 주기 등 헤아릴 수 없는 온갖 방법이 동원되었다.

박원순 《야만시대의 기록 1》

이승만 정권은 반공주의를 국가 이념으로 하고 독재정권을 유지하면서 국가보안법을 도구로, 불법 체포와 고문을 수단으로 삼았다. 한국전쟁 시기, 이를 더욱 구체적이고도 불법적으로 실행하여 보도연맹원을 비롯해 많은 감옥의 수감자를 죽이고 수많은 민간인을 학살했다. 그 뒤에도 이승만 정권은 더욱 많은 기법을 동원해 정권을 유지하다가 4·19혁명으로 좌절하고 말았다.

● 농토는 농민에게로

1948년에 치러진 5·10 총선거에는 하나의 공통된 현상이 나타났다. 입후보자들이 내건 공약에 '농지개혁'이 거의 빠짐없이 들어가 있었다. 가난한 농민들은 이런 공약에 귀를 기울이며 표를 찍어 줄 것이라 마음을 굳혔으나, 같은 공약을 내건 입후보자가 여러 명이어서 제대로 판단을 못할 지경이었다. 어떤 입후보자는 청중의 눈치를 살피면서 농토를 고루 분배해서 소작농을 전부 없애겠다고 허풍을 쳐댔다. 예외가 있었다면 호남을 중심으로 한 일부 대지주 출신 입후보자들의 공약에는 이 슬로건이 빠져 있었다.

이런 현상에는 그럴만한 배경이 있었다. 그 배경을 거슬러 올라가 보자. 우리나라 사람들의 토지소유욕은 역사적으로 남다른 바가 있다. 일찍이 농경사회를 이룩하여 농업생산이 물적 기초가 되었다. 그래서 토지소유는 부의 기준이 되었다. 대지주는 곧 부호였고 부호는 한 군의 단위에서는 몇만 석, 도 단위에서는 몇십만 석을 추수하는 자를 가리켰다. 상업이나 제품업으로 돈을 벌어도 토지를 사들여 재부를 과시했다. 심지어 정치권력을 잡아 벼슬을 팔아 챙긴 돈으로 농토를 사들여 지주로 변신했다.

토지소유가 편중되면 영세한 소작인이 비례해서 늘어난다. 빈농들은 장리長利의 곡식이나 돈을 빌렸다가 이를 갚지 못하면 농토를 대신 내주고 소작인이 되어야 했다. 한편 대지주들은 소작인에게 높은 소작료를 받으면서도 국가에 내는 조세를 소작인에게 떠넘기기도 했다. 그래서 실학자 이익은, 일정한 한도 이하의 소유 토지는 팔거나 잡히지 못하게 하는 한전론限田論을 주장했고, 정약용은 농지를 마을 공동소유로 하고 생산의 공동경작, 소득을 공동분배하는 여전론閭田論을 주장했다. 하지만 이런 주장을 지배세력들은 받아들이지 않았다.

1894년 농민세력은 동학농민전쟁이라는 일대 변혁운동을 벌였다. 토지에 따른 국가적 수탈과 농토소유의 불균형과 지주의 압제를 물리적으로 타파하기 위해 봉기한 것이다. 그러나 일본군의 개입으로 지주 소작제의 모순은 철폐되지 않았다. 이와 때를 같이해 단행된 갑오개혁에도 양반, 상놈을 타파하고 노비를 해방시킨다는 조항은 들어갔으나 토지소유의 개혁

조항은 빠져 있었다. 대토지 소유자들을 적으로 돌리지 않고 친일파로 만들려는 공작에서 이를 뺐다. 또 그들이 식민지를 경영할 때에 토지를 수탈의 도구로 삼으려는 음모도 개재되어 있었다.

일제 식민지 당시에는 국가나 관아 소유의 토지를 총독부 소유로 하여 동양척식주식회사에 물려주면서, 그동안 토지에서 누리던 농민의 영구적 경작권을 박탈했다. 동양척식주식회사는 각지에 농장을 두고 소작인을 부렸으며 온갖 특혜를 누린 일본인들이, 대농장을 소유하고 지주로 군림했다. 한편 일부 조선인 대지주들도 여기에 편승해 고율의 소작료를 챙겼다. 도조는 수확량의 5할이 관행이었지만 지주들이 그 비율을 늘려갔다. 그리하여 소작쟁의가 곳곳에서 벌어졌다. 이를 본 임시정부에서도 강령에 토지제도의 전면적 개편을 내걸었다.

해방이 된 뒤에 1946년 3월, 북한에서는 사회주의 이념에 따라 '토지개혁법'을 공포했다. 골자는 일본인과 민족반역자, 5정보(1정보는 3,000평으로 약 9,917.4㎡) 이상의 토지를 소유한 대지주의 소유 토지를 무상몰수하여 고용노동자와 토지가 없거나 적은 농민에게 무상으로 나누어주는 정책이었다. 이에 저항하는 지주는 다른 지역으로 강제 이주시켰고 항일 애국자들에게도 특별히 분배해 주었다. 6개월쯤에 걸쳐 이를 마무리했다.

남쪽의 미군정 당국도 여기에 자극을 받아 동양척식주식회사와 일본인 소유 토지를 귀속재산으로 지정하여 농민에게 분배하려 했다. 그 첫 조치로 소작료를 소출의 3분의 1로 지정했다. 남로당에서는 소작료를 3:7제로 해야 한다고 주장하면서 북쪽처럼 무상몰수, 무상분배를 정책으로 제시하여 농민들로부터 열렬한 환영을 받았다. 친일파와 지주들은 이 입법을 방해했다. 미군정 당국은 전면적 개혁만은 남한의 단독정부 수립 뒤로 미루기로 하고 한발 물러섰다.

이런 분위기는 지주들에게 위기감을 주어 스스로 소작료를 낮추기도 하고, 소작인들에게 시가보다 싼값으로 농토를 팔기도 하고, 다른 사람에게 위장 분산하기도 했다.

대한민국 정부수립 후, 농림부에서 서둘러 농지개혁법안을 만들어 국회에 제출했다. 초대 농림부장관인 조봉암이 주동이 되어 이를 실현한 것이다. 조봉암은 열성적으로 농림부 관리들을 독려하여 초안을 만들었다. 제헌국회에서는 초안을 여러 번 수정한 끝에 1950년 3월 정부의 주장대로 지가 상환액을 평년작의 15할로 확정하고 5년에 걸쳐 나누어 내게 했다. 또 지주에게는 기업자금을 정부가 보증하여 융자해주고 분배농지의 상환액은 평년작의 15할로 결정하여 통과시켰다. 농지소유의 상한선은 3정보였다.

많은 국회의원들은 공약에 따라 농지개혁법안을 심의 통과시켰으나 처음과는 달리 물타기를 거듭했다. 제헌국회에는 농지정책에 진보적인 한독당 계열과 무상몰수와 무상분배를 주장한 남로당 계열은 완전히 배제되어 있었다. 그래도 대세에 밀린 무소속 의원들이 지주 출신으로 뭉친 한민당과 줄다리기를 한 끝에 얻어낸 결과였다. 고려 말기와 조선 초기에 토지개혁이 있었으나, 그 소유한도를 지정하고 그 이상의 토지를 환수한 것은 역사상 처음 있는 조치였다.

1949년 6월을 시점으로 귀속농지를 합했고, 총분배 예정 면적은 총경작 면적의 40.2퍼센트였다. 그 취지는 우리 역사에서 끈질기게 요구되어 온 경자유전耕者有田의 원칙을 실현하려는 것이었다. 소작농민과 빈농민들은 무상분배의 꿈은 사라졌으나 희망에 들떠 있었다. 일정한 농지를 분배 받으면 해마다 상환을 하고도 양식이 남을 것이요 5년이 지나면 자기 소유가 되어 자식들의 굶주림을 면할 수 있을 것이라고 손가락을 꼽으며 계산했다. 지주들은 멀쩡한 농지를 공무원들과 짜고 간척지로 둔갑시키는 따위의 불법을 저질렀고, 친척들에게 소유권을 이전시켜 숨기기에 바빴다. 그런 사정에서도 농민들은 어떤 논이 자기 소유로 들어올 것이라는 것을 거의 알고 있었다.

정부에서는 이해 5월부터 이 사업을 본격적으로 착수했다. 하지만 이마저 뜻대로 진행되지 않았다. 덜컥 한국전쟁이 일어나서 모든 계획은 수포로 돌아갔다. 북한은 이해 7월 4일 서울시 임시인민위원회를 조직하고 무상몰수, 무상분배를 원칙으로 하는 토지개혁을 발표했다. 지주의 소유 상한 기준은 5정보였는데, 머슴을 쓰지 않고 스스로 농사를 지을 경우에는 몰수 대상에서 제외했다.

그리고 평양에서 지도위원으로 500여 명이 파견되었다. 점령지의 각지에서 군중대회를 열고 이를 대대적으로 선전했다. 그들은 "조선 인민의 오랜 소망인 토지개혁을 단행하러 인민군이 남쪽으로 내려 왔으며, 지주에게서 농민을 해방시키려 한다"고 과장 선전했다.

점령지의 소작농민들은 이 선전을 듣고 열광했다. 특히 떠돌이 머슴들은 이 일을 주도하면서 설쳤다. 지주들은 고분고분하던 어제의 머슴이 설치는 모습을 보고 이를 갈았으나 어찌할 수 없었다.

그런데 남쪽의 인민위원회가 크게 인심을 잃을 짓을 했다. 현물세 때문이었다. 이해 초가을 일부 점령지에서 수확물의 25퍼센트를 현물로 내게 하고 일체의 다른 조세나 공출을 없애기로 했다. 사실 이는 남쪽에서 거둔 조세보다 가벼운 것이었다. 그러나 정확을 기한다고 낱알을 하나하나 세다시피 계산해 거두자, 농민들은 "왜정시대 공출 때도 그렇지 않았다"며 불평을 늘어놓았다. 그러면서 그들의 토지개혁에 의심의 눈초리를 보냈다. 말할 나위도 없이 인민군이 쫓겨나 이도 실현되지 못했다.

수복이 된 뒤에 다시 토지개혁사업을 시작했으나 서류가 거의 분실되었고 대상농지는 축소되었다. 그래서 10년에 걸쳐 시행된 것은 처음 예정면적의 56퍼센트에 그쳤다. 본디 목적한 면적보다 축소되었다. 그 결과 소작농이 다시 성행해서 1970년대 농촌을 보호하기 위해 고미가高米價 정책을 썼으나 농가소득이 올라가지 않아 효과를 보지 못했다.

하지만 일시적이고 부분적으로나마, 농민의 농지소유로 농촌의 안정을 이룩하고, 농민의 영농의욕을 북돋았고, 고율의 소작료를 사라지게 했다. 이승만 정부가 이룩한 업적 속에서 가장 역사에 남는 개혁이라고 말할 수 있다.

● 독선에 가득찬 최고 권력자

이승만은 한글학자인 주시경과 동문수학한 동료였고 감옥에서 《독립정신》을 한글로 쓰기도 했다. 그런데 미국에 오래 살면서 국내에서 발행한 신문, 잡지나 서적을 접하지 않았다. 그는 영자신문이나 잡지는 열심히 읽었으나 식민지 상태에 있는 조국의 출판물은 외면했다. 그가 한글 서적을 접한 것은 한인교회에 나가 성경을 읽는 정도였다. 고국에 돌아와서도 이런 습관은 바뀌지 않았다.

그는 1933년에 조선어학회에서 제정한 《한글 맞춤법 통일안》에 따르는 맞춤법이 혼란스럽고 어렵다고 여겼다. "내가 국문을 배울 때 자음과

이승만 동상　서울 종로구 이화동에 위치한 이화장(이승만 기념관) 안에 있는 이승만 동상.

모음을 익히고 소리 나는 대로 적었는데 이게 뭐람"이라고 늘 불만에 차 있었다. 사실, 소리 나는 대로 적는 음소의 습관에 빠진 이승만으로서는 문법연구의 정수를 모아 이뤄진 형태주의적 정서법을 이해하지 못했다.

이승만은 비서에게 연설문 작성을 맡기지 않고 늘 자신이 직접 써서 낭독했다. 대통령이 된 뒤에도 이 태도를 바꾸지 않았다. 그가 쓴 연설문은 쉽고 재미있었으나 문장이 소리 나는 대로 적혀 있었다. 한글학자들이 만들어놓은 맞춤법을 깡그리 무시한 태도였다.

이승만은 정부가 수립된 뒤 1949년 한글날에 "현재 국문은 이전에 만든 것을 개량하는 대신 도리어 쓰기도 더디고 보기도 괴상하게 만들어 놓아 퇴보된 글이 통용되고 있다"고 선언하고는 기음법記音法의 원칙에 따라 개정을 서두르겠다고 덧붙였다. 이 말에 관련 학자와 일반 국민들이 냉담한 반응을 보이자, 1950년 2월 3일 다시 정부만이라도 이의 개정을 서두르겠다고 언급했다.

곧이어 한국전쟁이 일어나서 이 문제는 흐지부지되었다. 1953년 환도한 뒤에 이승만은 다시 이를 들고 나왔다. 국무회의에서 옛 맞춤법으로 돌아갈 것을 결의하고 국무총리 백두진의 이름으로 훈령을 반포했다. 이에 교육계, 문화계, 언론계 등 여러 분야의 사람들이 들고일어났다. 특히 문교부 편수국장인 한글학자 최현배는 목숨을 걸고 반대운동에 나섰다.

정부는 거센 반발에 부딪히자 어쩔 수 없이 각계 인사 50명으로 구성된 국어심의위원회를 구성했다. 여기서 내린 결론은《한글 맞춤법 통일안》을 따르는 것이었다. 그러나 정부는 이를 무시하고 대통령의 뜻에 따라 개정을 서둘렀다. 이에 문교부장관인 김법린과 최현배는 사직서를 쓰고 자리를 떠났다. 다시 이승만은 특별담화를 발표해 "3개월 이내에 현행 맞춤법을 버리고 구한국 말엽의 성경 맞춤법으로 돌아가라"고 강압적으로 나왔다.

국무총리 백두진과 새 문교부장관이 된 이선근은 앞뒤 돌보지 않고 대통령의 뜻을 받들었다. 그들은 이 일을 비밀스럽게 추진했다. 한글 전문가는 거의 빠지고 이선근 등 몇몇 어용학자들이 전부였다.

마침내 1954년 6월 〈한글 간소화안〉 3원칙이 공포되었다. 첫째, 받침은 끝소리에서 발음되는 것에 한해 사용한다. 둘째, 명사나 어간이 다른 말과 어울려서 다른 독립된 말이 되거나 뜻이 변할 때는 그 어원을 밝혀 적지 아니한다. 셋째, 종래 인정되어 쓰이던 표준말 가운데 이미 쓰이지 않거나 말이 바뀐 것은 변화된 대로 적는다.

여기서 가장 문제가 되는 것은 첫째 원칙이다. 이 원칙대로 표기하면 없었다를 '업섯다'로, 앉았다를 '안잣다'로, 좋아한다를 '조하한다'로, 좋지 않다를 '조치 안타'로 써야 한다. 또 두 번째 원칙대로라면, 어간과 어미가 구별되지 않아 어원이 드러나지 않고 표기에 일정한 원리가 없어진다. 다시 말해 주시경을 시작으로 최현배에 이르는 학자들이 30여 년 동안 온갖 핍박을 받으면서 한글 연구에 몸 바쳐 체계를 세운 한글을 조선시대로 퇴보시킨 방침이었다. 초기 한글성경은 한글 연구가 이루어지지 않은 19세기 끝 무렵에 번역 간행되었다. 이는 조선 후기에 천주天主를 '텬쥬'로 표기하는 수준을 넘어선 정도였을 뿐이다. 이 번역에 주시경이 참여했더라면 맞춤법이 달라졌을 것이다.

누구보다도 통분을 금치 못한 이는 한글학회를 이끈 최현배였다. 당시 청년 전택부는 한국기독교청년연맹에서 일을 보면서 한글 간소화 방안에 반대운동을 폈는데, 최현배가 젊은 전택부를 만나 큰 절을 하더란다.

이승만은 다음과 같은 담화문을 발표했다.

우리나라 문명발전에 많은 장애가 되는 것을 정지시키고 가장 단순해서 쓰기도 쉽고 알아보기도 쉽고 또 타자기나 외국인으로서 우리 국어를 배우려는 사람들이나 우리 국내의 문자를 모르는 사람들이 국어를 배우려는 데도 빠르고 배우기 쉽게 행하려는 것이다.

이승만은 담화문에서 자신의 일상 경험을 늘어놓고 있었다. 이에 따라 한글학회에서는 다음과 같이 차분하게 논리적으로 대응했다.

정부의 간소화안은 일정한 원리가 없어 학술적 문자가 될 수 없고, 청각적이면서 시각적이어야 하는 문자의 생명을 아주 잃는다.

이렇게 논란을 빚자 국회에서는 이선근 문교부장관을 출석시켜 한글 간소화안에 대해 질의를 벌였고 국회의원들은 여론에 밀려 이를 반대했다. 당시 국회는 여당인 자유당이 다수 의석을 차지하고 있었다. 그런데도 국회에서는 국회와 정부, 학술원을 구성원으로 한 특별대책위원회를 발족시켰다. 여기에서 한글 간소화안을 보류한다는 결론을 내렸다.

그런데도 이선근과 이승만은 거듭 담화를 발표하고 일선 교육기관에 시행을 지시했다. 이에 총무처에서도 덩달아 나섰다. 자유당도 찬동하는 성명서를 발표했다. 그리고 어용 어학단체인 어문연구회를 발족시키기도 했다. 어문연구회에는 국민학교 교장, 상공부 특허국과 한글타자기 회사의 대표를 임원으로 채웠으나, 한글 연구자나 전문가는 한 사람도 없었다. 하지만 이 단체의 활동은 임원 여러 명이 이탈하자 흐지부지되고 말았다.

그러나 이승만은 물러설 줄 몰랐다. 이승만은 "한글 간소화안은 세종대왕의 뜻을 받들어 시행하려는 것"이라고 말하면서 한글의 진보주의자를 표방하고 백성을 위한 방안임을 거듭 천명했다. 하지만 한글학자들은 물러서지 않았고 국민들은 호응하지 않았다. 일부 자유당 국회의원은 이런 여론의 동향을 대통령에게 전달했다.

그제야 이승만은 물러섰다. 1955년 9월 19일 다음과 같은 담화를 발표했다. 그는 국문이 세계에서 가장 좋은 취음문자임을 밝히고 아직도 국문을 무시하는 폐단이 있다고 지적하면서 이렇게 이었다.

내가 해외에 있는 동안에 한 가지 문화상 중대한 변경이 된 것은 국문 쓰는 법을 모두 다 고쳐서 쉬운 것을 어렵게 만들며 간단한 것을 복잡하게 만들어놓은 것이니, 이전 한문 숭상할 적에 무엇이든지 어렵게 만드는 것이 학자들의 고상한 정조로 알던 생각을 버리지 못하고 국문 쓰는 것도 또한 어렵게 한 것이므로 이것을 고치려고 내가 여러 번 담화를 발표했으나, 지금 와서 보니 국어를 어렵게, 복잡하게 쓰는 것이 벌써 습관이 되어서 고치기가 대단히 어려운 모양이며, 또한 여러 사람들이 이것을 그냥 쓰고 있는 것을 보면 무슨 좋은 점도 있기에 그럴 것이므로 지금 여러 가지 바쁜 때에 이것을 가지고 이 이상 더 문제 삼지 않겠고 민중들의 원하는 대로 하도록 자유에 맡기고자 하는 바이다.

이렇게 해서 2년간 벌인 한글파동은 종지부를 찍었다. 최고 권력자로 군림하면서 비전문가의 독선이 불러온 소모적 논쟁이었다. 하지만 이승만의 한글 사랑과 쉬운 문체로 글과 담화문을 쓰는 태도는 배울 만한 점이다.

● 비구-대처 분쟁을 정치적으로 이용하다

어느 날 이승만이 틈을 내서 산사 시찰에 나섰다. 그는 감회 어린 눈으로 절을 돌아봤다. 그런데 절의 요사(절 숙소) 옆에 여자 속옷과 기저귀 따위의 빨랫감이 널려 있었다. 그는 한동안 빨래를 바라보면서 생각에 잠겼다가 발길을 돌렸다. 이승만은 개신교인 감리교 신자였으므로 법당에 들어가 무릎을 꿇고 부처에게 참배하지 않았다. 아마도 그의 머릿속에는 불교를 기독교와 길을 달리하는 이단으로 생각했거나 무당들이 꼬이는 장소쯤으로 여겼을 것이다.

1954년 5월 21일은 제3대 민의원 총선거가 실시된 다음 날, 이승만은 엉뚱한 담화를 발표했다. 요지는 왜색 불교의 잔재인 대처승을 사찰에서 몰아내라는 것이었다. 대처승들에게는 폭탄선언이었지만, 비구승들은 여기저기에 몰려다니면서 대응책을 세우기에 골몰했다. 국민들은 선거판보다 이 담화와 그 뒤에 벌어진 비구-대처 싸움에 더 관심을 기울였다.

식민지 시대 일본 당국은 한국불교의 친일화, 어용화에 열중했다. 일제 당국은 해인사 등 유래 깊은 사찰을 모조리 친일 승려로 채웠다. 친일 승려들은 일제의 정책에 협조하면서 일본불교를 흉내 냈다. 승려들은 사판승事判僧(일보는 승려)으로 사찰 재산을 주물면서 사찰에 아내를 두고 살았다. 그리고 일제의 협력으로 일본에 유학을 다녀온 뒤 철저히 일본불교로 예속되는 길을 걸었다.

전통적 비구승들은 큰 사찰을 대처승에게 내주고 떠돌면서 영락의 삶을 살았다. 비구승들은 활로를 모색하려 서울에 선학원을 설립했다. 선학원은 작은 절이었으나 비구승들이 모여 참선 하고 때로는 친일불교를 배격하는 장소로도 이용되었다. 송만공, 방한암, 박한영, 한용운 등이 찾아들어 후배들을 지도했다. 그러나 한줌의 재 같은 보잘것없는 존재였다.

8·15 해방 후 친일 부역배들이 다시 날뛰는 속에 불교계도 다를 바가 없었다. 친일 승려들은 여전히 불교의 교권과 재산을 쥐고 비구니들과 불교계의 민족주의자들이 활동할 공간을 제약했다. 1950년대 초반, 대처승의 숫자가 7,000여 명인데 비해, 비구승의 숫자는 10분의 1도 안 되는 400여 명이었으며 본산 사찰의 주지는 거의 대처승들이 장악하고 있었다.

비구승들은 이런 처지에서 자신들이 공부하고 거처할 수행도량을 양도해달라고 요구했지만, 기득권을 누리고 있는 대처승들은 거들떠보지 않았다. 비구승들은 한숨만 쉴 뿐, 뾰족한 대책이 없었다. 이때 이승만의 담화가 발표된 것이다.

대처승들은 이해 6월 불국사에서 법규위원회를 열고 종헌을 개정해 교화단과 수행단으로 구분해 대처했다. 공부하는 승려와 포교를 위주로 하는 승려로 갈라 현실에 적응하려는 것이었다. 어떤 점에서 보면 불교가 산중의 총림 불교 중심에서 현실 사회에 접근하는 긍정적 측면이 있는 개선책이었다.

비구승들도 이해 9월, 전국비구승대회를 열어 새 종단을 구성해 적극 대응했다. 이때 하동산, 이효봉, 이청담 등이 전면에 등장했다. 비구승들에게는 대처승들이 소유한 절을 모조리 차지하지 않으면 뒷날 화근이 된다는 주장이 힘을 얻고 있었다. 비구승들은 정권의 지원을 등에 업고 일거에 대처승들을 요절내는 전술을 세웠다.

그러면서 법통 논쟁을 벌였다. 한국불교의 법통이 어디에 있는가, 누구를 종조宗祖로 받들어야 하는가의 문제였다. 한쪽은 태고 보우를 종조로 받들어야 한다고 주장했다. 태고는 공민왕의 왕사가 되어 불교 진흥에 공을 세웠다. 한쪽은 지눌 보조를 종조로 받들어야 한다고 주장했다. 조선시대의 불교 영향으로 보면 태고를 받들 수 있었고 개혁의 측면에서 보면 지눌을 받드는 것이 온당할 것이다. 이렇게 해서 두 세력은 명분과 법통에서도 뚜렷이 구분되었다.

이해 12월에 이승만은 2차 유시諭示를 내려 "전국의 승려는 일본식 정신과 습관을 버리고 불교의 빛나는 전통을 살리라"고 강조했다. 비구승들은 더욱 고무되었다. 비구승들은 구체적 행동을 위해 자금을 끌어 모았다. 일부 브로커들은 비구승들이 힘을 얻을 것이라는 판단을 재빨리 내리고 많은 이권을 염두에 두면서 자금을 대주었다. 이 자금은 주로 이른바 '깡패' 동원에 쓰였다.

이승만의 유시가 있은 다음 날, 승복을 입은 '깡패'들은 총무원이 있는 조계사로 난입했다. 이들은 몽둥이와 쇠파이프, 자전거 줄 등으로 중무장하고 총무원 건물을 공격했다. 이 공방전이야말로 불교 분쟁의 시작이었고, 이들의 함성은 부처님을 돌아앉게 만든 조종이었다. 이어 전국의 비구·비구니들은 대회를 열고 불교 정화를 외쳤다.

깡패들과 젊은 승려들이 사찰 아래에 있는 여관에 들면, 사찰을 차지하고 있던 대처승들은 인근의 다른 깡패를 총동원해 절의 요사에 집어넣었다. 이들의 몽둥이는 절간을 난장판으로 만들었다. 힘의 우위는 비구승 쪽에 있었다. 이승만은 이런 일이 벌어질 때마다 유시를 내려 비구승들에게 힘을 실어 주었다. 이승만의 유시는 우연찮게 국회에서 초대 대통령에 한해 중임제를 철폐해야 한다는 논의가 활발히 일어나거나 무리하게 대통령의 3선 개헌을 추진해 끝내 사사오입四捨五入(소수점 이하를 반올림하는 셈법)이라는 기묘한 숫자놀음을 선포할 즈음에 발표되었다.

이런 폭력 분쟁은 문교부와 내무부의 개입을 불러왔다. 당국은 타협점을 모색하는 모임을 주선했으나, 유리한 고지를 차지한 비구승들은 배짱을 내밀었고, 수세에 몰린 대처승들은 불리한 타협을 거부했다. 이제 대처승들은 더욱 많은 폭력배를 동원해 조계사에서 단식 농성을 벌이던 비구승들을 마구잡이로 폭행했고 이를 계기로 테러는 전국의 절로 확산되었다.

현장에는 늘 정화淨化의 맹장인 이청담이 있었고 김지효 같은 열혈 승려는 할복까지 하면서 의지를 드러냈다. 정부 당국에서도 주지 자리는 정부의 승인을 받아야 한다는 행정 조치를 내리기도 했다. 이승만은 다음 해 6월, 마침내 "대처승은 물러가라"는 노골적인 담화를 발표했다. 이에 힘입어 비구승들은 승려대회를 열어 일방적으로 주지를 임명했고 정부 당국에서는 이를 승인했다.

이렇게 해서 전국의 사찰은 하나씩 비구승의 손아귀에 들어갔다. 하지만 법보다 주먹이 가까운 법. 대처승들은 사찰을 접수하러 몰려간 비구승들을 몽둥이로 몰아냈다. 그러나 대세는 기울었다. 대처승들은 마지막 수단으로 소송을 제기했다. 이제 법정 분쟁으로 치달았다. 절의 재산은 깡패를 동원하는 경비에서 차츰 변호사 비용으로 탕진되었다. 법정 분쟁은 1960년대까지 계속되었으나 완전히 해결되지 못했다.

대처승들은 본산 사찰을 거의 비구승들에게 내주었다. 대처승들의 유래 있는 사찰로는 겨우 서울의 봉선사나 순천의 선암사 정도인데, 근래에 선암사마저 내주었다. 그들은 작은 절을 차지하고 있으면서 명맥을 유지하고 있다. 친일불교의 업보라고 치부하기에는 종교의 자유를 너무 심하게 침해받았다. 대처승은 이제 태고종으로, 비구승은 조계종으로 나뉘어 제 갈 길을 가고 있다.

이승만은 군인, 경찰 등 많은 친일파를 등장시켜 하수인으로 부려 먹으면서 정치적 입지를 넓히려 들었다. 그런데 왜 불교계만은 친일불교를 배척했을까?

이 문제를 연구한 조명제 교수는 "일반 국민의 반일감정을 이용한 반일 이데올로기를 선동 확산하여 반이승만 세력을 배척하는 데 활용했던 것으로 생각된다"고 진단했다.(이이화《역사 속의 한국불교》)

반대급부로 한국불교는 종교의 자유를 침해받았고 폭력과 소송이라는 반불교적 짐을 지고 살아야 했다. 한국불교는 한동안 자율성을 상실해 권력에 의존하는 행태를 보였고, 승려의 질적 저하를 가져왔다. 오늘날 한국불교는 여러 과제를 안고 있다.

● 영구집권의 야욕을 부리다

이승만 정권은 마지막 단계로 접어들면서 코믹한 정치행태를 보였다. 온갖 무리를 저지르면서 역사의 순리를 거역했다. 정적을 하나씩 제거하고 이승만의 영구 집권을 기도했다. 그 과정에서 이른바 사사오입 개헌이 이루어져 절차 민주주의는 심한 타격을 받았다.

또 후계 구도가 진행되면서 이기붕이 등장했다. 병골인 이기붕은 과도한 권력욕으로 거듭 무리한 행동을 벌였다. 이승만과 집권당인 자유당은 정치적 라이벌인 신익희를 매장시키려고 했고 조봉암을 사형시키면서 이기붕을 등장시켰다.

1953년 7월, 우여곡절 끝에 정전협정이 체결되었다. 형식적으로는 한국전쟁이 종말을 알렸고 잠정적 평화를 가져왔다. 이승만은 정전협정을 강하게 반대했지만 메아리에 지나지 않았다. 이를 계기로 이승만은 후기 독재체제를 강화했다. 이승만이 총재로 군림하고 있는 자유당은 이기붕이 주도권을 장악해 2인체제를 구축했다.

이기붕은 미국 유학시절 이승만을 도와준 일이 있었다. 그래서 이승만의 비서실장을 맡기도 했고 연달아 서울시장, 국방장관을 지내기도 했다. 권력욕에 차 있는 이기붕의 아내 박마리아는 이화여대 부총장, 기독교여자청년회 총무, 대한부인회 부회장 등을 맡아보면서 이승만의 부인 프란체스카에게 접근했다. 박마리아는 영어 구사력이 뛰어났고 감리교 신자여서 프란체스카의 귀여움을 받았다.

이기붕은 아내의 정치적 작용에 힘입어 이승만의 후계자로 부상했다.

그는 이승만에게 절대적 복종을 보여 신임을 쌓았다. 더욱이 아들이 없는 이승만에게 이들 부부는 큰아들 강석을 이승만-프란체스카의 양자로 들여 튼튼한 끈을 달았다. 하지만 이기붕은 신경통을 앓으면서 거동이 불편할 정도로 건강이 나빠져 정치활동을 제대로 할 수 없었다.

1954년 5월 20일에 치러진 제3대 국회의원 총선에서, 정치적 라이벌인 조봉암은 선거사무장이 체포되어 고문으로 죽는 사태를 겪었고 이곳저곳 옮겨가면서 등록서류를 냈으나 끝내 서류미비라는 구실로 출마조차 하지 못했다. 더욱이 신익희는 고향 광주에서 애송이로 자유당 입후보자인 최인규에게 밀려 아예 출마를 포기했다. 이 선거를 '곤봉선거'라 불렀지만 자유당은 114석을 얻어 압승을 거두었다. 무소속을 규합하면 충분히 개헌할 수 있는 의미 있는 의석이었다.

마침내 1954년 11월 27일 초대 대통령에 한해 연임을 허용한다는 것과 대통령의 자리가 비었을 때는 부통령이 승계한다는 내용을 골자로 한 개헌안이 표결에 붙여졌다. 표결 결과, 제적 203명에 재석이 202명인데, 가표가 135표였다. 최순주 부의장은 3분의 2에 1표가 부족하다고 해서 부결의 방망이를 때렸다. 이것은 자유당이 허술해 부결된 것이 아니다. 가결 정족수라고 여긴 136명을 겨우 확보했는데, 문자를 모르는 한 의원이 잘못 기표하는 바람에 무효가 된 것이다.

이기붕 등 몇몇 간부들은 파랗게 질려 경무대로 달려갔다. 이승만은 미리 알고 있다는 듯 이렇게 대꾸했다. "이 사람들아, 통과된 것이야. 사사오입해야 하지 않나!" 곧 203의 3분의 2는 135.333……인데, 이를 반올림하면 135명이므로 통과된 것이라고 주장한 것이다. 홍보처장 갈홍기는 담화를 발표해 수학이론을 빌려 통과 사실을 알렸다. 이달 29일 야당 의원들이 모두 퇴장한 가운데 자유당 의원들만 모여 '부결번복 가결동의안'을 통과시켰다.

세상 여론은 시끄러웠지만 공론이었다. 자유당 간부와 당원, 정부 요직은 더욱 친일파로 채워졌고, 이들은 연일 이승만의 뜻에 따라 북진통일 멸공통일의 시위로 온 나라를 시끄럽게 했다. 새로 발족한 정당인 신익희 중심의 민주당과 조봉암 중심의 혁신세력은 큰 소리로 자기 목소리를 낼 환경이 아니었다. 야당은 호헌동지회를 결성해 세력을 규합하고 민주당을 결성했지만, 조봉암의 영입을 두고 팽팽하게 대립해 뜻을 이루지 못했다. 조봉암, 서상일, 이동화 등은 어쩔 수 없이 혁신계를 규합해 진보당 결성을 준비했다. 뒤에 발표된 진보당 강령에는 "공산독재는 물론 자본가와 부패분자의 독재도 배격한다"고 하여 김일성, 이승만 그리고 민주당과 차별을 보였다.

이런 속에서 정부통령 선거가 준비되었다. 자유당에서 대통령 후보 이승만, 부통령 후보 이기붕을 추대하자, 이승만은 다시 고사하면서 민의를 부추겼다. 비구승, 배우, 학생들까지 나서서 이승만의 출마를 요구했다. 또 우마차가 동원되어 시위를 벌인 탓으로 서울 거리는 마소의 똥바다가 되었는데, 이를 우의牛意, 마의馬意라 불렀다. 그러자 이승만은 몇 차례 사양하다가 뜻을 굽혔다.

민주당은 대통령 후보로 신익희, 부통령 후보로 장면을 내세웠다. 민주당은 "못살겠다, 갈아보자"라는 구호를 정했다. 진보당 추진위에서는 대통령 후보에 조봉암, 부통령 후보에 박기출을 지명했다. 신익희는 한강 백사장에서 유세를 벌였는데 20만 명 이상이 모였다고 한다. 그는 대단한 인기를 누리며 유세를 벌였는데, 호남 유세 도중 5월 5일 열차에서 급서하고 말았다. 그리하여 조봉암만이 남았다. 조봉암은 그때까지 금기로 되어 있는 평화통일을 계속 소리 높여 외쳤다. 조봉암의 인기는 상승했다.

혁신 계열에서는 박기출 후보를 사퇴시키고 장면을 밀기로 했다. 하지만 민주당은 신익희 추모를 부추겨 조봉암에게 쏠리는 표를 견제했다. 곳곳에서 투표부정, 개표부정으로 치러진 선거 결과는 이승만 504만여 표(전체 투표자의 55퍼센트), 조봉암이 216만여 표, 신익희에게 쏠린 추모표가 185만 표 정도 되었다. 그러나 사단은 정작 다른 데에 있었다. 부통령 선거에서는 장면 401만여 표, 이기붕이 380만여 표였다. 장면이 대통령 유고시 승계권을 확보한 것이다. 게다가 조봉암은 투표에 이기고도 개표에 졌다고 공언했는데, 이는 조봉암이 다음 대통령 1급 주자로 자리 잡은 것이다.

그런데도 이승만은 반성할 줄 몰랐다. 그는 일제시기 경찰서장을 지낸 친일파 이익흥을 내무장관으로 발탁해 정치탄압의 선봉에 세웠다. 그 결과 정치깡패들이 난동을 부렸고, 반이승만 언론인 〈경향신문〉을 폐간시켰고, 조봉암을 간첩으로 조작해 사형을 집행했다. 이렇게 해서 1950년대를 보냈다.

● 전무후무한 부정선거를 치르다

1960년에 들어 이승만 정권과 자유당에 대한 민중의 반감은 더욱 고조되었다. 이 무렵 이승만의 나이가 85세였다. 그런데 부통령은 야당인 민주당의 장면이어서 이승만이 죽으면 자동으로 정권이 넘어가게 되어 있었다. 다시 정부통령 선거를 치르더라도 이승만과 이기붕의 당선은 보장할 수 없었다. 4대 정부통령 선거를 앞두고 이 문제를 풀어야 했다.

1960년 제4대 정부통령 선거를 앞두고 오늘날의 관점에서 보면 엉성하기 짝이 없는 각본이 꾸며졌다. 내각에는 최인규 내무장관이 경찰을 총지휘했고, 자유당은 깡패조직까지 동원하여 부정선거를 꾸몄다. 마침 민주당 후보인 조병옥이 신병을 치료하러 미국에 갔다가 갑자기 죽었다. 그래서 대통령 선거에서는 완전한 승산이 보였으나 부통령 선거에는 장면이 버티고 있어서 전혀 승산이 보이지 않았다. 그리하여 조병옥의 죽음을 틈타 예정보다 두 달 앞당겨 3월 15일에 선거를 실시하기로 했다.

최인규는 공무원을 총동원하여 선거에 투입하되 4할 정도의 표를 사전에 투표함에 투입할 것이며, 세 사람을 한 조로 묶어 누구에게 찍었는지 알 수 있게 투표할 것이며, 완장부대를 동원하여 유권자들에게 공포감을 불러일으켜 투표에 유도할 것이며, 개표할 때 구실을 붙여 야당 참관인을 쫓아낼 것이며, 유령 유권자를 만들어내고 야당 성향 유권자의 기권을 강요하여 대리 투표할 것 따위의 방법을 지시했다.

마지막으로 불리한 지역에는 투표함을 사전 투표한 투표함으로 바꿔치기하고 개표할 때에 투표지를 섞어 넣고 야당에 찍은 투표지를 빼내 득표 수를 조작해 발표하기로 계획했다.

그런데 사단이 벌어지고 말았다. 한 말단 경찰관이 〈부정선거 지령서〉 사본을 민주당에 제공한 것이다. 물론 이 사실은 신문에 공개되었고 곳곳에서 규탄대회가 열렸다. 하지만 자유당 정권의 부정선거 계획은 취소되지도 않았고 야당 탄압이 줄어들지도 않았다. 반응은 대구에서 먼저 일어났다. 2월 28일 민주당은 대구에서 유세를 벌이기로 계획했다. 그러자 일요일인데도 학생들이 유세장에 가지 못하게 막으려고 모든 학생의 등교를 지시했다.

이에 경북고를 비롯하여 대구고, 사대부고 학생들이 학교에 집결해 있다가 스크럼을 짜 교문을 나와 시가를 행진했다. 학생들의 입에서는 "민주주의를 살리자"거나 "학생을 정치 도구화하지 말라"는 등의 구호가 터져 나왔다.

학생들의 분노는 시민들에게 전달되었고, 서울, 부산, 광주, 대전, 마산, 전주, 수원 등지로 확산되었다. 대구학생시위는 4·19혁명의 전주곡이었다. 3월 15일 선거일에는 부정선거를 목격한 마산의 학생들이 역사적 의미를 던지는 항의 시위를 벌였다.

그런데도 아랑곳없이 부정선거는 진행되어 3월 17일 개표 결과가 발표되었다. 내무부와 자유당은 최종으로 표를 계산해보니, 이승만, 이기붕의 지지표가 95~99퍼센트에 이르렀다. 부정선거를 지휘한 자들도 어처구니없고 황당한 계표에 당황했다 한다. 그래서 자유당 지도부에서는 최인규에게 득표율을 하향해 조정하라고 지시했다. 최인규는 이승만 88.7퍼센트, 이기붕 79퍼센트로 조정해 발표했다. 그러나 어느 누구도 이 발표를 믿지 않았으며 민주당은 선거무효소송을 냈다.

● 4·19혁명 이후 미국으로 망명하다

전국에서 규탄 시위가 이어졌다. 마산에서도 세찬 시위가 벌어졌다. 4월 11일 마산 학생시위가 벌어진 뒤에 김주열이 실종되었다. 그리고 마산 앞 바다에서 그의 시체가 떠올랐다. 그의 눈에는 최루탄이 박혀 있었다. 이 소식을 들은 전국 학생들의 의분심은 하늘을 찔렀다. 전국의 시위는 더욱 격렬해졌다. 서울의 빈민과 공장 노동자들, 특히 구두닦이, 양아치, 넝마주이들도 틈을 엿보아 학생 시위에 가담했다.

4월 18일 고대생들 3,000여 명의 시위대가 태평로 국회의사당 앞으로 진출하여 연좌시위를 벌이고 항의집회를 가진 뒤에 학교로 돌아가고 있었다. 이들이 종로 5가에 이르자 동대문 일대에 숨어 있던 깡패들이 쇠파이프, 몽둥이, 자전거 줄을 휘둘러 많은 학생들이 부상을 입었다. 이에 분노한 학생들은 부정선거 타도에서 독재타도로 방향을 전환했다. 다음 날 전국의 학생들이 동시에 궐기했다. 서울의 시위대 10만여 명은 서울 시내를 누비며 서울신문사, 반공청년단, 자유당 등을 습격하여 파괴했고 일부는 경무대로 진출했다. 경무대를 지키던 경찰들은 총을 쏘아 학생들을 쓰러뜨렸다. 경무대 앞 아스팔트는 피로 흥건했다.

정부는 계엄령을 선포했고 군인들은 시위대에게 발포하지 않아 대량 살상을 막았으나 전국적으로 사망자 186명, 부상자 6,026명을 헤아렸다. 이 과정에서 이기붕은 "총은 쏘라고 준 것"이라고 농지거리를 하기도 하고 "국민이 원한다면 사퇴하겠다"는 미지근한 발언을 해 물의를 일으키기도 했다. 4월 25일 서울의 교수들은 "학생의 피에 보답하라"는 슬로건을 내걸고 "이승만 하야하라"는 구호를 외치며 종로를 거쳐 광화문까지 시위를 벌여 이승만 정부에 결정적 쐐기를 박았다. 그 뒤 이기붕 일가가 경무대 관사에서 자살하는 사태가 벌어졌다. 이기붕의 큰아들이요 이승만의 양자인 이강석이 일가족을 향해 권총을 쏘고 자신도 자살한 것으로 알려졌다. 이승만은 하야하여 옛 거처인 이화장에 들어갔다가 허정 내각수반의 주선에 따라 4월 29일 새벽에 하와이로 도망쳤다. 이리하여 4·19혁명은 마무리되었다.

이승만은 하와이에서 회한의 나날을 보내다가 옛 동지회 관련자들과 몇몇 추종자들, 프란체스카가 지켜보는 가운데 90세의 나이로 파란만장한 생애를 마감했다. 그의 마지막 유언은 알려져 있지 않다. 자부의 말이었을까, 회한의 말이었을까?

● 정치가 항상 앞서는 인물 이승만

마지막으로 그에 대한 몇 가지 평가를 들어보자. 해방 공간에서 정치활동을 하면서 이승만을 찾아다녔던 강원룡은 이승만에 얽힌 일화를 소개했다. 그가 이승만을 처음 만났을 때 이승만은 깨엿을 망치로 쪼개주면서 "그대들은 내 아들이나 다름없다"고 말했다. 그리고는 중간에 얼굴을 찌푸리고 손가락을 후후 불었다. 강원룡 일행이 혹시 엿을 깨다가 손가락을 다친 줄 알고 놀라자 그는 "아냐, 내가 왜놈들한테 붙들려 갔을 때 고문당한 손가락이 지금도 종종 아파서 그래"라고 대꾸했다고 한다.

강원룡은 나중에 이승만이 일본에 잡혀간 일이 없음을 알고 이렇게 기록했다.

그 사람은 필요에 따라 얼마든지 거짓말을 할 수 있는 사람이었다. 게다가 그는 음성과 표정까지 배우 뺨치게 꾸며대 듣는 사람이 그의 말을 절대적으로 믿도록 하는 재주가 뛰어난 사람이다.

강원룡 《역사의 언덕에서》

이 표현은 그의 인간적 면모를 말한 것이고, 정치가적으로는 다음과 같이 평가하기도 했다.

내가 직접 겪어본 그는 존재 자체가 정치로 이루어진 인물이었다. 인정이니 의리니 하는 인간적인 면보다는 정치가 항상 앞서는 인물이었던 것이다. 그리고 그의 정치라는 것이, 자신이 대통령이 되어야만 한다는 게 문제였다. 대통령이 되고 난 후의 이승만은 구시대적인 국부의식을 버리지 못하고 빠른 속도로 독재자로 변모했다.

강원룡 《역사의 언덕에서》

또 이승만 정권에서 정치적으로 성장했던 조봉암은, 이승만을 두고 역대에 유래가 없는 독재자로 규정하면서 방문객들을 만날 때마다 "이승만이 아직도 죽지 않았나?"라는 말로 인사를 대신했다 한다. 민주운동가였던 장준하는 가끔 이승만을 접촉했는데 늘 입버릇처럼 이승만을 두고 '희대의 사기꾼'이라 말했다 한다.

한편 이승만 집권 시기에는 이승만을 국부로 부르기도 했고 자유세계의 가장 위대한 지도자로 추앙하기도 했다. 이화여대 총장을 지낸 김활란은 이승만을 두고, 조지 워싱턴과 제퍼슨 프랭클린과 링컨을 종합한 지도자라고 주장하기도 했다. 이승만 추종세력들은 이런 주장을 폈던 것이다.

이승만은 지나치게 권위에 빠져 있었다. 그와 맞서는 인물 또는 충고를 하려는 사람들은 철저하게 배제했다. 프란체스카는 이런 인물의 접근을 막고 김활란, 박마리아 같은 추종자들만 이승만 곁으로 불러들였다. 이승만은 스스로 인의 장막을 치는 것을 즐겼다. 이 대목에서 하나의 일화를 들어보자. 시인 서정주는 이승만의 구술을 받아 1949년《우남 이승만전》을 집필했다. 그런데 그는 그 기술에 이승만의 아버지에 대해 경칭을 붙이지 않았다. 이를 본 이승만은 대단한 불쾌감을 드러냈다. 이승만은 "서정주가 시인이라? 버릇없는 사람이군!"이라고 비서들에게 말했다고 한다. 이에 서정주는 머쓱해서 다시는 이승만을 만날 수 없었다 한다. 참고로 책서문의 한 구절을 인용해 보자.

여기 그의 70여의 생애를 거친 의지로서만 관철했고 또 관철하면서 있는 한 조선 사람이 있다. ……아마 그는 누구보다도 조선 사람으로서 변화하지 않은 사람이었을 것이다.……이 전기의 자료를 구술해주신 우남 어른께 삼가 절을 올리며……

서정주《우남 이승만전》

이 대목에서 이승만을 객관적으로 평가하려는 의도였는지 사람 또는 어른이라는 표현이 등장한다. 이 표현이 이승만의 심기를 자극했을 것이다.

오늘날 이승만에 대한 국민의식은 사뭇 다르게 나타난다. 최근의 여론조사(《경향신문》 2008년 8월 15일자)에 따르면 현대사에서 '가장 존경하는 인물'로 이승만은 3.6퍼센트를 얻었고, 가장 '큰 업적을 남긴 정권'에서는 이승만 정권이 3.3퍼센트를 얻었다. 아주 바닥을 헤맨 것이나 다름없다.

● 건국의 아버지로 떠받드는 의도는 어디에 있나

이명박 정부가 출범한 뒤 우리 역사와 사회를 흔드는 여러 조치가 단행되고 있다. 그중 하나로 제63회 광복절을 뒷전으로 밀어내고 이승만을 국부로 하는 건국 60주년을 전면에 내세워 대한민국의 정통성을 왜곡하는 처사를 벌이고 있다. 왜 이명박 정부는 이런 작업을 진행시키는 것일까?

이른바 뉴라이트는 그동안 좌파 정권 10년을 공격해왔고 친북좌파들을 매도해왔다. 일부 언론인들도 이런 주장을 펴왔다. 그런데 이명박 정부를 받치는 정치세력들은 극우 논리를 전개하는 일부 언론인과 일부 보수적 기독교세력과 이른바 뉴라이트들이 전개하는 허황된 주장에 경도되어 정권을 잡는 데 이용했다. 그들의 논리와 주장에서 가장 황당한 부분이 바로 역사왜곡이다. 다시 말해 이승만은 대한민국을 수립한 건국의 아버지, 김구는 남북협상을 추구한 건국의 방해자, 친일파와 일본은 우리나라를 식민지로 만들어 근대화에 공헌한 것으로 규정하는 것이다.

그리하여 이승만을 띄우는 작업이 곧 '건국 60주년'과 맞물려 돌아가고 있다. 이승만을 건국의 아버지로 받드는 작업에는 일본 식민지 근대화론에 동조하는 학자들이 앞장서 왔다. 이 학자들은 일본 우파의 학자들이 펴온 조선을 식민지로 만든 뒤 공장과 학교를 짓고 생활수준을 향상시켜 근대화 대열에 합류시켰다는 이론에 동조해 왔다. 이 학자들은 처음에는 일본 연구기관의 연구비를 받았고, 뒤에는 일부 재벌의 적극적 지원을 받았으며, 친일파 사주를 두었던 일부 보수언론의 동조를 얻어냈다.

그러면 그들의 목적은 무엇인가? 이승만은 남한 단독정부 수립을 추구하면서 극단적 수법으로 반공을 내걸고, 친일파와 지주출신들을 정부의 요로에 등장시켰다. 그 과정에서 독립투쟁세력들을 소외시키거나 압제했고, 협상파 등 중도파들을 매도했다. 김구, 김규식 등 협상파들은 민족주의 우파였으나 단독정부 수립을 반대한 탓으로 이승만의 극우 정권과 반대노선을 걸었다. 따라서 이승만을 옹호하면 친일파, 지주세력을 등장시키고 남북협상파, 독립투쟁세력을 모조리 역사의 대열에서 패기 처분하는 효과를 얻게 된다.

그러면 '건국'과 '정부수립'의 차이는 어디에 있는가? 우리나라는 수천 년의 역사를 이어온 국가이다. 단군을 국조로 받들어 개천절을 건국절로 기념해왔다. 중간 중간에 몇 차례 역성혁명을 통해 왕조가 교체되면서 그 정통성을 계승해왔다. 그러므로 건국의 역사적 배경은 민족국가 계승에 있다. 지난 왕조는 오늘날의 정부의 의미를 지니고 있다.

1919년에 공화제를 표방하고 수립된 대한민국 임시정부는 3·1독립만세운동의 정신을 받들었으나, 그 정통성은 대한제국을 계승한 것이다. 대한제국은 이씨 왕조의 계통을 이었다. '대한'이라는 국명은 바로 이런 의미를 지녔다. 임시정부 대한민국의 정통성은 제1공화국 대한민국으로 이어졌다. 제1공화국의 헌법은 임시정부를 계승한다고 분명하게 정통성을 제시했다.

그러니 제1공화국인 대한민국의 수립은 새 정부의 탄생이지 새 국가의 탄생이 아니다. 제1공화국 대한민국은 아프리카의 신생 독립국가가 아니다. 프랑스는 오랜 왕국이지만, 새로운 공화국을 건설한 뒤 프랑스 혁명 발발일을 국가경축절로 삼았다. 결코 공화국 선포일을 건국절로 삼지 않았다. 지난 왕조와 새 국민국가를 구별한 것이다.

또한 임시정부는 국가의 존재요건인 인민, 주권, 영토를 확보하지 못해 정식 정부로 인정할 수 없다는 논리는 더욱 황당하다. 이렇게 되면 식민지 시기에 세워진 세계 모든 망명정부는 정통성을 상실하게 된다. 일제 강점 35년은 옛 영토 안에서는 분명히 주권을 빼앗긴 공백상태였다. 하지만 그 역사마저 공백이 된 것은 아니다. 그 역사의 한 주체가 독립투쟁이었고 독립투쟁의 상징인 임시정부가 존재했다. 그러므로 해방 공간에서도 이런 역사적 의미는 결코 배제하지 않았다. 다만 임시정부는 온전한 정권으로서는 한계를 지니고 있었을 뿐이다.

1948년 정부 수립을 건국이라 규정한다면, 그 3년 전에 발생한 광복은 어디로 가야 하는가? 미군정 3년을 정부수립을 준비하기 위한 기간이라 한다면, 1945년의 광복, 1948년의 정부수립이 온전하게 맞물려 돌아가게 될 것이다. 또 북한을 대한민국의 관할 아래 두는 데도 아무런 결함이 없을 것이다.

현재 이른바 '건국절' 행사가 이명박 정부의 주도로 여러 분야에서 진행되고 있다. 정부 기구는 말할 것도 없고 지방지치단체를 비롯해 여러 분야에서 많은 물량을 들여 추진되고 있다. 전국 곳곳에 독재 시기에 보이던 구호들이 내걸려 있다. 이를 추진하는 단체들은 관계 인사를 모아 공청회를 열어 의견을 수렴하는 등의 과정을 거치지 않고 독단적으로 행사를 벌이고 있다.

한편 대한민국사랑회라는 이름을 빌려 이승만 동상건립 모금운동을 펼치고 있다. 어느 신문에 낸 광고를 보면, 전직 국무총리를 비롯해 이른바 명사들이 동참한다고 했는데 "자유와 번영의 울타리를 만든 분은 이승만 건국대통령이다"라거나 "한국인은 지금 건국대통령을 구박한 죗값을 치르고 있다"고 하면서 4·19혁명 당시 남산에 세워두었다가 헐린 이승만 동상을 광화문에 세우겠다고 표명하고 있다.

그리고 광복절을 맞아 국민행동본부와 뉴라이트전국연합의 공동 개최로 청계천 광장에서 '이승만 건국대통령에 대한 국민감사 한마당'이라는 이름의 판이 벌어졌다. 국민감사라는 이름을 빌렸지만 극소수의 인사들이 판을 벌이고 있는 것이다.

그리하여 대한광복회, 4·19혁명기념사업회, 임시정부기념사업회 등 유관단체들이 반대운동을 펼치고 있다. 또 언론과 시민단체, 역사연구 단체의 들끓는 반대여론도 못 들은 체하고 있다. 공공 언론들도 혼란스러워 '정부수립 60주년' 또는 '건국 60주년'을 번갈아 쓰고 있다. 국민적 공감대를 형성하고 있지 못하다는 증거이다.

굳이 이를 추진하려는 의도는 거듭 말하면 간단하다. 이승만이 친일파

이화장 서울 종로구 이화동에 있는 조선시대 건물로, 8·15광복 직후 미국에서 귀국한 이승만이 살았고 지금은 '이승만 기념관'으로 보존되고 있다.

를 끌어안고 반공을 표방해 수립한 단독정부를 찬양함으로써, 북한을 우리 역사에서 배제하여 평화통일론을 억제하고, 식민지 근대화론과 친일파의 정당성을 인정해 독립투쟁세력을 억압하려는 의도이다.

또 하나는, 이명박 정부의 출범에 단순한 정권의 교체가 아닌 민족사적 의미를 부여하려는 의도이다. 곧 이승만 정권의 역사적 존재 의의를 빌려 이명박 정부의 이미지를 조작하려는 의도인 것이다.

이승만은 죽어서도 갈등과 분열을 조장하고 있다. 우리는 이승만을 최초의 민주공화국 대통령으로서, 반공국가를 수립한 국부로 우러러보기보다 절차 민주주의를 훼손한 인물, 음모와 술수로 민주 절차를 왜곡한 지도자로 인식하는 비애를 맛보고 있다.

02

박정희

개발 독재의 상징

박정희에 대한 역사적 평가는 두 갈래로 나뉘어져 있다. 박정희는 민주주의를 유린하고
인권을 억압하고 온갖 정치적 파행과 비리를 저질렀지만 오늘날에 와서는 경제개발을 이룩한
공로자로 후한 평가가 내려지기도 한다.

● 군사 쿠데타로 정권을 장악하다

1961년 5월 16일, 아침 출근길에 서울 시민들은 전차에서 내려 사무실로 들어가면서 두려움에 떨었다. 라디오를 듣고 어느 정도 사태를 짐작한 사람들도 가슴이 서늘했다. 요소마다 군인들이 중무장을 하고 지켰으며 공공건물에는 군인들이 출입을 통제하고 있었다. 하룻밤 사이에 세상이 뒤집혔다. 육군과 해병대 병력들이 탱크를 앞세우고 한강을 넘어 이날 새벽 5시를 기해 서울을 점령했다. 그들은 저항을 거의 받지 않았다.

쿠데타 군인들이 서울로 진주하는 동안 중간에서 헌병의 검문을 받으면서 약간의 충돌이 있었으나, 거의 무혈로 서울 시내를 장악했다. 주동자는 박정희朴正熙(1917~1979)로 밝혀졌고 중간 지휘자는 김종필이었다. 박정희는 뒷날 5·16쿠데타에 대해 이렇게 말했다.

> 단순한 정권의 교체가 아니고 멀리는 나라가 갈리고 서로가 죽이던 고충 세대 - 가까이는 이조 500년간의 뒤처짐과 일제 36년간의 피맺힌 학정 - 해방 이후 이질적인 기를 위해 움터난 갖가지 난치병을 깨끗이 씻어 버려 다시는 가난하지 아니하고 약하지 아니하고 못나지 아니한 슬기로움과 용기와 자신을 가진 새로운 민족의 우렁찬 새 출방임을 말한다. 따라서 이 혁명은 시간적으로 보아 한국 근대사가 바뀌는 기점이며 해방 전후 다음에 가는 제3의 출발이고 그것은 우리 민족이 다시 한 번 일어서 보려는 크나큰 성업의 마지막 기회인 것이다.
>
> 박정희 《국가와 혁명과 나》

이 표현은 단순한 수사일까 늘어놓은 변명일까 아니면 진정한 그의 의지일까?

● 성장 과정에서 보이는 몇 가지 오류

박정희의 선대 가계는 막연하게 기술되어 있는데 비해 박정희의 성장 과정은 비교적 소상하게 알려져 있다. 그가 정상적으로 학교를 다니고 교사시절을 보낸 탓도 있지만 그의 가족과 고향 친구들, 군 동료의 증언이 풍부하게 남아 있기 때문이기도 할 것이다. 하지만 여기에는 몇 가지 의문이 남는다. 그를 미화하는 과정에서 석연치 않은 문제들이 도사리고 있는 것이다. 첫째, 그의 아버지가 동학의 접주였는가 하는 논란이 일어났다. 그가 성장하면서 아버지의 진보적 성향에 영향을 받았다고 보는 것과 연결되어 있다. 다음, 사범학교를 다니고 교사가 된 시기와 일제 장교가 되는 과정에서 과연 친일파였는가 아니면 민족의 역량을 키우려는 의식 때문이었는가 하는 것도 논란거리로 등장했다.

그러면 지금부터 군사 쿠데타의 주인공인 박정희의 성장 과정을 알아보기로 한다. 그래야 그의 복잡한 인생살이를 이해할 수 있을 것이다. 먼저 아버지 박성빈朴成彬은 어떤 인물이었나?《고령박씨세보》(1919년 작성)에 따르면, 박성빈의 아버지 박영규는 고령박씨였다. 고령박씨는 신라 경명왕의 후예라 한다. 이들 후예에서 직강공파는 성주 사읍촌을 세거지로 삼아 대대로 살아 성주파라 부른다. 이들은 조선시대에 들어와 거의 벼슬을

박정희 가족 1966년 찍은 가족사진. 왼쪽부터 아들 박지만, 아내 육영수, 박정희, 작은딸 박근영, 큰딸 박근혜이다.

하지 못했는데, 방조인 박문수와 박문수의 가계가 비교적 벼슬을 누렸다. 그러니 성주파는 향반에 드는 한미한 가문으로 보인다.

박영규는 4대 독자로 태어났으나 아들 삼형제를 두었다. 그는 성주를 떠나 칠곡군 약목면으로 이사를 왔고 1914년 약목에서 74세로 죽었다. 그는 많은 재산을 모아 지주가 되었다 한다. 그런데 죽으면서 막내인 박일빈에게 재산을 물려주고 큰 아들인 박성빈에게는 거의 물려주지 않았다 한다. 박성빈이 젊은 나이에 벼슬을 하려고 나다니면서 가산을 축내고 게다가 동학농민군에 가담해 활동하고 술을 좋아하면서 농사일을 하지 않았기 때문이라 한다. 가족과 마을사람들의 증언을 종합하면, 이는 사실로 추측된다.

박성빈은 약목에 집성촌을 이루고 있는 백씨 부인을 맞이해 장가를 들었고, 아버지가 죽은 지 2년 뒤에 선산군 상모리로 이사를 했다. 박정희는 이를 두고 "쫓겨났다"고 말했다. 박성빈은 처가의 소유인 수원백씨 선영묘 아래 위토位土 8두락의 경작권을 얻어 6남매를 데리고 살길을 찾아 이사를 한 것이다.

그런데 전제를 달면 박성빈은 근대 시기의 인물이고 대통령 박정희의 아버지인데도 개인 사적에 대해서는 무엇 하나 정확한 기록이 없다. 먼저 아들 박정희의 증언부터 들어보자.

> 선친께서는 소시에 무과에 합격하여 효력부위效力副尉라는 벼슬까지 받은 바 있으나 원래 성격이 호방한 데다가 당시 조선조 말엽 세도정치와 부패 정치에 환멸을 느끼고 반항도 하여 20대에는 동학혁명에도 가담했다가 체포되어 처형 직전에 천운으로 사면되어 구명을 했다고 한다. 어릴 때 어머니께서 가끔 이야기를 하시면서, 그때 아버지께서 처형되었더라면 너는 이 세상에 태어나지도 않았을 것이다 하는 옛 이야기를 하시는 것을 들었으나 그때는 어리고 철이 없어서 그 이야기 내용을 잘 못 알아들었고, 또 자세히 물어보지도 못했다.
>
> 조갑제《내 무덤에 침을 뱉어라》

이 증언은 박정희가 1970년 4월 청와대 공보관인 김종신에게 직접 써준 것이다. 그런데 이 내용의 앞부분에는 오류가 있다. 또 다른 관련된 기록을 보자.

박대통령의 선친 성빈공은 무과에 급제하여 고종시 평안도 영변군수에 제수되어 통훈대부라는 칭호를 받았다. 그러나 이조가 말기에 접어들면서 매관매직의 폐풍이 생기고 관기가 문란해져 성빈공은 선임자가 자리를 내어주지 않아 중앙정부의 부임명령만 기다리다가 끝내 고향인 경상도 성주에 머물고 말았다. 고향에 있으면서 중앙정계에 대한 울분으로 세상사에 실망하고 있던 성빈공은 1892년 12월 동학당이 당시의 학정에 못 이겨 혁명을 일으키자 지방 지도자로서 이 운동에 참여했다가 관군에 체포되어 투옥되었다. 1893년 당시 정부는 국민들 사이에 팽배해 있던 불평불만을 무마하기 위해서 대사령을 내렸다. 이때 성빈공도 자유의 몸이 되었다.

이 기록은 1976년 2월 17일 청와대 공보비서관실에서 정리한 내용인데, 박정희가 직접 읽고 교정을 한 것이라 한다. 하지만 여기에도 많은 오류가 개재된 것으로 보인다. 이 기록은 집안에 전해지는 말을 종합한 것으로 보이며, 이를 근거로 〈선산군지〉(1960년대)와 박성빈 묘비(1968년 작성)에 기재한 것이고, 이것이 다시 박정희에 의해 확대재생산된 것으로 보인다.

● 그의 아버지는 과연 동학접주였나

먼저, 박성빈의 벼슬살이 문제부터 따져보자. 문과든 무과든 과거는 1894년 봄 갑오개혁이 단행될 때 폐지되었다. 적어도 박성빈이 무과에 합격했다면 그 이전에 합격해야 한다. 박성빈은 1871년생이니 1894년에는 23세가 된다. 그 나이라면 무과 본시에 충분히 합격할 수 있을 것이다. 그리하면 효력부위를 받을 수 있다. 효력부위는 고려시기 여진 등 귀화인에게 주어졌던 무관 정9품의 위계였고 조선시기에는 일반 무과 합격자에게 주어졌다.

그 뒤 영변군수 또는 영월현감을 받았다고 했는데, 군수는 종4품, 현감은 종6품 외관직에 해당하니 위계가 아주 높다. 그러니 무과에 합격한 뒤 승진을 거듭해야 이 자리에 오를 수 있다. 따라서 1894년 훨씬 이전에 무과에 합격해야 받을 수 있었다. 또 통훈대부는 문과 정3품의 당하관에 해당하니 무관직 출신은 받을 수 없다. 그러므로 이는 전혀 앞뒤가 맞지 않는다.

다음, 동학접주를 맡을 때인 1892년에 동학혁명이 일어났다고 했다. 이해에는 산발적 집회만 있었을 뿐 전면적 봉기는 없었다. 다음 해인 1893년에 충청도 보은집회 등이 있었으나 전면적 체포가 이루어지는 않았다. 특히 경상도 밀양에서도 대대적 집회가 있었다고 했으나 대량 체포된 사실은 없다. 따라서 이해에는 대사면령도 없었다. 모두 역사적 사실과 어긋난다.

다만 박정희의 누이 박재희의 "아버지는 벼슬을 하시겠다고 전답을 팔아서 서울에 자주 올라가셨다고 합니다. 그래서 가산을 많이 날렸다고 들었습니다. 동학군에 가담했다가 살아 나오셨다는데 워낙 말씀을 잘하셨기 때문이랍니다. 300명 중 혼자서 살아 나오셨다는 거예요"라는 증언에 신빙성을 둔다면, 박성빈은 약목에 살 때 여기에 가담했을 수 있다. 또 성주에서는 1894년 1차 봉기 무렵부터 대규모의 농민군 활동이 있었는데, 여기에 가담했을 수도 있다.

하지만 이도 300명이나 잡혀 처형되었을 때 함께 있었다면 설령 혼자 살아남았다 치더라도 자산가인 아버지 집안에 압박이 가해졌을 텐데 이와 관련된 증언은 보이지 않는다.

한편 5·16 이후 국가재건최고회의 의장 공보비서관인 이낙선이 정리한 《박정희의장 신상비망록》에는 "1894년 동학란이 경북에 침입했을 때, 박성빈은 용감히 의병을 일으켜 성공, 그 공이 지대하여 무과, 영월군수"라고 기재되어 있다. 또 1971년에 세워진 박성빈의 묘비에는 "영변군수로 임명되었으나 시국의 어려움으로 보임하지 않고 동학란을 피해서 선산에 왔다"라고 적혀 있다. 이낙선은 박정희 자서전 자료를 준비하면서 "비밀 광복군"설을 조작한 혐의를 받고 있는데, 동학군을 토벌했다고 기술하는 것은 박성빈을 미화하는 것으로 판단할 수 있으며 '동학란을 피해서'라는 기술은 어중간한 이미지를 풍기고 있다.

여기서 말하는 '무과', '영월군수'는 모두 역사적 사실과 맞지 않으며 박성빈이 선산에 이사 온 시기는 박정희가 태어나기 전 해인 1916년이라 했으나, 이는 더욱 사리에 맞지 않는다. 1916년 무렵 동학은 천도교로 개편되어 합법적 활동이 보장되어 있었다.

박정희의 증언 끝부분에 이러한 내용이 있는데 주목할 만하다.

그 후부터 선친께서는 가사에도 관심이 적고 호주로 소일하면서 이래저래 가산을 거의 탕진하게 되니 가세가 나날이 기울어지고, 하는 수 없이 외가의 선산인 상모동의 위토를 소작하기로 하고 외가의 양해를 얻어 (칠곡군 약목에서) 선산군 상모동으로 솔가하여 이사를 하게 되었다. 이해가 바로 내가 태어나기 전 해인 1916년이다.

그리고 "그 후 성빈공은 우울한 마음을 풀길이 없어 책과 술을 벗 삼아 세월을 보냈다"는 증언, 마지막 마을사람들이 박성빈을 박 선달이라 불렀다는 증언이 한 자료가 될 수 있을 것이다.

선달은 흔히 무과 합격자로 실직을 받지 못한 인사를 부르는 용어이다. 문과 합격자는 생원이나 진사라 부른다. 그러나 무과에 합격하지 못했더라도 주변 사람들이 이를 높여 선달이라 불러주는 게 향촌의 관례였다. 또 훈장을 하면서 술로 세월을 보내며 세상과 어울리지 못했으니, 선달이라 불러줄 만도 할 것이다. 그러니 박성빈은 무과 벼슬을 하려다가 실패했고 농민전쟁 때 어떤 형태로든 참여했던 것으로 보인다.

한편 공명첩空名帖에 따라 벼슬을 받는 관행이 있었다. 정부에서는 국가재정을 보충하기 위해 위계에 따라 돈을 받고 실직이 아닌 허울뿐인 벼슬을 주었다. 일단 이 벼슬이 주어지면 교지(임명장)를 받는다. 이 교지를 족보에 올리기도 하고 가보로도 보존했다. 박성빈은 이런 관행에 따라 벼슬을 받았을 수 있다.

다시 박정희의 어머니에 대해 알아보자. 그녀는 약목에 집성촌을 이루고 있는 수원백씨로 살림이 넉넉한 집안의 딸이었다. 그녀는 남편과 자식을 위해 친정의 위토답 경작의 허가를 받아 남편과 함께 상모동으로 이사를 했고, 남편이 술과 풍류로 지새우는데도 불평도 없이 자식들을 데리고 농사를 지었다. 그녀는 평소에 남편에게 불평을 하지 않고 이해심 있게 대해주었다 한다.

● 가난한 살림의 막둥이로 태어나다

박성빈은 상식적인 보통 사람은 아니었던 모양이다. 박성빈의 손자인 박재석(박정희 조카)의 증언에 따르면 이러하다.

> 검은 수염을 길게 기르셨던 김병태 어른과는 둘도 없는 친구였습니다. 두 분은 하루가 멀다 하고 아랫마을 밤마로 내려가서 밤늦게까지 막걸리에 절어 집으로 돌아오시곤 했지요. 한 손엔 언제나 작대기 하나를 쥐고 다니셨습니다. 제가 일곱 살쯤 되었을 때입니다. 밤이 늦었을 무렵입니다. 전기가 안 들어오는 마을이니 모두 일찍 잠들었을 때입니다. 할아버지가 술에 취해서 비틀거리며 대문 앞에까지 오셨습니다. 제가 오줌 누려고 나갔다가 마주쳤는지 기억이 안 나는데 하여튼 저더러 호롱불 들고 마중 나오지 않았다고 한밤중에 감 따는 긴 작대기를 들고 저를 때리려 쫓아오시는 겁니다.

박성빈은 때로는 엄격한 사람이었던 모양이다. 그렇다고 주정뱅이 같은 행동을 한 것은 아닌 것 같다. 그는 술도 즐기고 한시도 지으면서 풍류를 즐겼다고 하니 농촌 지식인 노릇을 했던 것으로 보인다. 그 무렵 농촌 지식인들은 대개 동네 사람들의 혼서나 축문을 써주기도 하고 때로는 택일이나 사주, 토정비결을 잡아주거나 보아주기도 했으며 공문서를 대필해주기도 했다. 그러다 보면 술값도 생겼는데 박성빈도 그런 인사였을 것이다.

박성빈은 키가 170센티미터쯤 되었다 하니, 그때로서는 기골이 결코 작다고 말할 수 없을 것이다. 박정희는 키가 평균보다 작았지만 그의 형제들은 모두 장대했다고 한다. 또 박성빈은 자식들과 방 안에서 대화를 나누다가 자식들이 담배 피우는 틈을 주려고 자리를 피해 주었다고도 하며, 밥상의 밥이나 반찬을 남겨 다른 식구들이 먹게 배려했다고 한다. 이도 당시 품위를 차리는 선비들의 일반적 몸가짐이었다.

그에 비해 어머니 백씨는 가냘픈 몸매였으나 부지런해서 농사를 짓고 집안 살림을 도맡아 했다 한다. 더욱이 자식들의 학비를 한푼 두푼 모아 두었다가 챙겨주는 자상한 어머니였다. 부자인 친정에서 어릴 때 언문을 깨쳐 고대소설을 읽을 줄 아는 수준이었다 하니, 자녀 교육에도 도움을 주었을 것이다. 또 어릴 때 할아버지 담뱃불을 붙여드리다가 담배를 배워 시집와서도 담배를 태웠다고 하니, 그 성격을 짐작할 만한 사례가 될 것이다. 그녀를 두고 마을사람들은 "자존심이 대단한 여자" 또는 "독하면서 자

박정희 생가　경상북도 구미시 상모동에 위치한 박정희의 생가. 경상북도기념물 제86호로 지정되어 있다.

상하고 가냘픈 여자"라고 평했다 한다.

한편 박정희 집이 가난했다고 하나 이는 당시 농촌의 빈농들이 겪는 일반적 생활로 보인다. 비록 비름나물에 보리밥을 비벼 먹는 것이나 세 끼를 제대로 챙겨 먹지 못했다고 했으나, 이는 여느 농가에 흔히 있는 모습일 것이다. 더욱이 이들 가족은 5남 2녀였으니 충분히 그런 생활을 했을 것이다. 또 셋째 상희와 넷째 정희를 보통학교에 보낼 수 있었던 것으로 보아도 짐작할 수 있다. 박정희가 보통학교와 사범학교를 다닐 무렵에는 큰아들 동희가 장성해서 머슴살이를 하며 가계에 도움을 주었다 하며, 두 딸도 시집을 갔고 막내 한생은 요절해서 식구도 줄었다.

박정희는 이런 부모 사이에 1917년 5남 2녀 중 막둥이로 태어났다. 그의 출생 당시 아버지는 46세였고 어머니는 45세였으며 큰 형 동희와는 스물두 살이나 차이가 났다. 상모리 언저리에 있는 금오산을 주변 사람들은 명산으로 꼽힌다. 뒷날 말 만들기 좋아하는 사람들은 박정희 대통령이 금오산 정기를 받아 태어났다고 말했다. 그는 막내로 귀여움을 받았지만 어릴 적에는 잔병치레를 많이 했던 모양이다. 그가 학교에 들어간 뒤 잔병으로 자주 결석을 한 것으로 보아 이를 짐작할 수 있다. 그런 탓인지 그는 형제들 사이에서 키가 가장 작았다.

● 사춘기 시절, 역사적 장군을 숭배하다

소년 박정희는 9살 때 구미공립보통학교에 입학했다. 셋째 형인 상희는 당시 100여 호가 사는 상모리 마을에서 첫 번째 구미보통학교 졸업생이었다. 그는 형이 다녔던 학교에 입학한 것이다. 그도 다른 소년들과 마찬가지로 20리 길을 걸어서 통학했다. 몇몇 학동들과 새벽밥을 먹고 뛰어서 학교를 다녔다. 어머니의 주선으로 공과금은 그런대로 냈으나 학용품 따위를 마음대로 살 수 없어, 어머니가 꾸려주는 계란 두세 개를 책가방에 넣고 문방구에 가서 공책 따위와 바꾸었다고 한다.

그런데도 학교 성적은 뛰어났다. 그는 초학년 시기에는 병으로 결석이 잦았는데 5학년 때에는 1일, 6학년 때에는 3일로 결석이 줄었다. 이런 조건에서도 줄곧 우등상을 받았고 반장을 맡기도 했다. 반장으로 지명 받은 것은 특별한 의미가 있을 것이다. 당시 반장은 선거를 하지 않고 학교에서 임명했는데, 성적과 품행이 좋아야 하는 조건이 따랐다. 그가 적어도 학교 훈육을 잘 따라 뽑혔다고 보아야 할 것이다.(정운현 《군인 박정희》)

보통학교 고학년 무렵, 그는 하나의 꿈을 갖게 되었다. 대구에 있는 일본 군인들이 구미에 와서 군사훈련을 하는 모습을 본 이후였다. 하얀 장갑을 끼고 누런 가죽 가방을 차고 있는 절도 있는 일본군 장교들. 어린아이들은 그런 군인을 보고 동경하기 십상이다. 그는 이광수가 쓴 소설 《이순신》과 일본어로 쓰인 《나폴레옹 전기》를 읽고 두 역사적 장군을 숭배하게 되었다 한다. 뒷날 그는 방학이 되어 고향에 와서는 동료들에게 "대장이 될 것"이라고 늘 큰소리쳤다 한다.

성적이 우수했으니 전국의 수재가 몰려든다는 대구공립사범학교에 입학한 것은 우연이 아니었을 것이다. 당시 사범학교는 전국에 경성사범, 평양사범, 대구사범 등 3개교뿐이었는데 여느 고등보통학교보다 입학이 어려웠다. 일제는 사범학교를 황국신민화 정책을 위한 인재양성 교육기관으로 육성하려고 교사의 직제를 높이고 지원을 아끼지 않았다.

박정희는 1932년 구미보통학교의 동기생 6명과 함께 입학시험을 보았는데, 혼자만 합격했고, 구미보통학교 출신으로는 최초의 합격자가 되었다. 게다가 일본학생 10명, 조선학생 90명의 합격자 중 51등을 했으니, 시골 출신으로서는 결코 낮은 등급이 아니었다. 이들 학생들의 3분의 2는 기숙사생활을 했다. 대구 시내에 있는 학생들은 주로 자택에서 통학을 했다. 학비는 면제되었지만 약간의 공과금을 냈고 기숙사 요금은 월 5~6원(쌀 한 가마니 값이 3원이었다)을 냈다. (정운현《군인 박정희》)

박정희의 3년 선배요 뒤에 박정희 덕으로 국회의원을 지낸 이병주는 평소에 "박 대통령은 공부는 잘 못했어. 말없는 외로운 학생이었는데 교련이나 검도에 열중했지"라고 말했다. 이병주는 학교에 다닐 적에도 박정희와 친분이 있었다 한다. 그의 증언에 따르면 이러하다.

1930년대 대구사범학교는 관립학교로 학생들이 대부분 기숙사생활을 했다. 기숙사에는 주로 일본인 사감이 배치되어 학생들을 통제했다. 교과목도 한문은 가르쳤으나 우리말과 우리 역사를 가르치지 않았다. 그러하기 때문에 학교생활에는 민족교육이 존재할 수 없었다. 다만 일부 조선인 교사들이 학생들을 개별적으로 불러 모아 민족교육과 사회주의 서적을 읽는 모임을 만드는 정도였다. 1930년대 초기 대구사범학교에 하나의 사건이 일어났다.

그리고 이에 대해 그의 학교 선배인 이병주(훗날 국회의원)는 이런 기록을 남겼다.

> 현준혁 선생을 중심으로 독서회를 조직하여 좌익서적을 읽는 동급생들이 하나 둘 퇴학처분을 받게 되었다. 제일 먼저 부장환 군이 퇴학당했다. 그 다음은 신태환 군이 당했다. 3학년 2학기에 현준혁 선생이 경찰에 구금당하고 서정철, 신현필, 이태룡, 최성민 등이 구속되었다. 그리고 이완종, 옥치상, 이종화, 박준호 등 30여 명이 4학년 진학 전에 퇴학을 당했다.
>
> 이병주 《죽암일기》

현준혁은 경성제국대학을 나와 대구사범에서 영어를 가르쳤다. 그는 독서회를 꾸려 이념서적을 탐독시키고 있었다. 이 시기 40여 명의 학생이 퇴학을 당했으니 큰 사건이었다. 물론 여기에 박정희의 이름은 보이지 않고 그 뒤에도 그는 이런 사건에 끼지 않았다. 1932년 입학 동기생 100명 중 30명이 졸업을 하지 못했는데 박정희는 졸업을 했다. 이 무렵 그는 적어도 이념을 추구하는 학생은 아니었던 것으로 보인다.

박정희가 기숙사 생활을 했는지는 확인할 수 없지만 당시 셋째 형 상희가 〈중외일보〉 대구 주재기자로 근무했다고 하니, 그 집에 기숙했을 수도 있다. 그의 성적은 이병주의 말대로 입학 때와는 달리 아주 좋지 않았던 것으로 나타난다. 1~2학년 때는 그런대로 중간 수준을 유지했으나 그 뒤부터 급격하게 떨어져 3학년 때는 74명 중 67등, 4학년 때는 73명 중 73등, 5학년 때는 70명 중 69등으로 나타난다. 또 1학년 이후에는 출석 일수도 수업 일수의 20퍼센트 정도 밖에 되지 않았다.

그런데 교련만은 달랐다. 사범학교 교련은 사관학교 못지않게 고되었는데, 박정희는 교련시간에 누구보다 열성적이었다고 한다. 또 운동, 가격, 검도에도 열성을 기울였다. 그래서 배석장교의 눈에 들어 3~5학년 때에는 소대장을 했고 교내 악대반장과 사격반장도 맡아 보았다 한다.(정운현《군인 박정희》)

왜 그랬을까? 그 원인을 필자 나름으로 분석해보면, 첫째, 이 무렵부터 군인의 길로 나가려 작정하여 교사가 되는 교과에는 관심이 없었을 것이다. 둘째, 일본인 등 대부분의 학생들이 부유한 집이나 명문의 자제들이어서 자기 열등감 또는 반감이 작용했을 수도 있을 것이다. 셋째, 사춘기에 남다른 자기 고민에 빠져 인생살이를 회의하고 스트레스를 푸는 방법의 하나로 운동에 빠졌을 수도 있을 것이다. 그의 성적표 성격평란에 "활발하지 않음, 불평 있음, 진실성이 부족함, 빈곤한 듯" 따위의 기록이 전해지는 것으로 보아도 추측할 수 있다. 아무튼 그는 무사히 졸업을 했으니 다행이었다.

● 교사로 활동하다

박정희는 4학년 때인 1935년 여름, 아버지의 강요를 이기지 못해 결혼을 했다. 이 결혼이야말로 박정희 일생에 하나의 회한을 가져다준 사건이었다. 당시 사범학교에서는 학생들의 결혼을 엄격하게 금지했고 결혼을 하면 자동 퇴학되도록 규정되어 있었다. 하지만 학생들은 부모의 강권으로 방학을 이용하거나 여러 핑계를 대고 결혼을 하고 이 사실을 숨겼다. 박정희도 예외는 아니었다.

그가 맞이한 신부는 선산군 도계면에 사는 김호남이었다. 그녀의 나이는 15세였으니 박정희와는 3년 차이가 난다. 박정희는 혼례식을 치르고 한 달쯤 집에 머물면서 신혼을 보냈다 한다. 그녀는 키가 크고 미인이었으며 겨우 언문을 읽을 수 있는 수준의 시골 여인이었다.

두 사람 모두에게 이 결혼은 불행이었다. 박정희는 신혼 한 달쯤 동거한 것 말고는 거의 부부관계를 맺지 않았다 한다. 그 원인은 두 가지로 해석된다. 첫째, 그녀는 외모는 미인이었으나 무식해서 대화를 나누거나 자기 심정을 털어놓을 수 없는 수준이어서 애정을 느끼지 못했을 것이다. 둘째, 그녀는 남편이 외부에 나가 있는 동안 다른 남자와 눈이 맞았다는 말들이 돌았다. 박정희 자신이 첫 아내를 아끼지 않은 사실을 두고 이와 비슷한 말을 했다 한다.

이 여인에게서 첫딸 재옥이가 태어난 뒤에도 가까이하지 않았다고 한다. 그러니 팽개친 것이나 다름없었다. 더욱이 그녀는 본가에서 시부모를 모시고 살았는데도 박정희의 관심을 끌지 못했다. 박정희는 교사생활을 할 때에도 다른 여인에게 관심을 기울였다. 그녀는 어느 때 이혼을 하고 비구니가 되었다 한다.

박정희는 사범학교를 졸업한 뒤 문경서부공립심상소학교(보통학교의 개칭)의 훈도로 발령을 받았다. 당시 그는 학교 성적이 나빴으나 지역 안배의 원칙에 따라 문경으로 부임한 것이다. 그는 부임해서 교사로서 안정된 생활을 했고 제자들이나 학부모와도 잘 지낸 것으로 알려졌다. 더군다나 음악과 미술에 뛰어나고, 특히 나팔을 잘 불어 인기를 끌었다고 한다.

그는 때로는 교실 밖에 학생 감시원을 세워놓고 조선말을 가르치기도 하고(당시 학교에서는 일본어를 상용하게 했음) 태극기를 그려주기도 했으며 때로는 교장이나 일본인 교사들과 마찰을 빚기도 하고 때로는 군수나 경찰서장에게 맞서기도 했다 한다. 그래서 불온교사로 낙인이 찍히기도 했다고 한다. 그러면서 제자들과는 잘 어울렸다. 어느 때부터는 제자인 하숙집 딸에게 남다른 친분을 드러내기도 하고 연정을 느꼈다고도 한다.

그는 한때 자취를 했으나 대부분 학부모의 집과 일반 전문하숙집에 기거를 했다. 여느 교사들은 임지에서 유지급 학부모의 집에 기거하는 경우가 흔했다.

당시의 하숙비는 5~6원 정도였는데, 그의 월급은 42원 정도였다. 쌀, 대두 한 말 값이 3원 할 때이니 넉넉한 월급이었다. 그런데 그의 아버지는 월급이 나올 때면 어김없이 찾아와 33원 정도를 거두어 갔다 한다. 이 계산대로라면 그는 한 달에 9원 정도로 생활한 것이다.

그가 부임하던 가을에 첫딸 재옥이가 태어났고 이듬해에는 아버지가 작고했다. 아버지가 가져간 돈은 아버지 자신의 용돈으로 썼는지 살림살이에 보탰는지 아니면 저축해 두었다가 그가 만주로 갈 때 노비로 충당했는지는 알려져 있지 않다. 그는 교사 의무연한인 3년을 채우고 발길을 만주로 돌렸다.

● 그는 왜 만주로 갔나

1939년 당시 박정희가 만주로 가게 된 동기에 대해서는 견해들이 구구하다. 일제시기 교사라는 직업은 비록 일본인 교사에 비하면 차별이 있었지만 안정된 직업에 속했다. 다만 그가 교사생활을 할 무렵은 일제가 중일전쟁을 도발해 전시체제로 개편했을 때였다. 이때 학교에서는 조선어를 가르치거나 사용할 수 없었고 모든 학생과 교사들에게 창씨개명을 하라고 압력을 가했고 신사 참배나 천황 요배를 의무적으로 수행해야 했다.

또 전시체제에서 농민들은 식량을 공출당했고 도시민들은 국민복을 입는 등 생활 검소화 운동을 벌였다. 더군다나 교사들은 머리를 승려처럼 삭발하고 모자를 쓰게 했으며, 국민복을 입고 각반을 두르게 했다. 이렇듯 일제 당국은 조선 사람들을 철저하게 옥죄었다.

일제는 1931년 만주사변을 일으킨 뒤 1937년에는 중일전쟁을 벌이고 잇달아 미국에 태평양전쟁을 일으키면서 조선 사람들을 더욱 고통에 빠뜨렸다. 그리하여 우리 역사에서 가장 고난스러운 삶을 강요했다. 이때 박정희는 안정된 교사생활을 했고 만주 육군군관학교와 일본사관학교를 나와 일본군 장교로 재직했다.

여기서 당시의 정세를 간략하게 살펴둘 필요가 있다. 이 시기의 여러 정황을 이해해야 객관적으로 판단할 수 있을 것이다.

일제 침략자들은 만주사변, 중일전쟁, 태평양전쟁을 차례로 도발했는데, 일제는 1937년부터는 식민지 조선을 완전히 전시체제로 개편하고 한국인을 강제 동원하여 내몰았다. 전시체제 아래에서 한국인들이 내몰린

곳은 만주벌판을 비롯해 일본의 탄광, 공장지대, 동남아시아, 태평양의 군도였다.

처음에는 지원병이라는 이름으로 끌려갔고 다음에는 징병, 징용, 정신대라는 이름으로 끌려갔다. 이를 다시 세분하면 노무자, 군인, 군속, 학도병, 여자 정신대(일부는 군위안부로 보냄) 등이었다. 어림잡아 1931년부터 1945년 사이 연인원 800만 명으로 추산된다. 이들 숫자를 최대로 보면 징병대상자(군인)는 36만여 명, 징용대상자(노무자)는 730만여 명이다. 관계학자들은 중복된 인원을 빼면 200만 명에서 400만여 명으로 보고 있다.

강제 동원된 한국인들은 독충이 득실거리는 동남아시아와 남양군도의 전쟁터에서 등짐을 지고 쓰러지며 죽어갔고 총알받이로 내몰렸다. 이들은 일본의 탄광에서 채찍과 굶주림에 떨며 병신이 되기도 하고 죽기도 했다. 더욱이 청순한 '조선의 처녀들'은 공장에서 강제노역에 종사하기도 했으나 일선 지대의 군부대에 배치되어 위안부 노릇을 해야 했다. 일본인 또는 일본군인들은 이들을 "조센진"이라 욕하기도 하고 "이등국민"이라 깔보면서 짐승처럼 다루었다.

● 만주국 육군군관학교에 입학하다

박정희가 만주로 가게 된 직접적 동기에 대해서는 여러 증언이 있다. 첫째, 문경에 있는 교장, 군수, 서장 등이 자행한 일본인과 조선인의 차별을 혐오해서 갔다. 둘째, 조선어 금지 등 학교 내의 압박을 벗어나기 위해서였다. 셋째, 아내와 별거관계를 유지하면서 화평하지 못해서였다. 넷째, 어릴 적부터 꿈꾸어오던 군관학교에 들어가 대장이 되어 출세하려고 갔다. 아마도 네 번째 동기가 사실일 것이다.

한데 박정희의 군관학교 입학자격이 문제가 되었다. 입학 정령기가 넘은 것이다. 당시 그의 나이는 23세였다. 그래서 그는 군관학교에 입학을 청원하는 편지를 보내 허락을 받아냈다고 하며, 군관학교에 〈진충보국盡忠報國〉이라는 혈서를 써내서 입학을 허가받았다고도 한다. 이처럼 정상적이지 않은 방법으로 입학한 것이다.

군관학교는 만주국 신경의 교외에 있었다. 일제의 관동군은 만주사변을 일으켜 장학량군벌을 몰아내고 만주국을 세워 청의 마지막 황제인 부의를 집정執政(국가 원수와 같음)으로 추대한 뒤 수도를 장춘으로 지정하고 새 수도라는 뜻으로 이름을 신경이라 고쳤다. 그런데 중국에서는 이를 위만국僞滿國이라 부른다.

여기서 간략하게나마 관동군의 연혁을 알아둘 필요가 있다. 1905년 일본군은 러일전쟁을 도발해서 승리하고 만주의 요동지역을 조차지로 확보하고 관동주라 불렀다. 이 조차지는 하나의 일본 식민지였다. 일제는 이곳에 만주 경영을 겨냥해 관동총독부를 요양에 두었고 중국 침략과 러시아 출병을 엿보면서 수비대를 설치했다. 이어 관동청을 발족시킨 뒤 수비대를 개편해 1919년 관동군을 창설했다.

관동군은 만주 일대에서 군벌들이 내전을 벌일 때 장작림을 지원하기도 했으나, 장작림 폭사사건을 일으켰고 장작림의 아들 장학량은 국민당 정부와 손을 잡고 동삼성 보안총사령관으로 임명되었다. 그 뒤 관동군은

1931년 가을부터 봉천성 등을 점령하고 북만주를 석권하는 등 5개월 만에 만주를 완전 장악했다. 그리하여 1932년 2월 꼭두각시 만주국을 탄생시켰다. 집정 부의는 1934년 정식으로 만주국 황제의 보위에 올랐다. 그 뒤 관동군은 만주의 항일연군을 소탕하기도 하고 소련군과 무력충돌을 벌이기도 했다.(시마다 스게히고 《관동군》)

일본 또는 관동군의 괴뢰인 만주국은 여러 단계를 거쳐 처음 장교를 양성하는 중앙육군훈련처를 설립했다. 관동군은 조선독립군을 토벌키 위해 1938년 조선 군인으로 편성한 간도특설대를 조직하기도 했다. 중앙육군훈련처 출신의 조선인 장교는 정일권을 비롯해 김백일, 김일환, 양국진, 백선엽 등이다. 1939년에는 중앙육군훈련처를 사관학교격인 군관학교로 개편했다. 이 훈련처의 모든 시설과 전통은 1940년에 설립한 육군훈련학교에 인계되었다. 만주국 육군군관학교 1기는 비공개로 모집했고, 2기에도 조선인 선발에 관한 규정이 마련되지 않았다. 조선인 선발규정은 5기부터 명문으로 만들어졌다.(신주백 〈만주국군 속의 조선인 장교와 한국군〉 《역사문제연구 9집》)

박정희는 1940년에 이 군관학교의 2기 입학시험을 만주 목단강에서 치렀다. 비공개된 정보를 입수해 응시했는지도 모른다. 당시 만주인과 조선인의 군관학교 입학시험은 만주의 여러 지역에서 치렀고 일본인은 일본 내지에서 치렀다. 군관학교 2기 합격자는 480명이었는데, 일본인 240명, 만주인 228명, 조선인 12명이었다. 만주인과 조선인을 합해 만계滿系(만주 생도를 말한다. 조선생도도 여기에 분류되었다)로 분류했다. 박정희는 여기에서 15등을 했고 이한림은 20등을 했다. 박정희의 등수를 보면 평소에 입학 준비를 철저히 해왔음을 짐작할 수 있다.(정운현 《군인 박정희》)

이해 2월, 문경심상소학교에서 주민, 교사, 학생 등 10여 명이 모여 박정희의 간단한 출정식을 가지고 버스 정류장에서 환송식을 가졌다. 그는 "긴 칼 찬 대장이 되어 돌아올 것이다"라고 말하고 붉은 글씨로 '무운장구武運長久'라 쓴 어깨띠를 두르고 떠나갔다 한다. 당시 일제 군인으로 출정할 때에는 장도壯途라 부르며 이런 출정식을 갖는 것이 관례였다.

박정희는 2년 과정의 예과에 들어갔다. 말할 것도 없이 사범학교보다 규율이 더 엄격했다. 하루도 빼지 않고 일과에 따라 실시하는 군관학교의 교육과 훈련은 말할 나위 없이 혹독했다. 아침 6시에 기상 나팔소리가 들리면 2분 안에 이부자리를 정돈하고 옷을 입고 구두를 신고 연병장에 모여야 했다. 먼저 점호를 마친 뒤 동쪽을 향해 일본 천황에게 요배를 하고 또 서쪽을 향해 만주국 황제에게 궁성요배를 했다. 또 때때로 황국신민서사의 의식을 거행했다.

오전에는 일반 학과 공부를 하고 오후에는 유도, 체조, 총검술 등 술과를 필수과목으로 이수해야 했다. 더운 여름에는 옷을 입은 채로 물속에 들어갔다가 20리 황톳길을 쉬지 않고 구보했고, 영하 20~30도에 이르는 추운 겨울에는 웃옷을 벗고 기마전을 벌였다. 기숙사에서도 술 마시는 행위가 금지되는 등 한 치의 틈도 없이 규율을 지켜야 했다.

박정희는 '독종'이라는 말을 들을 정도로 성실하게 수업을 받았으며, 일본인보다 일본인답다는 평판도 들었다. 그는 사범학교 시절처럼 말수가 적었고 동료들과 별로 대화를 나누지 않았다. 그러나 동기인 이한림과는 가끔 한국어로 대화를 나누었다 한다. 그는 2년 과정을 이수하는 동안 우수한 성적을 기록해 예과 졸업생 240명 가운데 5등 안에 들었다. 곧 일본생도 2명, 만주생도 2명에 끼어 우등상을 받았다. 하지만 만계로 따지면 수석이었다.

연병장에서 열린 졸업식은 엄숙했는데 다카키 마사오高木正雄(박정희의 창씨명)를 부르는 호명이 있자 박수소리가 요란했다. 그는 일본 생도와 함께 우등상을 타러 교장 앞에 엄숙한 자세로 섰다. 만주국 부의가 하사하는 금시계가 그에게 우등상으로 주어졌다. 그의 꿈이 하나씩 실현되고 있었다.

● 세파에 동요했던 성실한 기회주의자

박정희는 하얼빈에서 현장 실습을 3개월 거치고 나서, 성적 우수자에게 주는 특전으로 일본 육군사관학교에 편입할 수 있게 되었다. 만주 군관학교 예과 졸업생으로 여기에 든 생도는 일본생도 240명, 만주생도 70명, 조선생도 4명이었다. 이제 당당히 다카키 마사오에서 다시 더 일본인다운 이름인 오카모토 미노루岡本實로 변신한 박정희는 이한림, 이섭준, 김재풍과 함께 일본으로 건너가 일본 육사 본과 3학년, 유학생대에 편입했다.

그는 여기서도 성실하게 2년 본과 과정을 마쳐 1944년 4월 졸업할 때 유학생대에서 3등의 성적을 기록했다. 그는 졸업할 때 일본군 교육총감상을 받았다. 하지만 박정희는 일본 육사 57기에 속하더라도 어디까지나 유학생대에 속해서 아웃사이더였다. 박정희는 예과, 본과를 합해 4개년이 채 못 되는 기간, 하나의 인생 전환기를 맞이한 것이다.

예비 장교가 된 박정희는 규정에 따라 다시 3개월간 상사 대우를 받으면서 견습사관 생활을 했다. 그의 근무지는 북만주 치치하얼에 주둔하고 있는 관동군 635부대였다. 하얼빈과 가까운 치치하얼은 만주의 가장 북쪽에 있고 러시아-몽골과 국경을 맞댄 지대여서 국경수비대가 있었다. 이곳은 양쪽의 간첩들이 출몰하는 위험지역이었다. 또 악명 높은 관동군 731부대의 생체실험 시설이 있던 곳이기도 하다. 특히 조선인 의사 김필순이 진료소를 차려놓고 조선인 이상촌을 건설한 곳이어서 조선인이 많이 거주하는 곳이기도 했다.

박정희는 여러 어려운 과정을 마치고 1944년 7월 1일 정식으로 일본군 소위로 임관되었다. 그 뒤 중위로 진급하여 해방이 되기까지 1년 1개월 동안 충실한 황군 장교로 복무했는데, 이 기간의 행적이 오늘날까지 많은 논란을 빚고 있다.

박정희의 행적에서 아직도 미궁에 빠져 있는 부분이, 박정희가 과연 '비밀 광복군'에 가입했느냐는 것과 건국동맹 만주분맹의 비밀 회원이었느냐는 문제이다. 이는 그의 민족의식과 관련되는 문제여서 단순하게 넘겨버릴 사실이 아니다. 이 사실이 불거진 것은 박정희를 싸고도는 아부꾼들이 그를 미화하려는 공작에서 출발했고, 여기에 이권을 챙기려는 모리배가 가세해 사실을 왜곡 과장한 데서 더욱 확대되었다.

또 정일권은 관동군 산하의 간도특설대에서 독립군 토벌에 종사한 적이 있었다. 그런 자신을 변명하려고 그랬는지 그는 "1943년부터 중경의 임시정부와 연계되어 있는 신경의 교민회 간부들과 은밀히 교분을 맺고, 때를 기다리면서 은인자중하고 있었다"(《정일권회고록》)고 기록했다. 곧 만주군 조선 장교들은 기회를 엿보며 독립군에 가담하려 했다는 것이다. 그러나 실제로는 어느 누구도 그러지 않았다.

박정희는 만주군 보병 8단團(연대규모)에 복무했다. 이 부대는 열하성(지금의 요령성 서쪽 지대)의 흥릉현 삼도하 언저리에 있는 반벽산에 주둔해 있었다. 이 부대의 주요 임무는 중국 서쪽 연안지대에서 진출한 중국공산당 휘하 팔로군의 항일유격대를 공격 섬멸하는 것이었고, 박정희는 이 부대 부단장의 부관으로 근무했다. 박정희가 맡았던 부관의 임무는 작전명령을 전달하고 단기團旗를 관리하는 것이었다. 이것은 내근에 속하는 단순한 임무라 할 수 있다.

그런데 박정희는 부임 초기에 일선 소대장을 2~3개월 맡은 적이 있었다고 한다. 당시는 팔로군 유격대가 대대적으로 공격해왔을 때이지만 박정희는 전투에는 참여치 않았다는 증언이 있으며 참여했다는 기록도 없다. 또 그는 이 시기 중국인과 별로 접촉할 기회가 없어 술 마시고 놀 기회가 많아 편하게 지냈다고 한다.(정운현《군인 박정희》) 그런데 사실이 이러하다면 두 가지 문제가 따른다. 그가 항일유격대를 토벌하는 데 앞장섰다는 비난은 과장된 것이며 동시에 100회 이상 빨갱이를 섬멸하는 데 앞장섰다는 공적 자랑도 접어야 한다는 것이다.

박정희가 광복군 연락원과 접촉해 비밀 가입했다는 설이 있다. 곧 영화감독 한영모, 배우 황해 등이 참여한 신태양악극단이 1945년 2월 철석부대에 들어가 위문공연을 했는데, 여기에 광복군 공작원 이용기라는 사람이 박정희와 접촉해 비밀로 광복군에 가입시켰고, 박정희는 이용기의 안내로 북경으로 가서 광복군 중대장이 되었다는 것이다. 이 역시 여러 사람들의 증언과 객관적 사실을 종합해 판단하건대 완전 허구임이 밝혀졌다.

그가 건국동맹 비밀 회원이었다는 설도 따져보아야 한다. 박승환은 만주군 항공 중위였다. 그는 파주 출신으로 제2고보를 나왔고 여운형의 추종자였다 한다. 그는 건국동맹 만주분맹 비밀 맹원으로 활동하면서 조선인 부대 건설을 공작했다고 한다. 박창암 등이 여기에 가담했는데, 이들은 박정희와는 아무 연락이 없었다고 증언했다. 이것도 박정희를 미화하기 위해 꾸며낸 허구로 밝혀졌다.

이에 대해 조갑제는 박정희가 "간도특설대에 근무한 적도, 비밀 독립군이었던 적도 없으며 독립투사를 잡아 가둔 정보장교였던 적도 없다"(조갑제《내 무덤에 침을 뱉어라》)고 기술하면서, 다만 조선건국동맹 만주분맹의 회원이었다고 주장하고 있다. 곧 국내에서 끝까지 활동을 벌인 여운형 주도의 건국동맹에 가입했다는 뜻이다.

정운현은, 박정희가 광복군에 비밀리에 가담하지 않았다는 점을 강조했다. 곧 아부꾼들과 모리배들이 박정희를 미화하는 과정에서 거짓말을 했고, 이것이 확대되어 퍼졌다고 보았다. 특히 박정희 자신이 이를 부정했다고 했다. 심지어 박정희의 일본인 동료는 박정희가 만주에서 전투기를 동원해 귀환했다는 터무니없는 증언을 늘어놓았다는 사실도 밝혔다. (정운현《군인 박정희》)

신주백은 여러 자료를 검토한 끝에 간도특설대 장교 명단에서는 박정희의 이름을 찾을 수 없으며, 박정희의 만주인 동료들도 그 사실을 증언하지 않았다고 했다. 그리고 박정희가 관동군과 관련되는 문제를 풀어야 의문이 해소된다고 보면서 다음과 같이 기술했다.

8·15 직후 한국광복군 제3지대 평진대대 소속이었고, 귀국하여 남로당
활동과 숙군작업에 참여했던 박정희는 그 속에 양지를 쫓아 동요했던 성
실한 기회주의자의 대표적 인물이다.

신주백 〈만주국군 속의 조선인 장교와 한국군〉《역사문제연구 9집》

● 일본군 패전병으로 귀국하다

박정희는 1945년 7월 중위로 승진했다. 박정희 등 조선인 장교들은 이해
8월 17일에야 일본이 항복한 사실을 알았다. 이들은 현지의 중국인 장교
들에게 무장을 해제당했다. 진주한 소련군에게 무장을 해제당하지 않은
것이 그나마 다행이었다. 그런 탓으로 별다른 압박을 겪지는 않았으나 그
들은 낙담과 좌절을 맛보면서 떠돌이 신세가 되었다. 그들은 보호해준 중
국인 장교들에게 돈을 얻기도 하면서 한동안 밀운의 여관을 전전했다.

이렇게 한 달쯤 떠돌이 생활을 한 뒤 북경으로 나왔다. 북경에서 이들
세 사람 곧 신현준, 이주일, 박정희는 한국광복군 소식을 들었다. 당시 광
복군의 최용덕, 이성가 등은 일본군 출신의 조선인을 집합시켜 북평잠편
지대北平暫編支隊를 결성하려는 공작을 펼치고 있었다. 그리하여 서로 상의
를 한 끝에 여기에 들기로 합의했다. 최용덕 휘하의 광복군 3지대 평진平津
(북평과 천진의 머리글자를 합한 명칭)대대에 들었다. 여기의 제1대대장은 신현준, 1
중대장은 이주일, 2중대장은 박정희, 3중대장은 윤영구였다.

당시 조선 출신 일본군들이 북경(당시 일본은 북경을 북평으로 고쳐 불렀음)에서 좌

왕우왕하고 있을 때 광복군에서 이들을 수용하고 광복군을 급조했다. 그러나 이들은 목표대로 조선 땅으로 진주할 수 없었다. 또 남한에 진주한 미군사령관 하지는 이들을 군대로 인정해주지 않고 개별로 입국하게 했는데, 이들은 천진에서 미군이 주선한 LST(수송선)를 타고 1946년 5월 부산항에 도착해 귀국했다.

이 시기 박정희가 광복군에 든 것은 기회주의적이었다기보다 어쩔 수 없는 상황 대처였다고 보아야 할 것이다. 떠돌이 신세를 면할 수 있는 방법이기도 했고 신변을 보호하는 수단이기도 했을 것이다. 그러나 그들은 어디까지나 광복군이 아니라 일본군 패잔병의 신세였고 몰골이었다.

● 국군 장성으로 변신하다

박정희는 귀국한 뒤 한동안 구미의 집에서 시간을 보내면서 정세를 분석하고 세상 동정을 살폈다. 그리고 다시 기회는 왔다. 미군정 당국에서 실전경험과 지휘 능력을 갖춘 군 장교를 양성해야 할 필요성을 느껴 조선경비사관학교를 설립한 것이다. 그는 1946년 9월 서울로 올라와서 여러 줄을 대면서 마침내 조선경비사관학교(육군사관학교 전신) 2기생으로 입학했다.

당시 학교의 입학생 평균 연령은 22세가 조금 넘었는데, 그의 나이는 30세였다. 그는 이런 조건을 무릅쓰고 3개월 정도 교육을 받고 3등으로 졸업을 하여 대위로 임관되었다. 그렇게 출세의 가도를 달리려는 그에게 커다란 장애 요소가 등장했다.

그가 사관학교에 입학한 지 10여 일쯤 됐을 때 대구 11일 사건이 터져 경상북도 일대가 소용돌이쳤다. 군인, 경찰 등 친일파의 등장, 쌀값의 폭등과 수급 차질 등으로 시민, 농민의 불만이 높아졌고, 이에 여러 단체의 요원과 학생 등이 파출소, 경찰서, 군청 등 정부기관을 습격했다. 여기에 남로당원들이 대거 침투했다.

박정희의 형인 박상희는 남로당 구미 책임자로 활동했는데 칠곡경찰서를 점령하고 있다가 경찰 토벌대에 피살되었다 한다. 박상희는 일제시기부터 사회주의자로 신간회 활동에 참여해 민족운동을 벌이기도 하고 지하활동을 전개하기도 했는데, 해방 뒤에는 남로당에 가입했다고 한다.

박정희는 사관학교에서 교육을 받을 당시에는 이 소식을 듣지 못했다고 한다. 그 뒤에 그는 박상희의 친구이자 남로당의 군사책임자인 이재복을 만나 《공산당선언》 등을 전달받고 남로당에 가입했다. 이때 이재복은 박상희의 당부를 그에게 전달했다고 한다.

다시 1948년 10월 29일, 여수 주둔 제14연대가 제주도 폭도를 토벌하라는 출동명령을 거부하고 폭동을 일으켰는데, 사건 1주일 만에 진압되었다. 그 뒤 가담자 색출작업이 진행되었다. 이때 박정희는 남로당 가입 사실이 불거져 이해 11월 11일에 체포되었다. 그는 조사를 받으면서 자신이 아는 남로당 가입자 명단을 알려주었다. 그는 처음에는 무기형을 언도받았다가 10년으로 감형되었고 이어 풀려났다. 그가 석방될 때 나중에 특무대장으로 활약한 김창룡과 육군참모총장이 된 백선엽이 보증인이 되어주었다.

자세한 내막은 아직도 미궁에 빠져 있다. 이를 두고 그가 남로당을 배신했다고 보기도 하고, 사상적 전환의 계기가 되었다고 보기도 한다. 그 결과 그는 더욱 극단적인 반공노선을 걷게 되었다.

그 뒤 그는 다시 군에 복귀했는데, 이 시기 그에게 행운이 찾아들었다. 그는 한국전쟁 당시 소령으로 임관되어 육군본부 정보국 제1정보과장으로 재직했다. 그의 부하로 있는 송재천은 늙은 상관이 독신으로 지내는 처지가 안타까웠던 모양이다. 게다가 자신의 이모도 26세의 노처녀로 지내는 처지였다. 그리하여 중매를 놓았다.

그때 육영수는 가족과 함께 임시수도 부산으로 피난을 나와 영도 동광동에 살고 있었다. 두 남녀는 선을 보고 뜻을 합했으나 육영수의 아버지 육종관은 "전쟁 통에 군인과의 결혼을 허락할 수는 없다"고 완강하게 반대했다. 또 그의 사람됨을 싫어했다는 말도 전해진다. 하지만 박정희의 적극적인 구애로 두 남녀의 결혼은 이루어졌다. 두 사람의 나이는 다섯 살 차이였다. 이들이 1950년 12월 대구에서 결혼식을 올릴 때 육종관은 참석하지 않았다. 신혼살림은 대구에 차려졌으나 결혼 5일 만에 박정희는 전방으로 전출되어 잠시 떨어져 살아야 했다.

육영수는 옥천 대지주의 딸로 태어나 그때로서는 드물게 서울로 와서 배화여고보를 졸업했다. 그녀는 현모양처의 전형이었다. 그녀의 아버지는 사업가 또는 대지주로 부실을 다섯이나 얻어들여 부실 사이에 18남매를 두었다. 하지만 그의 아내 이씨는 부실들을 잘 거두어서 부실들이 어머니라 부를 정도로 후덕했다고 한다. 육영수는 이런 어머니를 많아 닮았다는 칭송을 들었다.

박정희는 헤어져 살 때에도 지극한 사랑을 담은 편지를 자주 보냈고, 그녀는 남편의 술시중을 잘 받드는 아내였다 한다. 박정희는 초혼의 여인

말고도 여러 여인과 사랑을 맺기도 하고 동거도 하는 등 여성 편력이 많았으나 애틋한 사랑을 나눈 조강지처는 육영수라고 해야 맞을 것이다. 그 때문에 그가 가정에서는 물론 대통령이 되어서도 아내의 훌륭한 내조를 받을 수 있었던 것이다.

그 뒤 박정희는 장성으로 진급해 육군포병학교 교장, 제5사단장, 제6관구 사령관, 제2군 부사령관, 육국군수기지사령관 등을 지냈다. 이때 그는 군인의 길에서 출세 가도를 달린 셈이다. 그런데 그는 이런 출셋길에 만족하지 않았다. 그는 쿠데타 음모를 꾸준히 꾸미고 진행시켰다. 과연 이것이 그의 우국충정에서 나온 변혁의지였을까?

● 군사쿠데타를 일으키다

1961년 5월 16일 새벽 남산 중턱에 있는 중앙방송국을 점령한 군인들은 연속 포고문을 발표했다. 제1성은 이러했다.

친애하는 애국 동포 여러분! 은인자중하던 군부는 드디어 금조 미명을 기해 일제히 행동을 개시하여 국가의 행정, 입법, 사법의 3권을 완전히 장악하고 군사혁명위원회를 조직했습니다.

연이어 군사혁명위원회를 발족시키고 의장은 육군참모총장인 장도영, 부의장은 육군소장인 박정희라고 발표했다. 그리고 이 기구가 정권을 인수한다고 했다. 이어 혁명공약이 발표되었는데, 그 첫 줄에는 "반공을 국시의 제일의第一義로 한다"고 적혀 있었다. 반공, 너무나 많이 듣던 소리가 아닌가? 이승만 정권에서 하루도 빼놓지 않고 귀가 아플 지경으로 들어오던 단어였다. 이로써 군사쿠데타의 성격이 확실하게 드러났다. 하지만 여느 시민들은 한강을 넘어와 서울 중심부를 점령한 군인들을 놀라서 바라볼 뿐 그 실체를 알지 못하고 어리둥절했다. 시민만이 그랬던 것이 아니라 모든 정당, 사회단체들도 주동 인물의 실체를 모르기는 마찬가지였다.

그때 국무총리 장면의 행방은 연일 오리무중이었다. 정세가 긴박하게 돌아가다 장면이 뒤늦게 나타나 군사쿠데타를 인정하는 발언을 했고, 미국도 뒤따라 군사쿠데타를 인정했다. 실제 미국은 한국에 강력한 반공정권이 들어서기를 기대했다. 이런 면에서 유화적인 장면 정권은 그들에게

군사쿠데타 박정희는 5·16군사쿠데타를 통해 정권을 잡고, 이어 선거를 통해 군인에서 정치가로 변신했다. 왼쪽이 박종규, 오른쪽이 차지철이며 둘은 대통령경호실장을 지냈다.

불만족스러웠다.

차츰 주체세력이 일본 장교 출신의 박정희와 숙군을 외치던 김종필 등이라는 사실이 알려졌다. 국민들은 박정희가 누구인지, 김종필이 누구인지 거의 몰랐다. 서슬이 퍼런 군인들 위세에 거리를 소란스럽게 만들던 시위대들은 사라졌다. 이해 5월 20일 군사혁명위원회를 개편한 국가재건최고회의에서는 하루도 거르지 않고 중대 발표를 내놓았다. 그리고 6월에 발족한 중앙정보부에서는 연일 이른바 불온분자들을 잡아들였다.

최고회의 의장은 장도영, 부의장은 박정희, 중앙정보부장은 김종필이었다. 장도영은 육군참모총장이었기에 이용가치가 있어서 꼭두각시로 추대된 인물이었다. 실권은 박정희가 쥐고 있었으나 그는 좀체 모습을 드러내지 않았다. 주체세력은 이 쿠데타를 두고 5·16혁명이라고 명명했고 뒷날 "우리나라 역사에서 2대 혁명이 있었는데 하나는 5·16혁명이며 또 하나는 동학혁명이다"라고 공언했다.(공주 우금치 〈동학혁명추모탑〉)

군인들은 반공정권답게 조금이라도 의심스러운 행동을 했거나 진보적 정당에 가담한 사람들은 모조리 잡아들였다. 이해 7월 새 반공법을 공포하고 혁명재판소가 신속하게 열려 최인규 등 부정선거 책임자, 정치 폭력배 이정재, 임화수, 진보적 언론인인 〈민족일보〉 조용수 등이 사형을 받았다. 그리고 삼성 그룹 이병철 등 부정부패분자와 반혁명분자 등 697명이 입건되었다. 산천초목이 벌벌 떨었으며 국민들도 오금이 오그라들었다.

거리에서는 군인들이 길을 막고 깡패 단속을 벌이고 병역 기피자를 색출해 끌고 갔다. 기자들은 기사 원고를 들고 서울 시청으로 가서 군인들에게 검열을 받은 뒤 신문에 실었으며 중앙정보부 요원들은 학교를 비롯하여 어느 기관이든지 드나들면서 감시했다. 어느 시민은 질서가 잡힌다고 좋아하기도 했지만, 골목에서는 곧잘 친구나 이웃끼리 이런 군인들의 행동을 두고 말다툼을 벌였다.

한편 새로 발족한 국민재건운동본부는 생활개선과 근검절약운동을 벌이느라 소란을 피웠다. 고려대 총장을 지내며 학자로 명망이 높던 유진오 같은 사람들이 본부장을 맡아 어용이라는 지탄을 받기도 했다. 박정희는 윤치영 등 이른바 명망이 있는 인사들을 만나 구슬려서 협조세력으로 끌어들이고 군사 쿠데타를 정당화하려 했다.

박정희와 그 세력들은 여러 번 군 본연의 임무로 돌아가겠다고 말했다. 그러면서도 한편으로는 민정 이양에 대비하여 은밀하게 민주공화당의 비밀 사조직을 서둘러 확대해나갔다. 다른 정치인들은 정당 활동을 금지시켜놓은 상태였다. 박정희는 "민정에 이양하고 군 본연의 임무로 돌아간다"거나 "나 같은 불행한 군인이 되어서는 안 된다"는 등의 말을 쏟아내면서 여러 번 말을 번복한 끝에, 마침내 스스로 대장의 계급장을 달고 나서 민간인 신분이 되었다.

박정희는 공화당 후보로 대통령선거에 출마해 1963년 10월 15일 직접선거를 통해 당선되었다. 그는 취임식을 앞두고 이렇게 공언했다.

이제 우리 앞에는 제3공화국의 영광이 약속되어 있다. 지금의 이 역사적 순간이 우리 민족의 영원한 희망의 구름다리가 될 것이냐, 아니면 절망의 낭떠러지가 될 것이냐 하는 것은 오로지 국민의 판단에 달려 있다.

박정희 《국가와 혁명과 나》

그의 상대인 윤보선은 전면적 부정선거라고 외치고 자신이 '정신적 대통령'이라는 말을 만들어냈다. 또 그는 군사정권은 몇 년 동안 절대 권력을 틀어쥐고 이권 챙기기와 부정선거를 일삼는 등 구악을 뺨치고 있다며 박정희의 민간정권을 인정하지 않았다.

여기까지 오는 과정에서 박정희는 민주사회의 대중 정치가로 변신하기보다 군인의 면모를 여전히 보여주었다. 그는 대중과 일정 거리를 두며 대중집회에 자주 나타나지 않았고 연설도 원고를 읽어가는 따위로 공식화했다. 그의 쇳소리를 내는 까랑까랑한 목소리는 결코 대중을 설득시키지 못했다. 과연 앞으로 그는 설득과 타협으로 대중에 다가가는 정치가가 될 것인가?

● 신악이 구악을 뺨치다

박정희는 쿠데타의 정당성을 찾는 길을 민생을 안정시키고 경제를 계발하는 데에서 찾았다. 그리하여 강력한 드라이브 정책을 폈는데 군사정권이 갖는 효율성이 강점이었다. 경제개발 5개년 계획을 세웠다. 요지는 전력, 석탄 등 에너지 확보, 시멘트, 비료, 정유 등 기간산업 확충, 농업생산력의 증대, 수출 진흥으로 국제수지 개선, 과학기술의 확보 등 자립경제를 확립하는 것이다. 국민을 설득시키기에는 그럴듯했다. 또 북한이 한국전쟁 뒤 전후복구를 외치면서 천리마운동을 벌여 남한경제를 앞지르는 성과를 거둔 정세도 자극이 되었다.

이어 이를 추진할 기구로 부흥부를 경제기획원으로 확대 개편했고, 자금조달을 위해 화폐개혁을 단행했다. 화폐개혁은 강력한 힘이 필요했다. 한국전쟁 이후 인플레이션 현상이 연이었는데도 단행하지 못하던 것이었다. 그런데 화폐개혁은 모리배와 부자들이 금고에 차곡차곡 쌓아 놓은 뭉칫돈만이 아니라 여인네들이 안방 장롱에 간직한 돈, 교회나 사찰이 거둔 비장의 돈도 산업자금으로 끌어내는 효과가 있었다.

1962년 6월 9일 단행된 화폐개혁은 환을 원圓으로 바꾸고 10환을 1원으로 교환했다. 신권의 도안에는 독도, 남대문, 독립문이 찍혀 자립경제의 이미지가 풍겼다. 그런데 경제원조국인 미국은 예금의 일부를 동결한 조치 등을 들어 반대했다. 그리하여 국내 자본 동원의 효과를 얻지 못했다. 박정희 역시 화폐개혁은 확실히 실패했다고 토로했다. 군사정권이 5개년 경제개발계획을 처음 발표할 때는 '선 건설 후 통일'과 '자립 경제'를 내걸고 강력하게 밀고 나갔다. 그러나 현실은 다시 외자도입으로 방향을 돌려야 했다. 더욱이 미국이 무상원조를 줄여나가 경제발전에 압박을 받는 처지였다.

한편 외화를 버는 새로운 방법을 찾았다. 곧 인력 수출이었다. 박정희 정부는 서독에 1억 5,000만 마르크(4,000만 달러)를 상업차관으로 받기로 했으나, 당시 서독 어느 은행에서도 지급 보증을 해주지 않았다. 그때 마침 서독은 경제발전에 힘입어 광부와 간호원을 기피해 이 분야의 절대 인력이 모자랐고, 우리 정부는 광부 5,000명, 간호원 2,000명을 보내주고 이들의 보수를 3년 동안 강제 예치하는 방식으로 지급 보증을 받았다.

1963년부터 광부를 먼저 보냈고 간호원을 뒤따라 보냈다. 많은 청년들과 간호원들이 어떤 조건도 가리지 않고 너도나도 지원해 서독으로 떠났고, 뇌물을 써서라도 여기에 끼려고 안간힘을 썼다. 이들 노동인력 파견은 비록 인신매매로 보일 정도로 가혹했지만 이들은 한국 경제발전의 초기 주역이었다.

이 과정에서 김종필, 김형욱, 이후락 등 박정희의 부하들은 권력을 쥐고 온갖 부정을 일삼았다. 원조물자와 차관도입 과정에서 이른바 '떡고물'을 챙긴 것이다. 그리하여 신조어로 "신악이 구악을 뺨친다"는 말이 떠돌았다.

● 한일협정으로 위기를 자초하다

이 과정에서 한일국교 정상화가 단행되었다. 자립경제의 재원을 마련하는 한 방법이라는 이유였다. 박정희에게서 전권을 위임받은 김종필은 1962년 말경부터 교섭을 맡았다. 이것이 '김종필-오히라 메모'이다.

이에 식민지 35년의 대가치고는 너무 굴욕적이라 하여 학생들이 들고 일어났다. 학생들은 연일 세종로 광화문 거리를 메우고 열찬 시위를 벌였다. 여기에 야당이 합세하여 열기는 전국으로 퍼져 나갔다. 이 무렵 김종필은 "내가 제2의 이완용이 되어도 좋다"고 말하며 한일회담을 마무리했다.

1964년 3월 한일 본회의가 개막되었다. 6월 3일에 시위는 절정을 이루어 세종로의 국회의사당과 청와대 입구가 1만 명의 학생들로 메워졌다. 시위는 광화문 파출소를 불태우는 등 과격으로 치달았다. 학생들은 박정희 정권 퇴진을 구호에 올렸다. 군사정권이 맞이한 첫 국민적 저항이었다.

서울대에서는 박정희가 내세우는 '민족적 민족주의'를, 장례식의 형식을 빌려 격렬하게 성토했다. 단식 농성도 연이었다.

박정희는 학생대표를 청와대로 불러 설득에 나서기도 했으나 끝내 서울에 비상계엄령을 선포하고 학생들을 잡아들였다. 이를 6·3사태라 하며 여기에 참여한 학생을 6·3세대라 부른다. 계엄령 선포를 시발로 강압정치는 다시 본격적으로 시작되었다.

이승만 정권은 친일파를 동원해 다시 독립지사들을 탄압하면서도 일본과의 원활한 외교관계와 대화를 완강하게 거부했다. 그리하여 한일 교류의 통로가 막혔다. 박정희 군사독재정권은 본질적으로 친일파가 정권의 핵심부에 자리를 잡았고 친미파가 밑을 받혀주었다.

이들은 해방이 된 지 20여 년이 되는 시점에서 한일교류를 모색했다. 동기는 두 가지로 요약된다. 하나는 취약한 정권의 기반을 다지고 경제발전의 토대를 마련하는 것이다. 다음은 미국의 동북아 평화정책에 따라 한일국교 정상화를 추구하는 것이다. 따라서 한일교류를 추진한 주역들은 본질적으로 친일파와 친미파였다.

교섭 책임은 엉뚱하게도 중앙정보부장인 김종필에게 주어졌다. 실무를 추진해야 할 외무부장관 이동원은 통과의례를 맡은 허수아비일 뿐이었다. 그리하여 두 나라 관계 인사들은 밀실에서 비밀회합을 거듭한 끝에 무상 3억 달러, 차관 3억 달러를 받기로 하고 이른바 한일협정을 타결했다.

이 협정이 왜 굴욕인가? 공개된 자료에 따라 간단하게 몇 가지 사항을 언급해보기로 한다. 그들은 협정 당시 징용, 징병에 동원되어 사망한 사람의 숫자를 7만 603명, 원폭 희생자의 숫자를 4만여 명으로 제시했다.

이는 물론 추계이다. 적어도 정부에서는 강제 동원자나 사망자의 숫자를 조사해보지 않았고 그저 막연한 추계를 내서 제시했다. 더욱이 군위안부 문제는 거의 논의조차 하지 않았다. 이렇게 제시한 숫자는 줄잡아 전체의 7.7퍼센트 수준이었다.

이어 협정 조항에는 징병, 징용에 따른 개인청구권을 포기하는 규정을 두었으며, 무상으로 받은 돈 3억 달러도 보상에는 사용치 않고 경제발전에만 쓰기로 합의했다. 또 이 협정이 체결된 뒤 다시 재협상을 제기할 수 없게 단서 조항을 두었다. 개인청구권을 포기하다니, 상식으로도 통하지 않는다.

그러니 피해자 보상은 이루어질 수 없었다. 그러나 군사정부는 여러 정치적 고려를 해보니 피해자 보상을 그냥 넘어갈 수는 없었던 모양이다. 그리하여 쥐꼬리만 한 돈을 떼 내어 일부 희생자들에게 개인 보상을 해주었다. 그 대상은 몇천 명, 액수는 1인마다 30여만 원이었다. 게다가 보상의 기준이 있었던 것도 아니다.

더욱이 무연고 징용자 유골을 일본에 매장해달라고 요구하는 어처구니 없는 일도 있었다. 근래에 공개된 외교문서에 따르면, 일본 측에서는 혹시 연고자가 나타날지 모른다 하여 이를 거절했는데, 1966년 외무부에서는 항구적으로 일본에 매장해달라고 요구했다. 그리하여 일본에서 보관중인 유골 2,328위 가운데 연고가 확인된 유골 1,192위를 봉환했으나 나머지는 그대로 팽개쳤다. 현재도 일본의 사찰, 신사, 폐광 등에 많은 유골이 방치되어 있다. 또 이 협정에는 북한 지역의 대상자 문제는 완전히 빠져 있었다.

그리하여 뒷날 여러 정치적 상황의 변화와 새로운 사실 또는 하자가 발견되어도 재협상을 할 수 없게 되어 있었다. 이대로라면 대일청구권은 완전하게 타결되어 끝난 것이다. 따라서 무상 유상 6억 달러로 민족의 엄청난 고난과 피해를 팔아먹은 것이다. 그러니 김종필은 이점만 보아도 분명히 '제2의 이완용'이다.

무상이든 유상이든 6억 달러는 오늘날의 60억 달러의 실질가치를 지니고 있으니, 한국 경제발전에 큰 도움을 주었다고 말한다. 또 이 돈이 기간산업인 포항제철과 경부고속도로의 자금으로 사용되어 한국경제발전의 토대를 마련했다고도 말한다. 돈이 원체 없는 저개발국가에서 급한 돈을 변통해 썼다는 논리이다.

하지만 나라와 나라가 조약을 맺을 때는 최소한 호혜평등의 기본을 지켜야 하는데, 아무런 대비도 없고 사태 조사도 없이 추정과 억측만으로 서둘

한일협정 조인식 정부는 학생들의 시위와 야당의 격렬한 반대를 무릅쓰고 1965년 6월 22일 '한일 기본조약'에 조인하였다.

러 굴욕의 협정을 맺었으니 민족을 팔아먹었다는 지탄이 사라지지 않았다.

● 의미 있는 5급 공무원 임용시험을 실시하다

군사정권은 증권 파동, 화폐개혁 등 경제정책에서는 의욕이 앞서 실패했다. 그러나 5급 공무원 시험 실시만은 거의 나무랄 점이 없을 듯하다. 군사정권은 1963년부터 5급 공무원 임용시험을 전면적으로 실시했다.

조선시대에 말단 공무원이라 할 아전(구실아치)은 수령이 자의로 임명하거나 세습제였고 식민지 시대에도 적당히 사람을 골라 촉탁 등의 이름으로 임명했다. 해방 이후에는 고위직에 속하는 3급 공무원은 고등고시(사무관급), 4급에 속하는 공무원은 보통고시(주사급)를 실시해 해당 직무에 임용했다. 하지만 말단 공무원인 5급(서기급. 현재 9급직)에 대해서는 자격과 고시를 제정하지 않았다. 그래서 이른바 친지의 알음이나 배경, 매관 형태의 부정으로 임용했다. 그러니 행정직이나 법무직을 가리지 않고 말단 공무원에 임용되려면 줄을 찾거나 돈을 싸들고 다녀야 했다. 자유당 정부의 인사 난맥상은 말단 공무원부터 헝클어져 있었다.

군사정권은 그들 임용에 공정성을 기하고 일정한 자격시험을 통해 임용하는 인사정책을 추진했다. 응시자격은 범죄자나 연좌제 같은 혐의자나 연루자들 말고는 특수한 자격규정을 두지 않았다. 다시 말해 학력 규정을 배제했다. 대한민국 국민 누구든 국민학교(지금의 초등학교)를 나오지 않아도 응시할 수 있었다.

국어, 영어, 수학, 국사를 필수로 해서 시험을 보았다. 대학 입시와 비슷한 과목이라 할 수 있지만 최소한의 공무를 볼 수 있는 지식 수준을 기준으로 한 것이다.

그리하여 무학이라고 하여 취직을 할 수 없었던 많은 젊은이들이 앞 다투어 시험공부를 했다. 일단 합격하면 일정 기간을 거쳐 공무원에 임명됐다. 자격시험이 아니어서 일단 합격하면 임명을 받은 것이나 다름없었다. 그러니 배경이나 돈이 없어도 공무원이 될 수 있었다. 다만 합격하고 난 뒤 임용과정에서 이른바 줄이 좋은 사람들은 좋은 보직을 얻는 풍조가 흠이 되었고 부정의 꼬투리가 되었다.

초기의 임용제도는 공무원 사회에 중요한 의미를 던졌다. 관료사회에서 임용을 두고 벌어지는 부정행위 등 혼탁을 막을 수 있었고, 학력이 없더라도 독학으로 시험공부를 해서 공무원이 될 수 있는 공평성 또는 기회를 제공했다. 따라서 말단 공무원으로 출발해서 충실하게 복무하고 실력을 쌓아나가면 고위직을 얻을 수도 있었다. 또한 최소의 업무를 볼 능력이 없는 사람이 끼어들 여지를 막기도 했다.

시험지 유출 등 작은 부정행위가 있었으나 근본은 흔들리지 않았고, 합격자는 결격 사유자를 제외하고는 거의 임용되었다. 다만 직종 고시과목 등이 시대의 추이에 따라 변화를 보였을 뿐이다. 5급 공무원(현재 9급으로 조정) 임용시험은 적어도 신생국에서는 가장 먼저 실시했다는 점에서도 의미를 부여할 수 있다.

● 권력 유지를 위해 국민을 통제하다

박정희는 1961년 미국에 가서 케네디에게 한국군의 월남파병을 제안했다. 하지만 베트남전쟁이 잘 수행되던 시기여서 케네디는 응답하지 않았다. 그러나 1964년 통킹 만 사건으로 베트남 전쟁이 다급해지자, 한국의 파병 제의를 수용했다. 한국 역사상 네 번째 해외 파병이었다. 원나라와 고려의 연합군이 일본을 정벌할 때, 조선시대 광해군이 명나라 요청으로 청나라를 치기 위해 만주 사흐르 전투에 참여할 때, 조선시대 효종이 청나라의 요청으로 러시아 남진을 저지하기 위해 송화강 상류로 출병했을 때 파병이 있었던 것이다.

이해 9월 처음에는 의료부대, 다음에는 공병부대를 파견했다. 이들은 비전투부대여서 인명피해가 없었다. 1965년에는 1개 전투사단을 보냈다. 2만여 명으로 구성된 해병의 청룡부대와 육군의 맹호부대였다. 뒤이어 백마부대가 파병되었다. 이리하여 8년 6개월간 총 32만 명이 파견되어 전사자 5,000여 명, 부상자 1만 6,000여 명을 기록했으며, 고엽제로 피해를 입은 국군들도 발생했다.

한편 한국군은 현지에서 용맹을 떨쳤고 의료 등 대민 봉사활동을 벌였으나, 무고한 양민을 학살하는 행위를 저지르기도 했고, 현지 여인과 동거하거나 결혼한 뒤 내팽개치고 귀국하는 사례도 무수히 발생했다. 현지 주민들은 한국군을 보면 무서워 피하기 일쑤였다. 한국군의 만행으로 국가 이미지는 아주 나빴다.

하지만 반대급부는 대단히 많았다. 미국은 한국군의 파견 조건으로 한국군의 장비를 현대화해주고 차관을 제공하며 파견 장병의 처우를 개선해 주겠다는 등의 조건을 제시했다. 이 약속은 지켜졌고 현지 베트남군보다 파견 한국군은 좋은 대우를 받을 수 있었다.

이들의 월급은 꼬박꼬박 가족에게 송금되었는데 1966년부터 1970년까지 6억 2,000만 달러를 기록했다. 한진그룹 등 군납업체의 수입도 늘어났는데, 한진의 경우 5년 동안 1억 3,000만 달러를 벌었다. 또 베트남 수출도 늘어나 달러를 벌어들였다. 이 달러들은 국내 경제발전의 밑천이 되었다.

정부는 파병에 따른 경제적 이익을 계속 확보하고 정권의 업적을 선전하기 위해 파병할 때마다 대대적인 송환행사나 환영행사를 벌였다. 또 〈맹호는 간다〉, 〈월남에서 돌아온 김상사〉 등의 노래를 유행시켰고, 학생들에게 위문편지를 쓰게 하고, 김세레나 등 인기 있는 연예인들이 현지로 달려가 위문공연을 하게 했다.

박정희 정권은 이를 빌미로 반공의식을 고취시켰다. 이에 대해 조희연은 이렇게 평가했다.

> 베트남 파병은 반공주의를 고조시키는 데 효과가 있었고, 박정권은 이를 정권의 기반을 확대하는 도구로 활용했다. 동시에 이 일은 남북 간의 군사적 적대관계를 촉진시켰다.
>
> 조희연《박정희와 개발독재시대》

민주투사 장준하는 '용병'이라고 매도했고 일부 재야인사는 강하게 이를 비판했다. 그러나 일반적 정서는 이와 달랐다. 노무자 등 파견 지원병도 적지 않았으며, 월급을 받아 챙기는 가족들도 별로 반대의사를 드러내지 않았다. 이런 분위기에 야당 정치인들도 적극적 반대투쟁에 나서지 않았다. 박정희는 한일회담으로 타격을 받았으나 월남파병으로 정권을 유지하는 데 도움을 받았으며 경제발전의 토대를 마련했다.

이에 힘입어 박정희는 국민 통제에 나섰다. 대표적인 사례 두 가지를 들 수 있다. 하나는 향토예비군 결성이며 하나는 주민등록제의 실시이다. 향토예비군의 설치목적은 작전 동원의 대비, 무장공비의 침투와 무장 소요의 진압 등에 있었다. 이는 1968년 무장특공대 청와대 습격사건과 북한의 프에블로호(미군의 첩보함) 억류 등을 구실로 삼아 실행했다.

그리하여 장교와 사병 등 예비역은 모두 여기에 들었다. 직장 또는 지역 단위로 설치해서 정기적으로 예비군복을 입고 훈련을 받았다. 때로는 이들을 상대로 목사, 승려, 명사들이 의식화 교육을 실시했다. 동원에 불응하면 징역형을 내리는 따위로 제재를 가했다. 전시체제를 방불케 하는 예비역의 완전 통제였다.

1968년에는 18세 이상 성년이 된 모든 국민을 주민으로 등록케 하고 주민등록증을 발급해 주었다. 표면적으로는 주민거주 관계를 파악해 인구 동태를 알고 행정사무 처리를 원활케 하는 것이지만 이것 역시 주민통제의 일환이었다. 애초에 1942년 일제의 전시체제 아래에서 기류법寄留法을 제정해 주민을 통제한 것을 모방했다.

그 밖에 언론을 탄압하고 문화예술인을 구속하며 간첩사건을 조작하고 노동자의 쟁의를 막는 등 군사독재적 수법을 동원해 권력을 유지하는 수단으로 삼았다.

● 경부고속도로 건설로 정치적 입지를 굳히다

박정희는 한일회담과 월남파병으로 생긴 자금을 산업자금으로 활용했다. 그는 수출증대에 열성을 기울여 청와대에서 관련 기업주들과 담당 관리를 불러 정기적으로 독려하는 모임을 가졌다. 그 결과 1967년 수출액 3억 달러, 1970년에 10억 달러를 달성했다. 이것을 기념하는 '수출의 날'에는 화려한 축제를 연출했다. 그 뒤 경제는 성장가도를 달렸고 정치적 입지를 강화할 명분도 뒤따랐다.

그리고 그 결과물이 경부고속도로 건설이었다. 박정희는 고속도로를 구상하고 시나리오를 쓰고 주연을 맡았다. 1968년 첫 삽을 뜰 때도 많은 사람들이 무리한 계획이라고 반대했다. 하지만 그는 군대식으로 밀고 나갔고 능률을 극대화했다. 공사 도중 수십 명이 사망했다는 말이 떠돌았으나, 당시는 통제되어 알 수 없었다.

마침내 공사는 계획보다 1년 단축되어 1970년 7월 7일에 경부고속도로가 개통되었다. 이보다 앞서 완공한 경인고속도로가 있었다. 그 길이는 서울에서 부산까지 417킬로미터가 조금 넘었다. 박정희는 개통식의 테이프를 끊으면서 흡족한 웃음을 지었다. 이 고속도로의 개통으로 부산을 중심으로 경상도와 경기도는 1일 생활권으로 바뀌었으며, 농촌인구가 도시로 유입하는 통로가 되었다. 그리고 부산항에 쌓인 엄청난 물동량이 신속하게 수송되었다. 게다가 다음 해에 실시될 대선에서도 유리한 고지를 차지할 수 있었다.

이해 4월에는 또 다른 박정희 작품이 등장했다. 그는 농어촌 근대화를

경부고속도로 경부고속도로 건설은 박정희 개발 독재 시대를 상징하는 대표적인 사업이었다.

내걸고 농어촌의 자조 능력, 지역균형 발전, 사회 개혁, 의식 개혁을 내걸고 '새마을 운동'을 제창했다. 다시 말해서 '잘살기 운동'이었다. 그 이론적 근거는 전통적 향약, 계, 두레, 품앗이에서 얻었다고 했다. 그 무렵 북한에서는 '천리마운동'이 성과를 거두고 있기도 했다.

그리하여 마을 단위로 조직이 결성되어 마을마다 확성기가 설치되었다. 확성기에서는 박정희가 작사, 작곡한 "새벽종이 울렸네……"(1972년 발표)로 시작하는 새마을 노래가 흘러나왔다. 사람들은 이 노래를 들으면서 합동으로 농로를 뚫고 경지를 정리하고 초가를 갈았다. 그리고 미신을 타파한다며 당산나무를 베거나 신당을 헐기도 했다. 그 성과는 놀라웠다. 이에 힘입어 1975년에는 도시와 공장에서도 새마을운동이 펼쳐졌다.

하지만 농어민이 자발적으로 추진하기보다 관 주도로 이루어져 강제적, 획일적으로 추진되는 한계를 보였고, 유신 시기 박정희의 정치적 선전장이 되기도 했다. 그런데도 새마을운동은 오늘날 국제적으로 농어촌 근대화 운동의 모델로 꼽히고 있다.

● 무리한 개헌으로 혼란을 부르다

1967년 6대 대통령 선거에서 박정희는 상대인 야당후보 윤보선을 지난번과는 달리 넉넉한 표차로 누르고 당선되었다. 비록 부정선거 시비는 그치지 않았으나, 마지막으로 합법적 대통령으로서 4년간 경제발전을 추진할 수 있었다. 그런데 하나의 구실이 생겨났다.

1968년 북한은 무장공비를 침투시켜 청와대 습격을 시도했고, 연달아 미국의 첩보함 프에블로호를 동해에서 납치하여 전쟁의 분위기가 고조되었다. 박정희는 이런 정세를 이용하여 대통령의 임기를 2선으로 제한한 헌법을 고치는 개헌에 나섰다. 영구집권을 도모한 것이다. 그런데 후계자로 꼽히는 김종필, 예춘호, 이만섭 등 그의 추종자들과 공화당 당의장인 정구영 등 많은 여당 인사들조차 이를 반대했다.

박정희는 측근 하수인들을 동원했고 '경제발전이 중단되어서는 안 된다'는 논리로 반대파를 설득했다. 주요 하수인은 중앙정보부장 김형욱, 비서실장 이후락이었다. 이에 공화당 의원들은 하나씩 개헌 찬성 쪽으로 돌아섰으며, 처음에 반대했던 김종필마저 기회주의적 태도를 보였다.

이 개헌작업은 이승만의 사사오입 개헌을 방불케 할 정도로 거듭 무리수를 두었다. 중앙정보부를 시켜 여당의 반대 의원을 위협 공갈했으며 야당의원들을 회유 매수했다. 개헌안이 국회에 제출되자, 야당의원들은 국회 본회의장을 점거했다. 그러자 1969년 9월 14일 새벽 2시 50분, 공화당과 무소속 의원 122명은 국회 본회의장이 아닌, 국회 제3별관(현재 프레스센터 옆 건물) 별관에 모여 통과시켰다.

국회의장 이효상은 의사봉을 미쳐 가져오지 않아 주전자 뚜껑을 들고 땅땅 내리쳤다. 물론 야당의원들은 표결에 불참한 기막힌 날치기 통과였다. 사사오입 같은 파동은 일어나지 않았지만, 절차 민주주의가 또 한 번 유린되었다. 이 불법적인 개헌은 박정희 정권의 도덕성에 치명적인 상처를 입혔다. 그런데도 국민투표에 붙여졌을 때는 찬성률이 65퍼센트를 넘었으니, 관권선거라는 비난이 쏟아졌다.

1971년 4월, 개정 헌법에 따라 박정희는 모든 방법을 동원해 40대 기수론을 편 신민당 후보 김대중을 무난히 물리치고 7대 대통령에 당선되었다. 김대중은 "논도 갈고 밭도 갈고 대통령도 갈아보자"고 외쳤으나, 엄청난 돈을 쏟아부은 금권선거 앞에서는 속수무책이었다. 이 선거는 3·15선거보다는 불법이 덜했지만 여전히 부정선거가 자행되었다. 특히 곳곳에서 매수투표, 대리투표가 횡행했다.

게다가 역대 선거에서 보지 못했던 현상마저 일어났다. 곧 지역감정을 선거 전략으로 삼은 것이다. 공화당은 김대중이 집권을 하면 경상도 사람들은 모두 죽거나 피의 보복을 받을 것이라거나 경상도 출신 공무원들은 모두 날아간다든지 하는 유언비어를 퍼뜨렸다. 특히 중앙정보부에서는 역으로 유언비어 전략을 써서 "호남인이여, 단결하라"는 전단을 만들어 경상도 지역에 뿌리기도 했다.

이 무렵 사회는 더욱 혼란스러웠다. 산업구조의 개편에 따라 농촌 인구는 도시로 더욱 밀려들어 도시의 빈민층을 형성했으며, 상대적으로 농촌은 황폐화했다. 도시빈민들은 달동네를 형성하거나 신설동 등지에 천막촌을 이루고 살았다. 경제성장 정책을 강력하게 밀고 나가고 정부의 수출 주도에 따라 노동자들은 최저 임금에 시달렸다. 노동운동은 철저하게 통제되었다. 그리하여 노동자들은 숨이 막히는 먼지 속에서 하루 15~16시간 일을 했으나 법의 보호를 전혀 받지 못했다.

이런 현실에서 청계천에서 노동운동을 하던 전태일이 1970년 연말, 분신자살하는 사태가 일어났다. 이 사건은 엄청난 파문을 일으켰다. 전태일은 노동운동의 화신으로 받들어져 전국 노동자의 에너지를 분출하게 만들었다. 이어 성남에 도시 빈민들의 집단 거주단지를 만들어 강제 이주시켰는데, 땅만 몇십 평씩 떼어주고 천막을 치는 열악한 조건에 살게 했다. 이들은 서울로 나와 생계비를 벌어야 했는데, 교통 조건 등이 아주 불편했다. 1971년 8월 성남의 수많은 이주민들은 서울로 진출하여 화물차를 뒤엎어 불을 지르는 등 폭력으로 항의했다. 이런 동요는 전국적으로 확산될 조짐을 보였다.

한편 정치적 위기에 몰린 박정희 정권은 자주, 평화, 민족 대단결의 원칙을 내걸고 남북 대화를 추진했다. 1972년 7월 중앙정보부장인 이후락이 밀사로 평양에 파견되어 김일성을 만나 막후 협상을 벌여 공동성명에 합의했다. 이후락은 이를 발표하는 자리에서 목소리를 떨기도 하고 통일이 금방 될 듯이 과시하는 언동을 보였다. 이어 남북 적십자회담이 열렸으며, 북측의 대표가 청와대를 오갈 때는 시민들이 연도에 몰려나와 박수를 보냈다. 많은 이산가족은 곧 통일이 되어 고향에 갈 것이라는 허황한 꿈에 부풀어 있었다.

● 유신의 깃발을 들다

박정희는 장기집권의 수단으로 유신 정권을 출범시켰다. 파시즘의 전형인 유신체제 이후의 현대사는 긴장과 갈등과 공포의 연속이었다. 긴급조치가 연달아 발표되었고 유신을 반대하면 감옥에 가야 했다. 남북대화는 중단되고 미국을 비롯한 세계의 나라들은 유신독재를 비난하고 나섰다.

박정희 정권 18년은 분명 한국 현대사의 가파른 고비 중 하나였다. 이 시기는 개발독재로 경제발전을 이룩한 시대라고 평가되기도 하고, 민주주의를 파탄시킨 암흑의 시대라고도 한다. 어쨌든 유신시대야말로 암흑의 시대였다.

우리는 근현대 100년 동안 과학기술의 발전과 문화·예술의 성숙을 통해, 한국전쟁 이후 비록 분단구조에서나마 전쟁 없이 성장을 거듭하고 물질생활의 풍요를 누릴 수 있었다. 그 공적을 근면한 기업인, 노동자에 둘 것인지, 개발독재에 둘 것인지는 앞으로 냉철히 판단해 보아야 할 것이다.

박정희는 1972년 10월 전국에 비상계엄령을 선포하고 이어 남북대화와 통일을 위해서는 장기 집권이 요구된다는 성명을 발표한 뒤, 이른바 유신체제에 돌입했다. 이것이 10월에 선포되었다 하여 '10월 유신'이라고도 부른다. 10월 유신은 어떤 이론을 끌어대든 박정희 영구집권의 수단으로 출범시킨 것에 지나지 않는다.

그러면 유신이란 무엇인가? 그 고전적 의미와 태생의 과정을 알아보자. 만주 군관학교와 일본 육사의 예과에서는 필수과목으로《본방사本邦史》(일본 역사)를 가르친다. 이 책의 첫머리는 "일본은 신국神國이다"로 시작하며, 메이지 유신에 대해서는 16쪽에 걸쳐 기술하고 있다. 여기에 일본 군대는 대대로 천황이 통솔해 왔다는 사실을 강조하고, 교육칙어敎育勅語의 설명을 통해 군인정신의 본질을 설명한다. 또 1876년 강화도 조약에 따라 일본이 한국의 개혁을 추진하면서 1894년 청일전쟁이 유발되었고, 1904년 러일전쟁은 "동양의 평화를 위해서였다"고 기술하고 있다.

또 한일병합은 "한국민의 행복을 위해서였다"고 기술했고, 만주사변은 "세계 유신 최초의 거화"라고 했으며, 만주국의 수립은 "대동아공영권 최초의 초석적 경사"라고 규정했고, 중일전쟁은 "거만하고 무례한 중국에 대한 응징의 성전", 태평양전쟁은 "세계 유신을 완성하고 진정한 세계사를 여는 성업"이라고도 했다.(신주백 〈만주국군 속의 조선인 장교와 한국군〉《역사문제연구 9집》)

이 기술에는 유신이라는 단어가 단원마다 깔려 있다. 중국 고전《시경詩經》에 고대 주나라의 문왕文王을 두고 "주나라는 비록 옛 나라이나 그 천명은 유신하다"고 했다. 곧 문왕이 천명을 받아 나라를 새롭게 통치한다는 뜻이다. 그 뒤 왕조들은 통치 질서를 새롭게 전개한다는 의지를 표방할 때, 유신이라는 말을 곧잘 사용했다. 일본 근대를 열었다는 메이지 유신이 그렇고, 대한제국의 고종 또한 광무 유신을 표방하기도 했다.

박정희는 이런 황국신민화 교육을 받으면서 우수한 성적을 기록했고, 집권 당시 10월 유신을 내걸고 영구 집권을 도모했다. 이렇듯 《본방사》의 유신은 박정희를 각인시켜 뒷날 큰 역사적 사건을 유발한 것이 아니겠는가?

1972년 10월 17일 아침 중앙청 앞에 을씨년스러운 탱크가 버티고 있으면서 출근하는 공무원들을 위압했다. 5·16 쿠데타가 일어난 지 11년 5개월 만에 탱크가 시민 앞에 나타난 것이다. 물론 그동안 자주 발동했던 위수령과는 사뭇 달랐다. 전국에 비상계엄령이 선포되면서 국회는 즉각 해산되었고 모든 정치활동이 중지되었다. 그리고 10일 뒤인 10월 27일에 이른바 '헌법개정안'(실제로는 유신헌법)이 공고되었다.

헌법개정의 주된 내용은 한 마디로 말해 박정희의 종신 대통령을 보장하고 모든 권력을 그에게 집중한다는 것이다. 김대중은 대통령 선거유세에서 "이번이 마지막 대통령 선거이다. 대만의 장개석처럼 총통제를 공작하고 있다"고 주장한 바 있었으나 국민들은 별로 귀를 기울이지 않았다. 그런데 이것이 현실로 나타난 것이다. 이를 공작한 하수인은 중앙정보부장 이후락, 청와대 경호실장인 차지철이었고, 이론을 만들어낸 학자는 서울대 교수인 한태연과 중앙대 교수인 갈홍기였다.

이를 하나마나한 국민투표에 붙인 결과, 91.5퍼센트의 찬성률을 보였다. 곧이어 대통령을 선출하는 통일주체국민회의 대의원 선거가 각 지역별로 치러져 2,359명이 뽑혔다. 이들이 장충체육관에 모여 단독 출마한 박정희를 99.99퍼센트의 지지로 뽑았다. 이 간선제 대통령 선거를 사람들은 '체육관 선거'라 불렀는데, 북한의 흑백선거와 지지율이 조금도 다를 바 없었다.

'체육관대통령'의 권한은 막강해서 긴급조치권, 국회해산권뿐 아니라 국회의원 정족수의 3분의 1을 뽑을 수도 있었고 법관의 임명권도 가졌다. 이것은 파시즘이 추구한 전체주의이며 제국의 황제와 같은 권한이었다. 더욱이 의회는 대통령 손아귀에 놀아나게 만들었다. 1973년 9대 총선의 결과를 보면 지역구에 여당인 공화당 73석, 야당인 신민당 52석을 차지했는데, 대통령이 지명한 전국구 의원은 73명이었다. 대통령이 임명한 의원 단체는 유정회維政會(유신정치의 모임)라 불렸다.

박정희는 유신을 선포한 뒤 한 달쯤 지나 모처럼 쇳소리를 내면서 방송에 나와 "1981년 이르러 국민소득 1,000달러, 수출 100억 달러를 달성하겠다"고 결의에 차서 공언했고, 이어 다음 해 연두교서에는 방위산업의 육성, 중화학공업의 집중 육성을 담았다. 이를 받아 적은 플래카드를 곳곳에 내걸었고, 위원회, 기획단 등을 발족시켰다.

한편 중화학공업을 위해 울산, 구미, 포항, 옥포, 창원 등지에 특화된 공업단지를 건설했다. 그런데 계획된 것인지 우연인지 공업단지는 경상도 지역에 몰려 있었고, 박정희의 고향마을인 구미도 포함되어 있었다. 또 국내의 공업육성과 함께 건설회사들이 중동에 진출해 토목공사에 투입되면서 '중동 특수'도 따랐다.

그리하여 1972년 이후 1976년까지 연평균 11퍼센트의 성장률을 기록했으며, 상품 수출은 32.7퍼센트 성장했다. 박정희는 제2의 한국전쟁을 치른다는 각오로 매진했다고 한다. 또 남북이 대치하는 긴장 국면에서 방위산업에도 역점을 두었고 자주 국방을 외쳤다. 한 예로, 도로를 확장하거나 신설할 때에도 건널목 다리를 설치하고서 적군이 진격해 오면 폭파해 진로를 가로막는다는 개념을 설정했을 정도로 긴박감을 조성했다.

또 한 가지 빼놓을 수 없는 부분이 있다. 우리 현실에 맞는 한국적 민주주의와 국가관을 강조하는 국사교육의 강화였다. 조국이 분단되어 남북이 대치하는 속에서 한국의 현실에 맞는 민주주의가 요구된다는 것이었다. 그리고 바른 국가관의 형성을 위해서는 자주의식과 함께 우리나라 역사를 알아야 한다고 주장했다. 그리하여 공무원 시험을 비롯해 모든 시험에 국사를 필수 과목으로 지정했고, 중고교에서는 국정의 국사 교과서를 가르치게 했다.

이런 정책은 미국과 긴장 관계를 유지하면서 자주의식을 고취하고, 남북과 대치하면서 반공주의를 표방하는 상황에서 배태되었다.

● 유례없는 압제의 시대가 시작되다

박정희는 부인 육영수와 함께 첫 개통하는 서울역과 청량리를 잇는 지하철을 시승하고 나서 국립극장으로 향했다. 1974년 8월 15일 경축식이었다. 기념식은 텔레비전으로 현장 중계되었다. 박정희는 '북한과 불가침 조약을 맺자'고 제의했다. 그러던 중 20대 청년이 청중 사이를 뛰어나와 연대를 향해 권총을 발사했다. 박정희는 연대 아래로 숨었고 경호실장 박종규가 권총을 빼들고 총탄을 발사했다. 청년은 두 발을 더 쏘고 청중의 발에 걸려 넘어졌다. 그때 내빈석에 앉아 있던 육영수가 옆으로 쓰러졌다.

그 청년은 재일 동포 문세광으로 밝혀졌다. 그는 조총련의 지시로 박정희를 암살하려 입국했고 조총련은 북한의 사주를 받아 문세광을 보냈다는 내용이 보도되었다. 시민들은 텔레비전으로 중계되는 현장을 보고 어느 정도 사태의 진행을 알고 있었다. 사람들은 눈물을 흘리기도 하고 분노를 토해 내기도 하고 이를 갈기도 했다. 또 무수한 유언비어가 난무했다. 어떤 이유로건 유신의 일대 도전이었고 시련이었다.

당시 유신 정권은 경제와 국방을 체제를 유지하는 수단으로 삼았지만, 저항의 불길은 더욱 거세져 갔다. 정치권은 물론 재야인사, 학생, 농민, 노동자, 문화예술인, 언론인, 종교계 인사 등 광범위한 세력이 온갖 탄압에도 굴복하지 않고 저항의 대열에 나섰다. 당시 캄보디아가 공산화되고 미국이 베트남전에 패배했다. 이에 유신 정권은 문세광사건을 빌미삼아 반공대회와 북한규탄대회를 연달아 열었다.

그러자 박정희는 새로운 구상, 아니 얄팍한 꾀를 냈다. 그는 1975년 5월 13일에 역사에 유례없을 '긴급조치 9호'를 발동했다. 5년을 이어온 유신 2기 시작을 알리는 종을 울린 것이다. 그 내용은, 유신헌법에 대해 부정하거나 반대하거나 왜곡 비방하거나 개정, 개폐를 주장하거나 청원하거나 선동하거나 이 사실을 보도하는 행위를 모조리 금지한다는 것이었다. 또 위반자는 영장 없이 체포한다고도 했다. 게다가 유언비어도 처벌대상에 올랐다. 그러니 온 나라를 감옥으로 만들고 온 국민을 죄수로 다룬 것이나 다름없었다. 이에 대해 다음과 같은 평가가 있다.

긴급조치 9호 시대는 '극단의 시대'라 할 수 있다. 체제, 헌법, 대통령, 국가, 정부 등에 대한 정치적 논의를 원천적으로 금지했다는 것은 민주주의가 가진 일체의 유연성을 박탈한다는 의미였다.

조희연 《박정희와 개발독재시대》

유신 정권은 무엇보다 가장 큰 저항세력인 학생을 통제하는 방법을 짜 냈다. 자율적 학생회를 폐지하고, 이승만 정권이 조직했던 학도호국단을 부활해 군대식으로 만들었다. 호국단 간부들은 1년에 한 번씩 1주일 동안 수련원에 들어가 박정희의 어록을 배우고 명상하게 했다. 연달아 새로운 법률을 만들어 통제를 강화했다.

무엇보다 민방위법을 만들어 예비군 훈련을 마친 성인과 예비군 대상 이 되지 않은 17세 이상 50세 미만의 남자를 민방위대로 조직해 훈련을 받게 했다. 민방위 훈련 때 유신의 당위성 또는 불가피성을 강의했다. 또 1976년 5월부터 전국적으로 반상회를 열게 했다. 한 달에 한 번씩 정기적 으로 반상회를 열어 국민행동지침 등 정부의 시책을 듣고 간첩 등 수상한 사람이 있으면 신고하게 했다. 또 모든 관청이나 학교에서 퇴근 시간에 맞 추어 국기 하강식을 거행하게 했다. 애국가가 울려 퍼지고 태극기가 내려 지면 길가는 사람이건 업무를 보는 사람이건 차려 자세를 하고 가슴에 손 을 얹고 경례를 했다.

학원사찰은 더욱 강화되었다. 전투경찰, 기동경찰은 학교 주변에 닭 장차를 대기시켰고 사복경찰, 기관요원(중앙정보부, 보안사령부 등)들이 상주하 면서 감시했으며, 학교 직원을 정보기관의 망원網員(일종의 정보원)으로 이용 해 학생의 동정을 보고하게 했다. 학생 간부들은 이들의 미행을 당했다.

감시망이 이렇게 펼쳐져 있어서 택시나 술자리에서 불평의 말을 늘어놓거나 박정희를 욕하거나 유신을 지탄하면 신고를 당하기도 했고 미행 경찰에게 연행되기도 했다. 이들은 반공법 또는 찬양고무죄의 적용을 받았다. 그래서 '막걸리 긴급조치'라거나 '막걸리 반공법'이라는 신조어가 생겨났다.

한편 언론사에는 보도지침을 내려 보도를 통제했다. 일반적 사항 이외에 불건전한 남녀관계를 묘사하거나 퇴폐풍조를 조장하는 행위, 과다한 장발, 노출을 금지했다. 신문사나 방송사에 중앙정보부 요원이 상주하면서 기자의 동태나 기사 내용을 검토했다. 이들이 편집국 등 사내를 무단출입해도 항의할 수 없었다.

거리에서는 경찰이 가위를 들고 장발을 단속했으며 미니스커트를 입은 여성을 파출소로 연행하기도 했다. 화가나 학생들이 진달래를 그려도 북한의 국화를 그렸다고 해서 고무찬양죄로 얽었으며, 노래 가사에 음침한 구석이 있으면 사화문란 또는 퇴폐 행위라고 해서 제제를 가했다.

● 잔혹한 인권 탄압이 자행되다

긴급조치 9호시대 4년 동안 무수한 구속자가 발생했으며, 1979년 유신 종말시기에는 한 해 동안 구속된 양심수가 1,239명을 헤아렸다. 의문사를 한 경우는 거의 미궁에 묻혔다. 거듭 말하거니와 이를 유지하는 방법으로 국민을 현혹하는 갖가지 공작을 벌였다. 그 사례로 유신 앞 시기에는 민족일보사건, 인혁당사건, 동백림사건, 통혁당사건, 오적필화사건 등이 있었다. 유신 시기에는 김대중납치사건, 민청학련사건, 동아일보 광고탄압사건, 장준하의문사사건, 함평고구마사건 등을 꼽을 수 있다. 이 과정에서 반공법과 국가보안법을 전가의 보도처럼 써먹었다. 그 성격에 따라 규정하면 민족해방운동, 조국통일운동, 민주화운동으로 나눌 수 있을 것이다.

한국전쟁을 전후로 해 민간인 희생자들은 옥석을 가릴 것 없이 대부분 적색분자로 몰렸다. 물론 보도연맹 희생자와 남로당에 가입한 경력이 있거나 반정부활동을 벌인 인사들도 여기에 포함되었다. 이승만 정권의 인권 유린이 박정희 정권 아래에서 그대로 답습되거나 더욱 가혹한 조치를 만들어낸 것이다. 그 적나라한 실상을 알려주는 사례를 들어보기로 한다.

김정태는 19세의 나이로 경남 진영읍의 삼일만세시위를 주동한 혐의로 1년 6개월의 옥고를 치렀다. 해방 뒤 그는 친일파와 싸웠는데 친일파들은 한국전쟁이 발발하자, 김정태가 보도연맹원이라는 혐의를 씌워 잡아 죽였다. 이때 진영읍에서는 보도연맹원을 포함하여 258명이 학살되었다. 피학살자의 시체는 진영창고 바닥에 묻어버렸다.

4·19혁명 이후 이승만 정권이 타도되고 장면 정권이 들어섰다. 김정태의 아들 김영욱(1923년생) 등 희생자 유족들은 창고의 시신 발굴 작업을 폈다. 김영욱은 아버지 김정태의 금이빨을 확인하여 시신을 수습했다. 발굴된 시체는 모두 화장을 하고 진영의 외곽지대에 있는 설창리에 납골묘를 만들어 묻었다.

5·16군사쿠데타 이후 군사정권은 김영욱을 보도연맹원으로 몰아 이적행

위를 했다는 죄목으로 체포했다. 군인들은 설창리에 몰려들어 포클레인을 동원해서 납골묘를 파헤치고 납골함을 찍어 부수었다. 그리고 그 흙을 파서 내박고개에 흩어버렸다. 곧 유골의 흔적을 완전하게 없애버린 것이다. 김영욱은 군사혁명재판소에서 온갖 고문을 받은 끝에 7년형을 언도 받고 2년 7개월의 옥고를 치른 끝에 출옥했다.

김영욱은 출옥한 뒤 예전 한성여대에서 동양사를 강의하던 강사자리에도 다시 나갈 수 없었으며 와세다 대학 2년 수료의 학력으로도 취직을 할 수 없었다. 아버지의 많은 재산도 한 푼 건지지 못하여 고향으로 돌아갈 수도 없었다. 그는 동래 일대를 떠돌면서 시장에서 배추장사를 하는 등 어렵게 살았다. 더욱이 간첩사건 등 무슨 일이 있을 때마다 검속이 된 탓으로 정상적으로 생업에 종사할 수도 없었으며 선거 때마다 잡혀가 고초를 받았다. 온 가족이 좁은 방 한 칸에 살면서 자살을 도모한 적도 있었다.

이이화《한국사, 나는 이렇게 본다》

이 글은 반공을 빙자한 인권 탄압의 실상을 사실적으로 잘 알려주고 있다. 피학살자의 후손들은 진상을 가리지도 않고 무조건 적색분자의 가족으로 기록되었다. 이들에 대한 인권유린은 이승만정권보다 더 가혹했다. 이런 인권 유린은 민주화운동의 인사들에게도 그대로 적용되었다. 이들에게도 감시는 물론 취업의 제약을 가했고 대부분 여권을 내주지 않았다. 민주운동을 한 학생들은 강제로 군대에 끌려가기도 했다. 이 과정에서 민주민중운동은 성장해갔다.

● 독재를 무너뜨릴 민중적 동력이 형성되다

박정희의 군사독재가 일방통행만으로 진행된 것은 결코 아니었다. 단계를 거쳐 민주-민중운동 역시 성숙되어갔다. 먼저 노동운동을 살펴보면 이를 이해하게 될 것이다. 1960년대 외형적 경제발전과 재벌의 성장은 노동자 계급의 양적·질적 성장을 가져왔다. 그러나 박정희 정권이 노동자들에게 갖가지로 꿈을 심어주고 회유를 한 탓으로 이들은 계급적 자각을 갖는 독자적 운동 세력으로 결집되지 못했다.

1970년에 들어 노동자들이 노동운동에 눈을 떴고 그것이 현장에서 나타나자 억압이 강화되었다. 이때 평화시장 노동자였던 전태일의 분신자살 사건이 발생한 것이다.

노동쟁의는 1969년의 130건에서 1971년에는 1,650건으로 크게 증가했다. 1970년대 초에 발생한 노동자들의 투쟁과 도시빈민, 소상인들의 생존권 확보를 위한 저항은 1960년대 말 다소 침체의 늪에 빠져 있었던 학생, 지식인, 종교인들에게 엄청난 충격과 자극을 주었다. 특히 학생들이 이들 기층 대중들을 역사의 전정한 주체로 인식하게 되는 커다란 역사적 계기가 되었다.

박정희는 영구집권을 위해 1972년의 10월 유신을 선포했는데, 이는 1970년대 초의 폭발적인 민중운동과 언론자유수호운동, 사법 파동, 대학 자주화 선언 등 지식인들의 광범위한 반독재민주화 운동에 대한 도전이었다고 볼 수 있다.

1973년 10월 대학가를 중심으로 사회단체와 종교계에서 유신 철폐 운동이 전개되었다. 먼저 각 대학에서 학생, 교수들은 학원 자유, 언론 자유 보장, 경제 예속 철폐 등의 요구 조건을 내세운 반유신 투쟁을 본격화하기 시작했다. 1974년 정부는 소위 '전국민주청년학생총연맹' 사건을 발표하고 긴급조치 4호를 선포했다. 이것은 1970년대 학생운동의 발전에 획을 긋는 큰 사건으로, 이를 계기로 학생운동은 민중지향성을 지니게 되고 보다 지적인 결집력을 가지게 되었다.

1971년 4월에 결성된 종교인, 지식인, 재야인사 중심의 민주수호국민협의회는 1974년 민주회복국민회의로 발전되어 반유신 투쟁의 구심점으로 기능했다. 반유신민주화투쟁의 열기가 높아지자, 기존의 국가보안법과 반공법만으로도 성과를 거둘 수 없다고 생각한 박정희 정권은, 반정부인사들에게 최고 무기 또는 사형까지 언도할 수 있는 긴급조치 9호를 선포했다.

그러나 학생운동은 1975년 이후 극악한 파쇼 통치하에서도 수그러들 줄을 모르고 민주화 운동의 선봉에 섰으며, 민중 문제에도 적극적 관심을 기울였다. 문인, 언론인, 법조인, 해직 교수, 재야 정치인 등의 저항도 1976년의 민주구국선언, 1978년의 3·1 민주선언, 1979년의 민주주의와 민족통일을 위한 국민연합 결성 등으로 줄기차게 전개되었다. 이러한 학생, 지식인들의 반독재민주화투쟁은 1979년에 들어서는 폭발적으로 고양되었다. 이런 현실은 신민당과 집권 공화당간의 갈등, 집권 세력 내부의 반목을 심화시켜 유신체제를 내부로부터 무너뜨리는 데 기여했다.

이 시기는 반독재문화운동이 꽃을 피운 시기이기도 하다. 김지하는 독재권력과 경제 성장의 단맛을 만끽하는 지배층을 '오적'(1905년 일본의 강요로 대한제국의 외교권을 넘겨준 을사조약에 찬성한 다섯 대신. 곧 박제순, 이지용, 이근택, 이완용, 권중현을 다섯 도둑이라 불렀다)이라고 꼬집어 민중들을 후련하게 해주었고, 양성우는 독재권력하의 암담한 현실을 '겨울공화국'이라고 읊조렸다.

한편 1970년대 초 청계피복노조의 결성에서 출발하여 반도상사, 콘트롤데이타, 와이에이치YH무역 등의 노조민주화투쟁은 비록 노동법의 개선과 노동운동의 제도화 실현, 노동운동과 정치 운동의 결합에는 실패했지만, 이후 노동운동 성장의 밑거름이 되었다. 즉 이것은 유신체제를 붕괴시키는 민중적 동력을 형성했다.

특히 1970년대 민주노조 운동은 기독교, 가톨릭 등 종교단체, 학생운동단체, 반체제민주화 운동단체 등 외각 단체의 지원과 연계하여 이루어졌고, 1960년대 말 이후의 민중 지향적 학생운동그룹에 적극적인 계몽, 헌신적 참여를 통해 더욱 확산되었다. 농민운동도 주로 종교단체의 지원에 의해 발전했으며 농업 문제, 농산물 가격 문제, 수세 문제 등을 중심으로 전개되었다. 농민들의 낮은 의식수준과 분산성, 여타 운동과의 연대 미비 때문에 조직운동으로 발전하지는 못했다.

전반적으로 학생, 지식인의 반독재민주화투쟁과 노동자, 빈민 등 민중들의 생존권 투쟁이 밑거름이 되어 결국 유신은 붕괴되었으며, 끝내 그 주역인 박정희는 역사의 무대에서 사라졌다. (이이화 《역사》)

● 영원한 권력이란 없다

1970년대 후반 반독재민주화 운동과 민중운동이 정치상황에 영향을 주어

제도권 야당인 신민당과 집권 여당인 공화당의 정치적 대립이 가중되었다. 그리고 중앙정보부장 김재규와 청와대 경호실장 차지철 사이의 권력 갈등과 권력 하부기관 내부의 마찰이 심각해졌으며, 유신 정권에 대한 미국의 불신이 초래되었다. 이런 상황에서 유신체제 붕괴의 직접적 도화선은 두 가지 사건으로 모아질 수 있었다.

YH무역은 가발을 외국에 수출하는 무역회사였다. 1979년 8월, 이 회사의 여종업원 187명이 회사의 위장 폐업에 항의해 신민당사로 몰려가서 농성을 벌이며 회사 폐업을 정상화하고 생존권을 보장할 것 등을 요구했다. 그런데 경찰이 강제로 진압, 해산시키는 과정에서 김경숙이 옥상에서 추락하여 사망하고 많은 부상자를 냈다.

YH무역 여성노동자들의 신민당 농성, 김경숙의 사망, 신민당원과 국회의원에 대한 폭행 등은 신민당과 공화당 간의 극한적 대립을 유도했다. 신민당에서는 더 참을 수 없다는 듯이 총력체제로 유신 정권을 규탄하고 나섰다. 이와 달리 정부와 여당에서는 이들 배후에 '빨갱이 도시산업선교회'가 있다고 몰아 붙였고, 이어 이들을 지원했다는 혐의로 목사 문동환, 인명진, 서경석, 교수 이문영, 시인 고은을 구속했다. 이는 유신체제에 염증을 느낀 민중들의 불만에 기름을 붓는 역할을 했다.

게다가 중앙정보부는 신민당 원외지구당 3인을 사주해 김영삼이 신민당 총재로 당선된 것은 무효라는 주장을 펴게 했고, 3인이 직무정지 가처분을 내자 민사법원에서 이를 받아들여 김영삼은 총재직이 박탈되었다. 국회에서는 경호권을 발동해 김영삼 제명 결의안을 통과시켰고 신민당 국회의원 66명이 사퇴서를 냈다.

그러나 무엇보다 유신체제가 몰락하게 된 직접적인 계기는, 1979년 9월 이후 전국 각 대학에서 전개된 시위와 그 연장 위에서 발생한 부산, 마산 지역에서의 시민항쟁이었다. 부산·마산 지역은 김영삼의 정치적 고향이기도 했다.

이해 10월 16일 부산시민 7만여 명이 부산 도심인 시청 앞과 광복동 일대에서 극렬한 시위를 벌였다. 유신 선포 이후 최대 규모의 시위대였다. 이어 마산에서도 시민 시위가 대규모로 벌어졌고 주변 도시와 광주 등지로 번질 것으로 예상되었다. 이때 시위대는 경찰서 11개소에 불을 질렀고 경찰 차량 10여 대를 파괴하는 등 과격 양상이 벌어졌다. 이를 '부마항쟁'이라 부른다. 유신 정권은 먼저 부산 일대에 계엄령을 선포했고 다음으로 마산과 창원 지방에도 위수령을 발동했다.

중앙정보부장 김재규는 정보 책임자로서 이런 상황을 면밀하게 살펴볼 수 있었고 권력 내부의 분열 내막을 잘 알고 있었다. 그는 늘 유신 정권에 회의를 가지고 있었고 박정희 개인의 여성 편력과 하수인들의 개인 비리 등에 반감을 가지고 있었다. 10월 26일 박정희는 삽교천 행사를 마치고 서울로 돌아와 늘 하던 대로 비밀 아지트가 있는 궁정동에서 김계원, 차지철, 김재규와 함께 대연회를 벌였다.

이날 밤 박정희는 궁정동에서 여가수의 노랫가락에 취해 있다가 김재규의 총탄을 맞고 사망했다. 박정희의 충직한 신도인 두 사람, 김재규는 술이 얼큰하게 취해 권총을 들고 분탕질을 해댔고, 용맹스럽고 뛰어난 무술인이라는 차지철은 두 손을 비비면서 살려달라고 김재규 바짓가랑이를 잡고 늘어졌다. 박정희는 이 모습에서 무엇을 느꼈을까? 끝내 고향 후배인 김재규의 총탄을 맞으며 무슨 생각을 했을까? 박정희의 죽음이 유신철폐로 이어졌으니 유신은 개인의 사유물이나 다름없었다.

● 개발 영웅인가 독재자인가

오늘날에도 박정희에 대한 역사적 평가는 두 갈래로 나누어져 있다. 현대사회에 들어 절차 민주주의는 단계를 거쳐 성숙되어가고 있다. 그런데도 인권을 억압하고 온갖 정치적 파행과 비리를 저지른 박정희에 대한 리더십에 후한 평가를 내리고 있다. 근래에 들어 역대 대통령에 대한 인기도와 업적도의 여론 조사에서 박정희는 단연 첫손에 꼽힌다. 여기에는 물론 계속되는 어려운 경제적 여건도 작용했고 지역정서도 한몫 거들었을 것이다. 다음과 같은 평가가 있다.

> 박정희 체제는 분명히 개발을 성공적으로 추진한 모델이었지만 실상은 '위기의 모델'이자 조야한 폭력성으로 점철된 것이었다.
>
> 조희연《박정희와 개발독재시대》

이 말처럼 박정희에게는 '개발'과 '폭력성'이 상충되어 따른다. 그는 분명 두 얼굴을 가진 인물이었다. 또 기회주의적 인생 역정을 자주 걷기도 했고 여러 번 배신행위도 따랐다. 게다가 정치적 진로를 두고 여러 차례 반복의 식언을 했다. 그러나 많은 사람들은 그 속에서 한 가지 목표만은 뚜

렷했다고 보고 있다. 바로 국민을 잘 살게 하려는 의지. 굶주리던 시대에 그는 먹을거리를 해결해 주었던 것이다.

그러나 달리 보면 식민지와 한국전쟁을 겪은 뒤 모처럼 경제성장의 기회가 왔고, 그리하여 농민, 노동자, 기업인, 공무원 등이 대열에 나서 성과를 올릴 수 있었다. 이들의 근면과 지적 기반을 무시할 수 있을까? 그들은 바로 서독에 보내진 광부, 간호원, 중동의 열사에 맞선 건설 기술자, 월남에서 활동한 기업인들이었고 국내에서 10시간 넘게 노동한 청계천 직공과 와이에이치무역 여성 노동자들이었다. 박정희의 열정이 무시되어서는 안 되겠지만, 모든 공로가 그에게 주어지는 것은 실상과 거리가 있다. 그는 기회를 만들어주었다는 점을 인정받으면 될 것이다.

그의 인간성도 그의 정치 행각과 맞물려 많은 논란을 빚었다. 그와 가까이 지내는 사람들은 그의 속셈을 쉽게 알아내지 못했다고들 한다. 그는 집권 시기에 정치가를 비롯해 학자, 문인, 재야인사를 만날 때에도 거의 자기의 말을 하지 않고 듣기만 하여 속셈을 알 수 없었다고 한다. 어느 인사가 그의 면전에서 "단군 이래 최고의 민족지도자"라고 아부를 하면 불쾌한 인상을 지으며 톡 쏘기도 했다.

더욱이 그는 곧잘 검은 선글라스를 쓰고 공식석상에 나타났다. 1961년 11월 군사정권을 인정받기 위해 미국을 방문해 케네디를 만났을 때도 선글라스를 쓰고 다녔다. 많은 사람들이 이 모습을 보고 외교적 결례라고 의아해했으나 아마 신비를 조장하는 대중적 이미지 조작의 한 방법이었을 것이다.

더욱이 그의 여성 편력에 대해서는 너무나도 많은 이야기들이 떠돈다.

향토예비군 창설 한국전쟁 이후 북한의 도발에 맞서 박정희 대통령은 '일하면서 싸우고 싸우면서 건설하자'는 구호 아래 재향군인의 무장을 선언하며 1968년 4월 1일 향토예비군을 창설했다.

특히 집권하고 있을 때 권력을 이용해 여성 편력을 벌였다. 아내 육영수가 죽고 난 뒤 외로움을 달래려는 수준이 아니었다. 이를 두고 '영웅은 호색'이라 웃어넘기는 사람들도 많았다. 그 자신도 아랫사람의 여성 관계를 너그럽게 보아 넘겼다 한다. 이를 어떻게 해석해야 할까?

그의 개인 신상에서 주목할 부분이 있다. 가족들이 벌인 권력이나 금력과의 유착관계이다. 그의 조카사위인 김종필은 예외로 하더라도 조카 박재홍, 사위 한병기, 처남 육인수 등이 정치에 참여하기도 하고 기업체 사장이 되기도 했다. 그러나 이들은 호가호위 같은 짓을 하지 않아 큰 무리를 저지르지 않았고 비교적 순탄하게 보냈다.

또 자녀들이 무리한 방법으로 육영재단을 운영했으나 여느 독재자들처럼 국가 재산을 유용해 해외로 빼돌린 증거는 나타나지 않는다. 이런 처신은 장기 집권의 독재자치고는 청렴한 편에 속한다고 볼 수 있다. 그러니 박정희를 부패인물로 찍을 수는 없을 것이다.

한편 박정희의 신앙도 여느 정치인과 달랐다. 박정희는 특정 종교를 신앙하지 않았지만 아내 육영수는 불교 신자여서 불교를 지원했다. 여느 정치인의 경우, 정치적 계산에서인지 천주교나 개신교 신자를 표방하는 이들이 많은데, 박정희는 그렇지 않았다는 것도 하나의 주목거리가 될 것이다.

마지막 한 가지, 그는 '나아갈 줄만 알았지(知進) 그칠 줄을 몰랐다(知止)'. 옛 현인들은 '지진이부지퇴知進而不知退'를 가르쳐 공직자들의 교훈으로 삼게 했다. 곧 물러갈 줄 모르는 것은 종말이 좋지 않다는 뜻이다. 그가 이승만이 사사오입 개헌으로 장기 집권을 도모하다가 실패한 사실을 거울로 삼아 유신을 하지 않고 물러났더라면 잘못은 묻히고 더 많은 역사적 평가를 받았을 것이다.

◉ 장면, 군사 쿠데타로 좌절한 정치가

◉ 조봉암, 간첩혐의를 쓴 정치적 희생양

◉ 조병옥, 말썽 많은 극우 자유민주주의자

◉ 신익희, 이승만의 정치적 맞수

2부 정치의
그늘은
깊다

01

신익희

이 승 만 의 정 치 적 맞 수

파란의 역정을 걸어온 신익희의 생애는 대체로 계몽운동기, 독립운동기, 정치운동기, 반독재
정치활동기로 나눌 수 있을 것이다. 무엇보다 그는 정치가로서 고른 자질을 갖추고 있었지만
우리에게 정치적 업적을 남긴 인물로는 평가되지 못하는 한계를 남겼다.

● 정치적 자질을 고루 갖추다

1956년 초여름, 전국은 제3대 대통령 선거를 앞두고 들썩였다. "못살겠다, 갈아보자"라고 외치면 "구관이 명관이다"로 맞받았다. 그런데 사람들은 "못살겠다, 갈아보자"를 외치는 쪽으로 몰려가 열렬한 박수를 보냈다. 경찰들은 감시의 눈을 번득이며 청중의 동정을 예리하게 살폈다. 이때 비보가 날아들었다. 민주당 대통령 후보인 신익희申翼熙(1894~1956)가 유세하러 호남으로 가는 도중 열차에서 사망했다는 소식이었다.

이 뉴스가 전해지자 사람들은 이승만의 졸개들이 독살했을 것이라며 소곤거렸다. 사망 원인은 뇌일혈로 밝혀졌으나 사람들은 곧이곧대로 믿으려 하지 않았다. 천시天時가 따라주지 않는다고 말하기도 했다. 집권당인 자유당 사람들은 가슴을 쓸었다. 아무리 부정선거를 일삼는 그들이지만 신익희에게 쏠리는 인기를 막을 수는 없다고 판단했기 때문이다. 이승만을 받드는 도당들은 이제 신익희가 죽어버렸으니 마음을 놓을 수 있었다.

파란의 역정을 걸은 신익희의 생애는 대체로 계몽운동기, 독립운동기, 정치운동기, 반독재 정치활동기로 나눌 수 있을 것이다. 미리 몇 가지 전제해둘 것은 그는 정치가로서 고른 자질을 갖추었다는 점이다. 첫째, 용모가 준수했고 행동거지에 절도가 있었다. 둘째, 언변이 좋고 말씨가 부드러우며 인화를 이끌어냈다. 셋째, 글씨를 잘 쓰고 한문과 영어에 능숙하고 학식이 높았다.

신익희는 경기도 광주 출신으로 양반 가문에서 태어났다. 그의 태생지는 광주군 초월면 서하리 사마루였다. 이곳에 사는 신씨들은 소론계열이어서 집권세력인 노론에 치어 정치적으로 대립하거나 몰락하는 처지에 내몰렸으나, 향촌에서는 넉넉한 재산을 지니고 제법 떵떵거리고 살았다. 한편으로 조선 후기 소론계열이 정치적으로 소외당하면서 노론계열과는 달리 양명학파로 돌아섰는데, 그의 조상들도 여기에 들었다. 양명학은 한 마디로 말해 실천을 중시하는 지행합일知行合一의 이론이었다. 조선 후기의 양명학파들은 강화도를 근거지로 삼고 이론을 폈다.

신익희 독립운동 과정에서 온갖 고난을 겪은 신익희는 이승만 독재 정권에 맞선 반독재 민주투쟁의 정치가로서 생을 마감했다.

고조부 신대우는 신씨 가문의 상징적 존재였다. 그는 양명학 이론가 정제두의 제자로 여러 수령을 거쳐 호조참판에 이른 인물이었다. 그는 탕평정책을 편 정조 재위기간에 벼슬살이를 했다. 그래서 소론계열이었으나 그만그만한 벼슬을 할 수 있었다. 그리고 증조부 신현은 정조의 눈에 들어 초계문신抄啓文臣(유능한 벼슬아치를 뽑아 우대한 제도)에 뽑혀 정조를 가까이서 모셨는데, 여러 서적 편찬에 참여한 학자였다. 신현은 안동 김씨가 집권했을 때에도 승지 호조참판 등 높은 벼슬을 누렸다.

신현은 아버지 신대우가 죽자 사마루 언덕에서 장시지내고 그곳에 살집을 마련했다. 그리고 이곳으로 이사해 신씨 세거지로 삼게 했다. 그 뒤 신익희의 할아버지 신명호는 현감을 지냈고 신익희의 아버지 신단은 민씨 문벌정치 아래에서도 여러 참판을 거쳐 대한제국 시기 궁내부 특진관 등 고위직을 누렸다. 신단은 개명한 인물이었던 것 같다. 문벌정치 아래에서 벼슬살이를 하면서도 민씨들을 탐탁하게 여기지 않았다 한다. 그는 1894년 동학농민전쟁과 갑오경장을 겪고 난 뒤 많은 노비들을 풀어주고 몇 명의 하인들만 거느리고 살았다 한다.

신단은 아내를 넷이나 두었다. 내력은 자세히 알 수 없으나 단순히 여느 남정네들처럼 첩을 많이 거느린 것은 아니었던 모양이다. 신단은 6남 1녀의 자식을 두었다. 자식들은 대부분 지식인으로 살았으며 독립운동에도 참여했다. 큰아들이 양자로 나가 가계를 이은 신규희는 구한말 낮은 벼슬살이를 했으나 은퇴한 뒤 사마루의 집을 지키고 살면서 자녀들 교육에 열중했다. 그리고 자신의 계수이자 신익희의 아내인 이씨에게《소학》등 한학을 가르치기도 했다.

셋째 신필화는 조국이 망하자 일생 농사를 지으면서 살겠다는 의지를 지니고 호를 금농錦農(비단 농사)이라 했는데, 식민지 시기에 지조를 지키며 살았다 한다. 넷째 신정희는 개화정부에서 낮은 벼슬을 했으나 나라가 병합되자 한때 의병활동을 벌였으며, 그 뒤로도 지조를 지키면서 살았다. 다섯째 신재희는 〈동아일보〉 지국에서 활동하다가 1933년에 중국으로 망명을 했고, 후기 임시정부에서도 활동을 했다.

그가 독립운동을 하는 동안 2남 3녀의 가족들은 뿔뿔이 흩어져 살았다. 그는 1943년 막내아들 신양균만을 데리고 중경으로 가다 병에 걸려 죽었고 신양균은 폭격에 맞아 죽었다. 맏아들 신해균은 누이동생 신계순을 데리고 연안으로 가서 독립동맹에 가입해 김두봉의 지도를 받으면서 좌파 독립운동을 벌였다.

이렇듯 신익희의 형제와 조카들은 모두 일제에 타협치 않고 온건 노선을 걸었거나 적극적 독립운동 노선에 뛰어들기도 했다. 한 가문을 놓고 볼 때, 이런 사례는 이회영·이시영 형제 등 몇 가문을 빼고는 그리 흔하지 않다. 특히 이른바 양반가에서는 더욱 그러했다. 이런 가통은 그에게도 많은 의지를 불러일으켰을 테고 운동 노선에도 영향을 주었을 것이다.

● 일본을 알아야 이길 수 있다

신익희는 서자였지만, 예전의 서자처럼 소외당하지 않고 오히려 귀염둥이로 자란 것 같다. 다만 유산 상속에는 차별이 있었던 것으로 보인다. 그는 당시의 사정에 따라 가정에서 여느 아이들처럼 약간 과장되었겠지만 한문을 배워 열 살 무렵에는 사서 같은 기본 경서를 뗐다. 이어 시도 짓고 서예를 익혔으며 《반계수록》, 《연려실기술》 같은 경세서나 역사서를 읽었다. 더욱이 개화집안에서 자란 탓인지 한글을 익혔고 《삼국지연의》 같은 중국소설도 읽었다. 이런 기초교육은 그의 성장기에 많은 영향을 끼쳤다.

그는 12세가 되던 해이자 을사조약이 맺어진 해인 1905년에 남한산성 안에 설립된 소학교에 입학했다. 이 소학교에는 형 신규희가 교사로 봉직하고 있었다. 소년 신익희는 치렁치렁 늘어뜨린 머리를 깎고 검정 두루마기를 입고 보통과 3학년에 입학했다. 소학교 학제는 보통과 3년, 고등과 2년으로 짜여 있었는데, 그는 나이와 학력 수준에 따라 3학년에 편입한 것이다. 신익희는 수신, 독서, 작문, 습자, 산술, 체육 등 이른바 개화 교육을 받았다. 바로 개화청년 신규희 교사는 이런 과목들을 가르쳤다.

그러나 소년 신익희는 한문선생의 실력 수준이 자신만 못하고 여느 과목도 배울 것이 없다고 해서 몇 달 다니다가 중퇴하고 말았다. 하지만 이 짧은 기간 새로운 학문에 대해 편린이나마 눈을 떴다. 그리하여 3년 뒤인 1908년 자신의 선택에 따라 관립한성외국어학교 영어과에 입학했다. 소년 신익희는 영어를 배워 서양문명을 알아보는 수단으로 삼은 것이다. 그야말로 일대 변신이었다.

영어학교는 영어만 가르친 것이 아니라 영어로 역사, 수학 등을 가르쳤으니 '영어 몰입교육'이었던 셈이다. 그는 평균 98점을 받은 우등생이었다. 이 학교에는 권문세가의 귀족들이 많이 다녔는데, 뒷날 독립군 지도자인 이범석, 법조인으로 명성을 날린 정구영 등이 그의 동기였다. 그는 이곳에서 민주주의, 국민국가, 서양문명 따위의 단어를 익히면서 미국과 영국의 힘과 문명을 알게 되었고 민족주의 의식을 키웠다.

2년 동안 영어학교를 다니고 나서 그는 일본 유학의 길을 택했다. 애초 미국 유학을 가서 의학을 공부하려 했으나 주시경 등이 주장한 일본을 알고 나서 일본을 이겨야 한다는 '극세주의克世主義'에 따라 일본 유학을 택한 것이다.

이 무렵 그는 장가를 들었지만 아내를 남겨두고 1911년 9월 현해탄을 건너 동경으로 갔다. 그는 대학 입학 준비를 하면서 여러 곳을 돌아보았다. 그리고 일본은 우리나라보다 여러 방면에서 발전했으나 국민성이 포악하며 풍속이 야비해 '우리가 독립정신으로 무장한다면 왜놈을 훨씬 능가할 수 있다'는 결론을 얻었다.

신익희는 1913년 마침내 자유스러운 학풍을 지닌 와세다 대학에 입학했다. 그는 예과를 거쳐 1917년 정치경제학과를 졸업했다. 그는 어렵게 졸업할 수 있었다. 대학시절 거의 강의를 듣지 않았고, 졸업을 앞둔 학기에는 1시간도 강의를 듣지 않고 일본 또는 내국에서 구국운동, 독립활동을 전개했기 때문이다.

그의 활동을 요약해 보자. 첫째, 유학생을 묶어 학우회를 조직, 운영했다. 그는 1916년에는 학우회 회장을 맡았는데, 당시 일원으로는 안재홍, 장덕수, 백남훈 등이 있었다. 이 학우회에서는 명사 초청회, 졸업생과 신입생의 환송회, 환영회, 망년회 등의 행사를 가졌다. 이와 함께 기관지 〈학지광學之光〉을 발간했다.

신익희는 〈학지광〉의 편집인 겸 발행인을 맡았다. 여기에는 이광수,

현상윤 등이 참여했다. 이 잡지에 민족정신을 고취하는 동시에 여러 정세를 알리는 기사를 싣기도 했다.

둘째, 1916년 조선학회의 결성을 주도했다. 여기서는 조선민족의 소생방침, 농촌문제를 두고 강연을 하기도 했는데, 조선에 관한 학술연구를 표방한 비밀결사여서 사무실을 두지 않았다. 여기에는 김철수, 최두선, 김도연, 현상윤, 전영택 등이 참여했다. 이들의 목적은 첫째, 국권회복의 전위대 확보, 둘째, 독립정신 고취, 셋째, 실력양성운동을 벌이고 독립지사를 한데 묶는 일이었다.

한편 신익희는 1913년 여름방학 때부터 직접 계몽활동과 독립운동을 벌이기도 했다. 신씨 형제들은 소학교 과정인 광동강숙을 설립하고 사마루 주변 아동 80여 명을 모아 신식 교육을 시켰다. 신익희는 여기서 직접 교육을 담당했다. 특히 우리말 교과서로 금서가 된《유연필독幼年必讀》을 가르쳤다.

이어 그는 부여, 계룡산, 공주 등지를 답사하고는 의병기지를 건설하고 지하에서 의병규합을 모색하기도 했다. 이때 그는 계룡산 도사에게서 둔갑술, 차력술을 배워 신통력으로 독립군의 전술을 삼으려는 방술에 빠지기도 했다 한다.

이렇게 대학생활을 보낸 그는, 졸업할 즈음 여관에 들어가서 3주 동안 졸업시험 공부를 한 끝에 겨우 졸업할 수 있었다. 당시 그는 일제 경찰의 감시망 아래에 있었는데, 다행히 체포를 가까스로 면해 졸업시험에 응시할 수 있었던 것이다.

● 3·1운동을 펼치다 중국으로 망명하다

졸업을 한 뒤 귀국해서는 새로운 활동이 전개되었다. 그는 사마루로 내려
가 한동안 거처하면서 동명강습소에서 몇 달 동안 마을 아이들을 가르쳤
다. 이 무렵 그는 미국 유학을 떠날 생각이었다 한다. 그리고 나서 이해 가
을, 서울로 올라와 중동야학교 교사가 되었다. 중동야학교는 신규식이 설
립하고 교장을 맡았던 학교인데, 당시에는 민족 교육자로 이름이 높았던
최규동이 교장을 맡고 있었다.

그는 6개월 정도 교사생활을 했으나 학교가 경영난에 빠져 월급 한 푼
받지 못했다. 그때 그의 아내 이씨는 어린 딸 정완을 기르고 있었고 아들
하균을 임신하고 있었다. 게다가 성인이 되어 별 재산을 상속받지 못하고
분가한 탓으로 생활고에 시달릴 수밖에 없었다. 그의 유학 선배인 천도교의
최인은 그를 천도교가 경영하는 보성법률상업학교(고려대학교의 전신)의 강사
로 추천했다. 그는 이 학교 법률과에서 인기 있는 교수로 1년쯤 봉직했다.

1919년 일어난 3·1운동은 무엇보다 상해의 신규식, 여운형 등 망명인
사들, 동경 유학생들, 미국의 독립지사들이 합작해 일어났고, 국내의 천
도교 등 종교단체와 학생들이 이를 치밀하게 준비했으며, 고종이 독살되
었다는 설이 세차게 타올랐다.

당시 신익희는 학교에 봉직하면서 동경 유학생 출신인 현상윤, 송진
우, 최인 등과 어울려 모의를 했다. 하지만 여러 정황으로 보아 주도적 위
치에 있었던 것은 아니었을 것이다. 그 자신은 일제 통치에 반대선언을 하
고 마지막으로 방대한 군사행동을 계획했다(《구술 해공자서전》)고 하지만 어디

까지나 구상단계였다.

이 무렵 기독교 지도자 이승훈을 만나 새로운 독립운동의 동참의사를 받아냈으나, 기독교청년회의 지도자인 윤치호에게서는 거절을 당했다. 당시 장덕수는 중국에서 잠입해서 부산의 백산상회 안희제로부터 독립자금 2,000원을 받고 다시 서울로 와서 진고개 일본인 여관에서 일본인 행세를 하면서 신익희를 불렀다. 두 사람은 3·1운동 방략을 수차례 상의했다.

1918년 11월 끝 무렵, 그는 국내 정세의 연락업무를 위해 만주를 거쳐 상해로 갔다. 곧 국내의 새로운 독립운동의 움직임을 전달하려는 의도였다. 당시 상해에는 신규식, 여운형 등이 교민친목 교육사업 등을 벌이고 있었다. 그는 이들과 당면문제를 상의했다. 무엇보다 민족지도자인 손병희를 데려다가 독립운동을 벌이는 것, 천도교당 건축비로 모은 자금을 군자금으로 전환하는 것이었다. 그러고 나서 1919년 2월 중순 천진, 북경, 심양을 거쳐 다시 서울에 잠입했다. 그는 일경의 눈을 속이기 위해 상주 차림을 했다 한다.

그가 서울에 도착하던 날에는 이미 3·1만세시위가 불붙고 있었고, 손병희 등 민족지도자들은 경찰에 체포되었다. 그의 계획은 이미 불발 상황에 놓여 있었다. 그는 권농동에 사는 학생 조정환 집에 머물면서 제자 강기덕 등과 연락해 3월 5일 남대문역(지금의 서울역)에서 시위대를 진두지휘했다 한다. 그때 남대문역에는 고종의 인산을 마치고 귀향하려는 지방 사람들과 평양에서 온 200여 명의 학생들을 합해 5,000여 명이 북적거렸다. 군중들은 강기덕 등 학생들이 인력거 위에 '조선독립'이라 쓴 플래카드와 태극기를 보고 만세시위를 벌였다. 시위대가 시내 쪽인 남대문 앞으로 모여들 때 선두에 선 강기덕, 김원벽 등이 체포되었다. 이날 서울 시내는 태극기의 물결로 뒤덮였다.

이어 신익희는 등사판을 빌려다가 〈독립선언서〉를 등사해 각 가정에 돌렸다. 순사보조원으로 있다가 만세시위에 가담한 이기원이 배포를 맡았다. 그러나 그들의 은신처를 일경이 급습해 이기원이 체포되고 말았고, 신익희는 뒷담을 넘어 담 밑에 숨어 발각되지 않았다. 그 뒤 조정환이 사다준 하오리를 걸치고 게다를 신고서 진고개 일본인 여관으로 피신했다. 그는 3·1운동의 주역은 아니었지만 막후에서 활동을 벌였던 것이다.

그는 마침내 중국 망명을 결심했다. 그는 와세다 대학 시절부터 절친한 친구였던 귀족의 아들 윤홍섭에게서 거액의 자금을 얻었다. 그는 국상을 치르는 차림인 흰색 삿갓과 남바위를 쓰고 곰방대를 들고 묵직한 전대를 허리에 찬 채 기차를 타고서 압록강을 넘었다. 고난의 역정을 넘어 이달 19일 상해에 도착했다.《구술 해공자서전》; 오영섭, 《한국근현대사를 수놓은 인물들 1》 참고)

● 임시정부 요원으로 활동하다

그가 상해에 도착할 무렵, 국내의 많은 인사들이 속속 상해로 몰려들었고 미주의 안창호, 연해주의 이동휘 등도 뒤따라 들어왔다. 당시 26세의 청년이었던 그는, 절도 있는 몸가짐과 예의로 선배들을 모셨다. 그리하여 많은 선배 독립지사들은 그를 주목했다.

임시정부가 수립되었을 때 그는 젊은 나이탓으로 주역은 아니었지만

임시정부 국무원들   도산 안창호(앞줄 가운데)를 비롯한 대한민국 임시정부 국무원들과 함께 찍은 사진. 앞줄 왼쪽이 신익희이다.

청년들을 규합하는 일에 열중했고 국무원 비서실장을 맡아보았다. 그의 영어 실력과 한문 소양은 업무수행에 많은 도움을 주었다. 그리고 그는 외교적 수완을 발휘하기도 했다.

그러나 임시정부는 발족한 지 3년쯤 지났을 때 내부 갈등이 유발되었다. 대통령 이승만의 위임통치 발언이 논란을 빚어 탄핵을 받을 적에도 두 패로 갈라져 쌈박질을 했고 소련 레닌 정부에서 보낸 자금을 두고 각기 몫을 챙기려고 갈등을 빚었다. 그리고 기호파, 서북파 등 국내지역 출신인사들, 미주파, 노령파 등 외국 거주 출신인사들, 여기에 민족주의 계열과 사회주의 계열, 아나키스트와 복벽파復辟派가 갈라졌고 전통적인 당파인 노론, 소론, 남인의 후예들도 한몫 거들었다. 서로 다툼질을 벌이다가 이승만은 일찍 미국으로 돌아갔고 반이승만 계열인 이회영, 신채호 등이 북경으로 가는 등 많은 인사들이 상해를 떠나갔다.

그리고 임시정부의 지나친 온건노선을 두고도 시비가 일어났다. 1922년 3월 일본 육군대장 다나카 기이치田中義一가 상해에 왔을 때, 의열단 단원인 김익상, 오성륜 등이 저격을 하다가 체포되었다. 그 와중에 오성륜이 탈출을 했다. 당시 임시정부는 '과격주의를 배격하며 그 과격주의자들은 공산당원이다'고 주장했다. 이로써 임시정부에 대한 비난이 쏟아졌고 임시정부는 일대 분열의 위기에 휩싸였다.

그리하여 이를 수습하려고 국민대표회의가 소집되었다. 1922년 6월에 개최된 연설회에서는 각기 자기들 주장을 폈는데, 청년들은 대체로 누구든 폭탄을 지고 적에게 가야 한다는 무장투쟁론에 압도되었다. 신익희는 당시 임시 의정원을 대표해 주장을 폈다. 신익희는 임시정부와 의정원을 중심으로 독립전선을 펴야 한다고 열띤 연설을 했다.

당시 임시정부의 앞날을 두고 세 노선이 대립하고 있었다. 김구, 조완구 등은 고수파, 여운형, 안창호 등은 확대 개조하려는 개조파, 또 임시정부를 부정하고 러시아에 새로 건설하자는 창조파 등이었다.

신익희는 임시정부 고수파에 들었고 민족주의 우파 계열로 사회주의자와 맞섰으며, 기호파 소론계열로 이시영, 이동녕에 동조했으며, 이승만의 노선을 지지하는 친미적 외교노선을 지지했다. 그의 청년시절에 형성된 이런 경향은 해방 뒤 귀국해서도 변함없었다. 하지만 언제나 온건하게 처신한 탓으로 상대로부터 큰 비난의 대상이 되지는 않았다.

상해 시절 그는 임시정부를 고수하면서 한때 한국혁명당의 조직에 참여했고, 중국 국민당과 외교활동을 전개하기도 했다. 특히 1932년 윤봉길의 폭탄투척사건으로 임시정부가 상해를 떠나 서쪽으로 근거지를 계속 이동할 때 그에게도 많은 고난이 따랐다. 때로는 중국 동지들에게 의탁하기도 했고 때로는 영어 강사나 사업을 하면서 생계를 잇기도 했다.

망명지에 따라 온 가족들도 중일전쟁이 전개될 때 뿔뿔이 흩어져 고난의 삶을 살았다. 그가 중경의 임시정부에서 활동할 때 막내아들이 아버지를 찾아오다가 길가에서 폭격을 맞아 죽는 비극마저 겪었다.

1930년대 끝 무렵, 그는 중경에서 살면서 활동을 멈추지 않았다. 그는 민족통일전선을 위해 운동의 일선에 나섰고, 국민당 정부와 유대를 돈독히 하는 일에 앞장섰다. 마침내 1944년 임시정부의 좌우합작이 이루어져 연립내각이 성립되었을 때, 그는 내무부장에 선임되었다. 그의 나이 51세 때였다.

● 해방 공간에서 정치인으로 활동하다

장년의 신익희는 해방 이후 이시영, 김구 등 임시정부 요인을 모시고 귀국했다. 그러나 김구가 주도한 한독당 노선을 따르기보다 이승만에 협조하여 반공 친미 노선을 걸었다.

그는 신탁통치안을 반대하는 반탁운동에 나섰고, 반공전선을 구축하는 운동에 나서기도 했다.

그는 이승만의 뒤를 이어 남조선과도입법위원 2대 의장에 피선되어 단독정부수립에 앞장섰고, 1948년 김구가 불참한 5·10선거 때는 고향 광주에서 출마해 당선되었다. 이어 제헌의회에서는 이승만 의장 밑에 부의장에 당선되었고, 이승만이 대통령이 되자 국회의장에 선출되었다. 그리고 정당인으로 대한국민당을 결성해 대표를 맡았다. 여기까지 그는 순탄한 정치 활동을 벌인 셈이었고, 이승만이 반민특위를 해체할 적에도 적극적으로 저항하지 않고 방관했다. 그저 국회의장으로서 명사회자로 인기를 누리는 정도였다.

이승만은 부산 피난 당시 장기집권을 노려 직선제 개헌을 시도하려 부산정치파동을 일으켰다. 이승만 정권이 국회의원을 강제 구인하자, 신익희 의장과 조봉암 부의장은 이승만에게 강력하게 항의하고 나섰다.

그리고 이승만이 3선 개헌을 자유당에게 노골적으로 지시하여 장기 집권을 도모하자, 신익희는 본격적으로 독재정권에 반대하여 반이승만 노선을 걸었다. 그는 야당인 민국당 위원장으로 있으면서 반독재세력을 규합했다.

1953년 5월 신익희는 국회의장 자격으로 영국 엘리자베스 2세 대관식에 부의장 김동성을 대동하고 참여했다. 이 여행길이 그에게 뒷날 정치적 음모를 씌우는 사건의 빌미가 되었다. 다음 해 5·20총선이 실시될 때 그는 광주에서 출마했으나 경찰의 방해로 애송이인 자유당의 최인규에게 패배했다. 이 결과는 정치적 수모였다기보다 그의 인기를 올리는 데 큰 계기가 되었다.

자유당이 총선이 끝난 뒤 다시 대통령 재선을 제한하는 개헌안을 추진할 때, 그는 국회의 의석에 없었다.

그런데 민국당 선전부장인 함상훈이, 신익희가 영국 여행길에서 돌아올 때 인도 뉴델리에서 북한에 있는 조소앙을 만나 비밀회합을 갖고 김일성-이승만 정권을 배제하고 중립적인 제3정권을 수립하려는 공작을 벌였다는 성명을 냈다.(서중석 《이승만과 제1공화국》) 이는 사실이 아닌 것으로 밝혀졌지만, 이승만의 장기 집권 과정에서 그에게 씌워지는 음모의 일단임을 엿볼 수 있었다.

1954년 12월 국회에서 사사오입으로 대통령 재선 개헌안이 통과되자, 야당은 단일 신당을 결성하고 민주당을 발족시켰다. 이때 그는 대표 최고위원에 추대되었다.

마침내 1956년 제3대 대통령선거가 치러지게 되었다. 자유당에서 대통령 후보에 이승만, 부통령 후보에 이기붕을 내세우자, 민주당에서는 대통령 후보에 신익희, 부통령 후보에 장면을 지명했다.

● 국민적 인기를 누렸으나

대통령 후보 신익희의 인기는 대단히 높았다. 더욱이 대중 독자를 가장 많이 확보한 〈동아일보〉, 〈경향신문〉, 〈조선일보〉, 〈한국일보〉는 온갖 탄압에도 굴하지 않고 민주당과 신익희를 지원했고 서울 시민들은 열띤 호응을 보냈다. 신익희 일동의 일정은 소상하게 보도되었다. 한 가지 사례를 들어보자. 이해 5월 3일 한강 백사장에서 민주당 후보 유세를 벌였다. 청중은 백사장을 꽉 메우고 강 건너 흑석동 언저리에까지 운집했다. 청중의 숫자를 두고 20만 명이라고도 했고 30만 명이라고도 했다. 한국 선거사상 초유의 대규모 유세장이었다.

신익희는 자신만만해하면서 민주당 전통 기반인 호남으로 유세를 나섰다가 기차에서 급서했다. 모두들 비참해하면서 믿지 않았고 암살 음모가 있다고들 쑥덕거렸다.

그의 운구 행렬이 서울역에서 효자동 자택에 이어졌다. 행렬을 따르던 지지자들은 "사인을 규명하라"고 외치기도 하고 "못살겠다, 갈아보자"고 외치기도 했으며, "독재정권 타도하자"라고 외치기도 했다. 유해를 경무대로 끌고 가려 하자 경찰이 발포해 10여 명의 사상자를 내는 불상사가 벌어졌다. 이 과정에서 700여 명이 검거되었다.

선거는 예정대로 치러졌다. 그런데 개표 결과 두 가지 큰 사태가 일어났다. 대통령에는 이승만이 504만 표를 얻어 당선되었으나 조봉암에게 던진 표는 216만 표였다. 더욱 놀랄 일은 신익희에게 던진 추모표가 185만 표였다.

온갖 방법으로 부정선거가 자행되었는데도 이런 결과가 나온 것이다. 민주당이 추모표를 던지라고 유도하기는 했지만 역사에서 처음 일어난 사태일 것이다.

신익희는 독립운동 과정에서 온갖 고난을 겪고 마지막 반독재 민주운동의 정치가로 종장을 삼았다. 하지만 그를 민주의 화신이라거나 정치적 업적을 남긴 인물로 평가하지는 않는다. 여기서 그의 한계를 볼 수 있다.

조병옥

말썽 많은 극우 자유민주주의자

조병옥은 정치가로서 타협을 하기도 하고 때로는 협상을 벌이며 과감한 결단력을 보이기도
했다. 그의 반공 또는 반독재 노선을 나무랄 수는 없겠으나 경찰부장으로서 많은 사람들의
학살을 막지 못한 책임은 벗어날 수 없을 것이다.

● 대통령 후보로 선출되다

1960년 3월 15일 제4대 정부통령 선거를 실시하게 되었다. 민주당에서는 집권의 꿈에 부풀었다. 민주당은 신파, 구파로 나뉘어 치열한 경쟁을 벌였다. 구파의 영수는 조병옥趙炳玉(1894~1960)이었고 신파의 영수는 장면이었다. 두 파의 세력은 팽팽하여 우열을 가리기 어려웠다. 대통령 후보를 가리려고 표 대결을 벌인 끝에, 조병옥이 3표 차이로 선출되었다. 장면은 다시 부통령 후보가 되었다. 일단 민주당은 당내의 파벌경쟁을 봉합하고 국민의 열망에 따라 집권의 길로 매진했다. 그때 조병옥의 건강에 이상이 생겼다.

조병옥은 선거전을 앞두고 건강 진단을 받으려고 미국 월터리드 육군병원으로 갔다. 그곳에서 조병옥은 선거 1개월을 앞두고 죽었다. 아무도 예상치 못한 일이었다. 이미 후보 등록을 마친 뒤여서 민주당의 대통령 후보를 바꿀 수도 없었다. 그는 민주당 후보였던 신익희 다음으로 죽었으니, 다시 음모설이 제기되어 민심이 들떴다. 그러나 아랑곳없이 역사의 수레바퀴는 굴러갔다.

● 신학문에 눈을 뜨다

조병옥은 목천현(지금의 천안시 목천면) 용두동에서 태어났다. 이곳은 한양조씨 세거지였다. 아버지 조택원은 큰 지주는 아니었으나 중농으로 양식거리를 걱정하지 않아도 되었고 지식인은 아니었으나 무식쟁이는 면하는 정도였다. 기골이 장대하고 호방한 성격을 지녔고 의협심이 강했으며 가난한 이웃들에게 인심을 곧잘 베푸는 인심이 후한 인사였다 한다. 조병옥은 그런 아버지의 장남으로 태어났다.

그가 태어나던 해에는 시국이 어수선했다. 동학농민전쟁이 일어났고 청일전쟁이 벌어졌다. 그의 부모는 어린 병옥을 포대기에 싸들고 피난을 다녔다고 한다. 충청도 일대 특히 목천은 동학농민군의 활동이 두드러진 지역이었다. 그는《나의 회고록》에 이런 사정을 쓰면서 역사적 의미를 부여하고 있다. 곧 동학농민전쟁이 부정부패를 척결하고 척양척왜라는 반외세를 내걸고 일어났음을 말하고, 그 역사적 의미를 높이 평가하고 있다. 그러면서 자신이 태어난 해에 동학농민군이 봉기한 사실을 두고 자신에게 주어진 역사적 사명과 연결해 서술하고 있다.

그의 아버지는 3·1운동 당시, 친우인 유관순 열사의 아버지 유중권과 상의해 유관순이 귀향했을 때 그녀를 설득해 병천시장의 만세시위를 이끌게 했다. 전열에서 대오를 이끌던 그는 총탄을 맞고 쓰러져 치료를 받은 뒤, 공주감옥에서 4년의 징역을 살았다. 조병옥은 이를 자서전에서 자랑스럽게 기술하고 있다.

조병옥은 어릴 때 독선생에게 13세까지 전통교육을 받았다. 6~7세 동안 경서를 거의 다 떼고 시부詩賦 짓는 법도 습득했다고 한다. 한학 수준이 일취월장하자, 아버지는 아들을 훌륭한 한학자로 기르기 위해 유명한 한학자에게 보내려고 했다. 당시 미국인 감리교 선교사가 그가 사는 동네에 전도를 나왔다. 이때 그의 아버지는 감리교 신자가 되어 사랑채를 사경회査經會강습소로 제공했다. (조병옥《나의 회고록》)

조병옥 생가 충청남도 천안시 동남구 병천면 용두리에 위치해 있다. 기와집으로 변형되어 있던 가옥을 1995년 문중의 고증을 받아 다시 초가로 복원하였다.

그가 감리교 신자가 된 것은 인생의 전환이었다. 그 선교사의 주선으로 어린 조병옥은 공주의 미션스쿨 영명학교에 입학해 4년 동안 수학해 중등교육 과정을 마쳤다. 아버지는 19세의 청년이 된 그를, 여러 가지 고려를 거듭한 끝에 학풍이 좋다고 평가가 난 평양의 숭실중학교에 보냈다. 이 시기, 을사조약이 이루어지고 안중근 의사의 이토 히로부미 저격사건이 전개되었다. 이어 한일병합으로 나라가 식민지 상태로 전락하고 있었다. 그는 숭실중학교에 입학하러 서울에 들렸다가 대한문 앞에서 병합 소식을 듣고 눈물을 흘렸다 한다. 신학문에 눈 뜬 조병옥은 현실 문제에도 관심을 쏟았고 이 무렵부터 민족의식이 싹트기 시작했다.

그는 숭실중학교 3학년에 편입해 1년 만인 1912년(4년제)에 졸업했다. 학교에 다니면서 수사학을 가르친 김규식(임시정부 요인)에게 많은 영향을 받았다. 그는 이 무렵 김규식을 비롯해 기독교청년회에 근무하고 있는 이승만 등이 미국유학을 다녀온 사실을 알고, 자신도 미국유학을 가기로 결심했다. 그리하여 배제전문학교(연세대학교의 전신)에 들어가 영어공부에 열중하면서 교장 신흥우의 요청으로 학생들에게 대수代數를 가르치기도 했다.

그는 미국 유학에 앞서 부모의 강력한 권유로 아내가 될 처녀 노정면을 소개받았다. 노정면은 진명여학교를 졸업하고 소학교 교편을 잡고 있었는데, 그와는 두 살 차이가 났다. 이 남녀는 약혼을 하고 미국유학을 떠나게 되었고, 약혼녀의 뱃삯이나 학비는 양가에서 반반씩 부담하기로 했다. 당시 통념으로서는 보기 드문 사례이다.

● 민족주의적 경제학자가 되다

조병옥은 1914년 21세로 미국 유학의 길을 떠났다. 그는 아버지가 재산의 반절을 팔아 마련해준 3,000원으로 뱃삯을 충당하고 펜실베이니아 주의 와이오밍 고등학교에 입학했고, 그 이후에는 고학으로 일관했다. 여느 한국 유학생들처럼 광부, 식당 종업원, 인삼장사 등 별의별 일을 다 했다. 그러면서도 학생회장을 맡아보기도 했고 웅변대회에 나가 상을 타기도 했다. 2년 뒤 약속대로 노정면도 미국유학을 와서 뉴욕에서 학교를 다녔다. 두 남녀는 어렵사리 유학생활을 하면서 가끔 장거리 전화로 안부를 물었다.

조병옥은 4년 동안 고등학교를 졸업하고 컬럼비아 대학 경제학과에 입학해 장학금을 받아 조금 안정된 생활을 할 수 있었다. 하지만 고국에서는 3·1운동이 일어나 많은 사람들이 희생을 당했고, 특히 아버지가 감옥살이를 한다는 소식을 들었다. 그러나 그는 귀국할 생각을 하지 않았다. 그가 대학 3학년 과정에 있을 때, 노정면이 초급대학을 졸업하자 마침내 결혼을 하고 컬럼비아 대학 근방에서 신접살림을 차렸다. 그는 대학원 재학 시절부터 은행에 취직해 안정적 생활을 누렸다.

마침내 1925년 〈한국의 토지제도〉라는 논문으로 철학박사 학위를 받았다. 한국인으로서 몇 번째로 받은 박사 학위인지는 모르지만, 그는 이것만으로도 엄청난 인기를 누릴 수 있었다. 대학에 입학한 지 7년 만의 성과였다. 그를 민족주의적 관점에 충실한 경제학자라고 말해도 좋을 것이다. 이때 그는 정치, 경제, 문학 등 광범위한 분야에 걸쳐 지식을 쌓아 하나의 인생관을 형성했다.

그 뒤 뉴욕에서 가정을 꾸렸다. 아내가 첫 아들을 낳고 다시 임신을 하자 아내를 고국으로 보내고 나서 독신생활을 했다. 그러면서 뉴욕의 한인거류민과 한국 학생을 중심으로 한인회를 조직하고 총무로 활동했다.

이 무렵 서재필을 도와 독립운동을 벌였고 이승만, 안창호, 박용만 등 지도자들을 만나 토론을 벌이기도 했고, 3·1운동의 실상을 알리는 일에 나서기도 했다. 하지만 외교노선을 철두철미하게 주장하는 이승만의 노선이나 무장투쟁을 적극 주장하는 박용만에 대해서는 부정적 입장을 취했다. 그는 선배들 중에 실력양성론을 주장하는 안창호 노선을 지지해 흥사단에 가입해 충청도 대표로 활동했다.

그런데 한 가지 밝혀둘 것은, 그가 일본으로 유학해 많은 동료와 교유하지 않은 것을 후회했다는 사실이다. 이는 그가 독립운동 또는 정치활동을 전개할 때 미국에서 사귄 인사보다 동경 유학생 출신이 많은 것을 보고 인맥형성이 쉽지 않았음을 얘기한 것이다.

민족의 실력 양성이 곧 민족운동의 첩경이다

1925년 초봄 조병옥은 연희전문학교(연세대학교의 전신) 교수로 초빙을 받았다. 그는 귀국 동기에 대해 다음과 같이 말하고 있다.

오로지 한국의 독립은, 국제적인 외교에 영향력을 준다거나 국외에서 경비에 허덕이면서 병력을 양성한다기보다도 국내에 들어가서 직접 일본제국주의 침략군상과 과감하게 대결하면서, 민족의식을 북돋우고, 독립정신을 민중 속에 뿌리깊이 박게 하여 민족의 실력을 양성하는 길이 가장 현명한 민족운동의 첩경이라고 생각하여 그것이 나의 귀국을 결심한 동기가 되었던 것이다.

조병옥 《나의 회고록》

그리하여 이해 8월 연희전문학교 상과의 전임교수로 부임했다. 상과에서는 경제학과 재정금융학을 가르쳤고 문과에서는 사회학을 강의했다. 그는 시장경제를 중심으로 한 미국의 경제이론을 강의하면서 인기를 끌었다. 하지만 학내의 분위기는 달랐다. 일본에서 사회주의 이론을 익힌 철학과의 이관용과 상과의 이순탁, 백남운 등의 교수들이 조병옥과 마찰을 빚었다. 조병옥은 재단 이사를 겸직하면서 이론으로 이들과 맞서 강의투쟁을 벌였으나, 장면처럼 기독교 복음주의적 이론을 편 것은 아니었다. 어디까지나 민족주의 우파 계열에 서서 대결을 벌였다.

그런데 기독교 신자인 학생들이, 상과 학과장이요 무신론자인 이순탁과 백남운 두 교수를 반대하는 동맹휴학을 했고, 학교 당국에서는 학문의 자유를 내세워 학생 100여 명을 제적했다. 조병옥은 이때 과장자리를 노려 학생들을 선동했다는 비난을 받았으나 자신은 이를 무마하려고 노력했다고 변명한다. 뒷날 이를 두고 여러 기록에서는 그가 학교에서 사회주의자들과 싸웠다며 과장되게 기록했다.(방기중《한국 근현대사상사 연구》) 이 사태로 그는 학교에서 사직 권고를 받고 부임한 지 1년이 조금 넘는 시기에 물러났다. 그리고 기독교청년회의 이사로 재직하면서 일요강좌와 교회 설교로 나날을 보냈다. 그는 기독교 혁신운동의 일환으로 사회개혁운동을 폈고, 기독교청년 60여 명을 중심으로 신우회를 비밀리에 조직해 이들을 통해 실력양성론을 펴나갔다.

이 무렵 그는 신간회에 가담해 활동을 벌였다. 신간회는 1927년 좌우합작을 내걸고 새로운 민족운동 단체로 발족되었다. 신간회는 발족한 지 몇 달도 안 되어 3만여 명(뒤에는 5만여 명)의 회원을 거느리는 거대한 민족운동단체가 되었다. 회장은 기독교 운동가인 이상재가 추대되었는데, 조병옥은 중앙본부의 간부를 맡으면서 경성지회의 책임자로 활동했다.

신간회에서는 합법적 활동을 전개했다. 지방경찰의 폭행을 견제하고 조선인에 대한 일본인의 비행을 적발해 저지하는 일들을 벌였다. 그러다

1929년 광주학생사건이 터졌다. 신간회에서는 전국적으로 학생들을 지도해 민중봉기를 부추겼다. 신간회 본부에서는 변호사 김병로, 허헌을 광주로 파견해 진상조사를 벌이고 일본 학생의 폭행을 비난하고 체포된 학생들을 석방하라고 요구했다. 이어 진상을 적은 전단을 서울 시내에 살포하고 대연설회를 준비하기도 했다. 또 광주학생사건을 계기로 전국에 걸쳐 시위와 동맹휴학이 전개되었다. 신간회에서는 서울 안국동에서 민중대회를 준비하고 있었는데, 일제 경찰은 신간회 간부인 허헌, 홍명희, 조병옥, 이관용 등을 검거했고, 조병옥은 3년 언도를 받고 감옥살이를 했다.

3년 동안 감옥살이를 하고 출옥해보니, 가족은 병고를 치르는 등 모진 고통을 겪고 있었고 살림살이는 거털이 나 있었다. 그리하여 그는 낙백의 세월을 보냈다. 그는 경영난에 빠진 〈조선일보〉 전무를 맡기도 했다. 조만식 사장 밑에서 8개월 동안 경영을 맡아보면서 광산가인 방응모를 경영주로 끌어들이는 일을 해냈다. 하지만 그는 방응모와 의견이 맞지 않아 사직하고 광산 경영에 나섰다.

이럴 즈음 그는 다시 흥사단과 수양동지회 활동에 연루되어 비록 무죄 판결이 났으나 2년 동안 감옥살이를 하게 되었다. 그가 출소해 보니 삼청동 집마저 광산회사 관계로 경매에 붙었다. 그 뒤 그는 연이은 낙백생활을 했고 가족들은 셋방살이를 하면서 끼니를 잇지 못했다. 그는 신문사와 광산회사를 경영하면서 술을 늦게 배웠고 담배를 피우기도 했다. 때로는 투전판에 기웃거리기도 했다. 그 속에서 늘 일본 경찰의 감시를 받았다. 해방이 될 무렵, 그와 그의 가족은 천안에 살면서 전시체제를 견뎌냈다. 최인이나 김활란 등이 서울에서 징병이나 정신대를 권유하고 다닐 때 그는 향리에 살고 있어서 몸을 깨끗하게 가질 수 있었다.

● 반공의 보류냐 학살의 원흉이냐

해방이 되던 날 조병옥은 눈병을 치료하려고 서울에 있었다. 당시 김성수, 송진우 등이, 여운형, 안재홍 등이 결성한 건국준비위원회에 대항하여 이해 8월 16일에 한민당을 발기할 때 발기인으로 이름을 올렸고, 이해 9월 16일 한민당이 창당되었을 때는 8총무의 한 사람으로 피선되었다. 한민당은 임시정부 봉대를 추진하고 미군정에 협력하기로 결의했다. 그 목적은 바로 건국준비위원회와 치안대, 인민위원회의 활동을 견제하려는 것이었다.

미군정 당국은 사회주의자들이 조직한 조직들을 와해하려고 한민당을 이용하려는 정책을 세웠다. 하지만 미군정 당국은 일제의 총독부 기구를 그대로 살리고 친일행각을 한 경찰, 군인, 사법부 등 억압기구의 일원을 이용하기로 결정했다. 그래서 건국준비위원회와 인민위원회, 미군정과 한민당이 대결하는 양상이 벌어지게 되었다. 최초의 갈등관계가 성립되었던 것이다. 이런 시기에 미군정 당국은 한민당 송진우의 추천을 받아들여 조병옥을 미군정청 경무국장(1개월 뒤 경무부장으로 개편)으로 내정했다.

한민당에서는 미군진주 환영대회를 열기로 하고 위원장직을 조병옥에게 맡기기로 했다. 10월 20일 중앙청(구 조선총독부 건물) 앞에서 수만 명이 모여 환영대회가 열렸다. 조병옥은 이승만을 단상의 앞자리에 앉히려 했다. 이에 미군 사령관인 하지는 민간인 신분인 이승만을 단상에 앉게 해서는 안 된다고 했다. 그러자 조병옥은 "이승만은 독립운동의 원훈이므로 앞자리에 모셔야 한다"고 우겼다. 그렇게 해서 이를 실현시켰다. 조병옥이 시민을 대표해 환영사를 하고 하지가 연합군 대표로 답사를 했으며 통역은 장택상이 맡았다.

기묘하게도 이 자리에서 해방 공간의 주역 네 사람인 하지, 이승만, 조병옥, 장택상이 조우하게 된다. 이 행사 뒤 조병옥은 미군정 경무부장, 장택상은 수도경찰청장에 취임해 업무를 개시했다. 미군정은 무엇보다도 치안 확보가 급선무라고 판단해서 일제의 억압기구 곧 경찰, 군인, 사법부를 그대로 인수하려는 계획을 세우고, 이 일을 조병옥과 장택상에게 맡겼다.

당시 일제 경찰의 규모는 2만여 명이었고 한국인 경찰은 8,000여 명이었다. 한국인 경찰들은 민중의 지탄이 두려워 8~90퍼센트가 도망쳤다가 일부는 눈치를 살피면서 건국준비위원회의 치안대, 학도대에 들어갔다. 그런데 경무부와 수도경찰청에서는 미군정의 정책에 따라 이들을 규합했다. 그 결과 악질적인 고문왕 노덕술이나 이익흥 같은 자들이 기어들어 다시 간부로 활동했다.

그래서 1946년 끝 무렵에는 그 숫자가 일제시기보다 늘어난 2만 5,000여 명에 이르렀다. 이를 두고 이렇게 말한다.

이들은 미군의 진주와 기존 체제의 인정으로 인해 생존의 출구를 되찾을 수 있었으며 반공 이데올로기와 좌익 탄압으로 자신들을 변신시키고 정당화시킬 수 있었다. 더욱 중요한 사실은 이들이 식민지 시대의 친일 관료적 경력의 공통성으로 인해 다양한 군사 경력을 가진 분파들로 구성된 것과는 달리 고도의 내적 통합성과 응집력을 가지는 단일 집단이 될 수 있었다는 점이다.

역사문제연구소 편《해방 3년사 연구입문》

이 경찰들은 곳곳에서 반공이라는 이름으로 민중을 불법 체포하고 억압해서 민중의 원성이 치솟았다. 그 사례가 바로 1946년 10월에 일어난 대구 10·1사건, 1948년 4월에 일어난 제주 4·3사건, 1948년 10월에 일어난 여순사건 등이었다. 경찰들은 미군의 군용 차량, 대검, 기관총, 독자적 무선망을 갖추고 현장에서 활동했다. 게다가 민족청년단, 서북청년단 등 단체를 육성해 경찰의 앞잡이로 이용했다. 4·3사건의 경우, 500여 명의 청년단체 회원을 투입했다.

이들은 고문 같은 일상적 불법을 제외하고도 테러를 지휘하고 학살을 자행했으며 여운형 암살사건 등을 막후에서 공작하기도 했다. 이를 일선에서 총지휘한 책임자가 바로 조병옥, 장택상이었다. 조병옥은 좌파와 중간파가 자신을 축출하려는 음모를 깨면서 군정 당국의 굳건한 신임을 얻기도 했다. 그리하여 조병옥은 반공의 보루로 여겨질 정도로 투사의 면모를 보여주었지만, 한편으로는 학살의 원흉이라는 지탄을 받기도 했다.

그는 대한민국 정부가 출범할 때까지 민정장관인 안재홍과 현안을 두고 마찰을 빚으면서도 경무부장 자리를 지켰다.

정부가 수립된 뒤, 그의 공로를 인정한 이승만이 그를 대통령 특사로 임명해 유럽을 순방하고 유엔총회에 참석하기도 했다. 이승만은 한국전쟁이 발발해 정부가 후퇴할 시기에 그를 내무장관으로 임명했다. 그는 낙

동강 방어선 곧 대구사수를 천명해 주목을 끌었다. 하지만 전시작전통제
권이 연합군 사령관에게 있으니, 대구사수 발언은 위장된 정치적 발언으
로 자신의 의지를 천명하고 국민적 정서를 대변하는 수준에 지나지 않을
것이다. 그러나 대구시민들에게는 강한 인상을 남겼다.

● 야당의 맹장이 되다

기질이 강한 내무부장관 조병옥은 전시체제 아래에서 여러모로 내무행정
에 힘썼으나, 이승만 측근들에게 막혀 무엇 하나 제대로 시행할 수 없었다.
한 가지 사례를 들어보자. 거창사건으로 무고한 민간인 600여 명이 학살
되었을 때, 국방부 장관인 신성모는 학살사건은 없다고 대통령에게 보고했
다. 조병옥은 국무총리 장면과 함께 대통령에게 이 사실을 보고하고 신속
하게 처리하겠다고 말하자, 이승만은 오히려 "당신네들은 신성모 국방장
관이 물러가도록 바라고 있으나 그렇게는 되지 않을 것이다"라고 말했다.

국무회의 자리에서 이승만은 장관들이 서로 협력하지 않으니 관계 장
관들은 즉시 사임하라고 언급하자, 조병옥은 즉시 사임할 결심을 굳혔다.
1951년 5월 조병옥은 이승만에게 '민주정치를 시행해 달라'는 요지의 사
임서를 내고 내무부장관 자리를 내던졌다. 그러고 나서 반이승만 투쟁에
나섰다. 그는 이제 정치인으로서 야당인 민주국민당에 입당해 사무총장을
맡아 내각책임제 추진에 힘을 기울였다. 하지만 부산정치파동과 발췌개헌
통과로 민주국민당은 새로 변신했다. 당시 주역은 신익희, 김성수, 장면 등

이었는데, 그는 아직 이 대열에 들지 못했다. 더욱이 그는 부통령으로 출마했으나 많은 표차로 낙선해서 별로 인기를 누리지 못했다.

1953년 6월 이승만은 일방적으로 반공포로를 석방해서 많은 물의를 일으켰다. 조병옥은 제네바협정 위반이라며 성명서를 발표했다. 그리고 이승만을 면담하기 위해 부산에서 서울로 올라왔다. 그가 머무는 곳과 종로경찰서 근처에 '조병옥 역적'이라는 벽보가 여기저기 붙어 있었다. 그날 밤 그는 쇠뭉치로 머리를 강타 당하는 테러를 겪었다. 그는 의식 불명 상태에 빠졌다가 7개월 만에 건강을 회복했다. 그가 키운 경찰과 청년들이 이제 그를 겨누고 있었다.

그는 5·20총선거에 민국당 후보로 대구 을구에서 출마해 70퍼센트의 득표를 얻는 압도적 지지로 당선되었다. 그가 대구사수 발언을 한 탓으로 대구에서 인기를 얻고 있어서 대구 민국당 당원들의 권유로 서울에서 출마하지 않았고, 온갖 부정선거에도 굽힘없이 당선되어 정치인으로서 인기를 누리기 시작했다. 하지만 민국당은 이 총선에서 39석이 줄어들어 14석을 당선시켜 형편없는 당세를 보여주었다.

국회에 들어온 조병옥은 반이승만 선봉에 서서 맹장노릇을 했다. 그는 국회에서 이승만을 향해 "우리나라에는 지당장관, 낙루장관, 여신장관이 있어 대통령에게 올바르게 진언하지 않는다"고 질책했다.

조병옥은 여러 세력을 규합해 새로운 정당을 만드는 일에 힘을 합했으나 뜻대로 되지 않았다. 그런데 대통령 2차 중임의 제한을 받지 않는다는 개헌안이 이른바 사사오입으로 통과되자, 의원 60여 명을 포함한 야당세력은 신당 창당을 결의하고 호헌동지회라는 이름으로 국회 교섭단체를 결성했다. 그는 7인 수습위원으로 선출되어 신당 창당에 참여했다. 그가 기초한 신당의 4대원칙은 첫째, 자유·민주·진보, 둘째, 법의 수호와 책임정치, 셋째, 자유경쟁과 적절한 분배, 넷째, 국제평화의 협조였다. 이는 비록 진보를 표방했지만, 쉽게 말해서 이승만 독재와 자유당 부패를 반대한다는 의미를 깔고 있었다. 이는 진보계열이라 할 조봉암의 영입을 반대한 사실에서도 나타난다. 조병옥은 누구보다도 조봉암의 참여를 완강하게 막았다.

1955년 9월 민주당이 창당되었을 때 대표최고위원에는 신익희, 최고위원 4인에는 장면, 곽상훈, 백남운, 조병옥이 선출되었다. 민주당은 민의원 33석을 확보해 강력한 야당이 되었다. 또 다음 해에 실시될 정부통령 후보에 신익희와 장면이 각기 선출되었다. 민주당의 인기는 서울을 중심으로 도시에서 치솟았다.

하지만 신익희가 선거를 앞두고 심장마비로 서거하자 집권의 꿈은 무산되었다. 그러나 180만 표라는 엄청난 추모표가 몰려 민주당의 인기를 확인했고, 장면이 부통령에 당선되어 자유당을 압박할 수 있었다.

● 대담하고 결단력 있는 정치가로 살다 가다

신익희가 서거한 뒤 민주당은 주도권을 두고 내분에 휩싸였다. 민주당 내부에서는 자유당 정권의 타도를 벌이면서도 신파, 구파로 갈라져 쟁투를 벌였다. 이제 구파의 대장은 조병옥이었다. 민주당의 집회에는 깡패들이 투입되어 예전보다 더욱 강렬하게 방해했고 이도 모자라 내무부에서는 옥

조병옥 민주투사 조병옥은 이승만 독재정권에 맞선 철두철미한 반공주의자였으며 대담하고 결단력 있는 정치가였다.

외집회를 금지시켰다. 자유당에서는 이어 1960년에 실시되는 다음 정부 통령 선거에 대비해 국가보안법 개정을 서둘렀다. 여기에는 정치탄압과 언론 통제를 위한 여러 조항을 두었다. 조병옥은 전면 반대투쟁에 나섰으나, 자유당은 1958년 12월 무술 경관을 동원해 민주당 의원을 국회에서 몰아내고 이 개정안을 통과시켰다. 이 보안법으로 희생된 정치인은 유력한 대통령 후보인 조봉암이었다.

조병옥은 자유당과 싸우면서도 당내 권력투쟁에도 소홀히 할 수 없었다. 신구파 사이의 투쟁은 끝을 보아야 결말을 지을 수 있을 정도로 치열했다. 마침내 어렵사리 1959년 11월 후보지명대회를 열었다. 그 결과 조병옥이 3표 차이로 대통령 후보에 선출되었고, 장면은 부통령 후보로 선출되었다. 그런데 이어진 당 대표최고위원에는 장면이 선출되었다. 대통령 후보가 당 대표를 맞는 것이 상식이고 당무의 원활을 기약할 수 있을 텐데 기묘하지 않은가? 이것이 민주당의 복잡한 내부 사정이었다.

앞에서 말한 대로 조병옥은 신병이 있어 미국으로 검진과 치료를 받으러 도미했다가 심장마비로 죽었다. 많은 사람들이 애도했다. 그리고 선거에서는 엄청난 부정선거로 장면마저 낙마했다. 이어 4·19혁명이 일어나서 민주당이 정권을 잡게 되었다. 그런데도 민주당은 다시 신구파의 내분에 휩싸였다. 조병옥이 살아 있었다면 신구파의 분쟁이 조정될 수 있었을까?

자, 조병옥은 지금까지 읽어온 대로 청년시기에는 진보주의자로 양반, 상놈을 타파하려는 의지에 차 있어서 동학농민혁명의 정신을 찬양했고, 이어 기독교도로 친미파이면서 독립운동 노선은 실력양성론에 기울었으며, 해방 공간에서 미군정에 협조하면서 이승만의 반공주의 노선을 따랐다. 그 뒤 이승만 독재에 저항하면서 진보를 표방했으나, 여운형의 노선을 반대하고 조봉암을 수용하지 않았다.

그는 정치가로서 때로는 타협을 하기도 하고 때로는 협상을 벌이면서 과단성을 보이기도 했다. 그의 반공 또는 반독재 노선을 나무랄 수 없겠으나 경찰부장으로서 많은 사람이 학살된 책임을 벗어날 수 없을 것이다. 그 자리에 있었기에 책임이 따른다는 말이며 일선 현장에서 학살을 지휘한 책임도 벗어날 수 없을 것이라는 뜻이다.

그의 인간된 면모는 하나의 미덕으로 평가된다. 그는 부정으로 재산을 모으지 않았으며 호랑이상이라는 그의 인상과는 달리 인정이 넘쳤고 인화를 도모하려는 인간미도 있었다. 필자가 겪은 일화를 소개해본다.

1950년대 민주당 지도자들은 광주에 와서 곧잘 강연을 했다. 그들의 숙소는 집이 근사한 변호사 양병일의 사택이나 유지 김용환이 경영하는 여관이었다. 두 사람 모두 민주당 간부였다. 나는 그 여관에 고학을 하는 처지여서 장면과 조병옥이 목욕을 할 때 심부름을 맡았다. 조병옥에게 비누나 수건을 넣어주면 내 손을 잡고 등을 밀어달라고 당부했다. 그런데 장면은 챙길 물건만 받고 문을 재빨리 닫아버렸다. 그들이 떠나갈 때 조병옥은 내 등을 두들겨 주면서 공부 열심히 해서 성공하라며 돈을 한 푼 찔러 주었고, 장면은 내 인사를 받는 둥 마는 둥 하고 수행원을 몰고 가버렸다.

이렇듯 다른 두 사람의 평소 모습은 하나의 참고자료가 될 수 있을 것이다. 조병옥은 분명히 대담하고 과단성 있는 정치가였으나 장면보다 운이 따르지 않았던 것이리라.

03

조봉암

간첩혐의를 쓴 정치적 희생양

조봉암이 간첩이었다는 혐의는 말할 것도 없이 이승만 정권의 조작이었다. 그의 간첩혐의에
대한 재판은 일사천리로 진행되었고, 재심 청구는 즉시 기각되었으며, 곧바로 사형이
집행되었다.

● 민족의식에 눈을 뜨기 시작하다

이승만의 정치적 맞수인 조봉암을 향해서 은밀한 공작이 진행되었다. 육군 특무대는 북한에서 내려와 전향한 양명산을 유인했다. 양명산은 한때 조봉암 밑에서 지도를 받으며 독립운동을 한 적이 있다. 양명산은 조봉암에게 접근하여 정치자금으로 달러를 전달했다. 조봉암은 남을 의심할 줄 모르는 통 큰 인물이었다. 그는 양명산의 출입을 허용했다.

마침내 검찰에서는 1958년 조봉암과 박기출, 윤길중 등 진보당 간부를 모조리 구속했다. 조봉암과 간부들이 북한에서 보낸 간첩과 내통하고, 북한에 동조하는 통일방안을 주장했다는 혐의였다. 그리고 조봉암의 집에서 조봉암이 친필로 쓴 김일성에게 보내는 편지도 발견했다고 발표했다. 끝내 그는 간첩혐의로 사형되었다.

조봉암曺奉岩(1899~1959)은 조선시대에 소외를 당하던 지역인 강화도 출신으로 가난한 농부의 아들로 태어났다. 그는 강화도 남쪽에 있는 원면이라는 낙후된 마을에서 태어났고, 어릴 적에 이사를 해서 읍내 관청리에서 자라났다. 그는 둘째 아들로 태어났는데, 어머니 유씨가 봉을 보는 태몽을 꾸었다 해서 봉鳳과 음이 같은 봉奉, 오래 살라는 뜻을 따서 돌림자인 환煥 대신 바위 암岩자를 붙여 봉암이라 했는데, 마치 호 같은 느낌이 드는 이름이 되었다. 이 이름의 뜻에 걸맞게 그는 특이하고도 남다른 생애를 보냈다.

그는 읍내로 이사 온 덕분으로 13세 때 4년제인 강화공립보통학교를 졸업했고, 다시 2년제인 농업보습학교를 다녔다. 어린 봉암은 학교 공부는 하지 않고 개구쟁이로 말썽을 많이 부렸던 모양이다. 다른 아이의 머리를 깨거나 남의 돌담을 허물고 동네 꼬마의 옷을 찢어 어머니는 날마다 빌러 다니거나 물어주는 일로 정신이 얼얼했다 한다.

그는 서울로 유학할 수 없는 가정형편인 데다가 가계를 도와야 하는 처지여서 강화군청의 사환이 되었고, 이어 고원이 되었다. 그는 주산을 잘 놓아 유능한 사무원으로 인정을 받았으나, 일본인 서무과 주임과 자주 다투어 1년도 못 되어 사직하고 난 뒤 감리교회에 나가 교회 일을 보았다.

3·1운동이 일어났을 때 강화도에서는 기독교도들이 중심이 되어 만세시위가 벌어졌다. 그는 교회를 통해 시위를 이끈 혐의로 1년 동안 감옥생활을 했다. 십대에 겪은 이런 생활 속에서 그는 민족의식에 눈을 뜨기 시작했다.

감옥에서 나와 서울 기독교청년회 중학부에 다닐 때 누군가가 조봉암이 지하활동을 펴고 있다고 무고를 해서 체포되었으나, 사실이 아니어서 곧 풀려났다. 하지만 심한 고문을 당한 끝에 새로운 고민에 빠졌다.

● 모든 사람이 자유롭고 평등한 사회를 꿈꾸다

그리하여 겨우 여비를 마련해 일본 동경으로 떠났다. 이 유학길이 그의 평생을 갈라놓는 계기가 될 줄은 그도 몰랐을 것이다. 그는 고향 선배의 자취방에 기거하면서 엿장수로 고학을 시작했다. 그런데 이때 그는 동상에 걸려 손가락을 몇 개 잘라내는 고통을 겪었다. 영어학교에서 잠시 수학하고 나서 주오 대학 정경과에 입학했다. 그는 학교 강의보다 사회과학 서적 탐독에 더욱 열을 올렸고 사회주의와 아나키즘에 빠져들었다. 그리고 이와 유관한 단체에 가입해 활동했다. 그 자신은 이렇게 고백하고 있다.

나는 사회주의를 연구하고 사회주의자가 되고 사회주의 운동을 하기로 했다. 일본 제국주의의 강도 같은 침략과 민족적 수탈이 어째서 생기고 어떻게 이루어지는가를 알게 되었고, 우리 민족이 어째서 이렇게 압제를 당하고 무엇 때문에 이렇게 못 살게 되었는가도 알게 되었다. 일본 제국주의를 반대하고 한국의 독립을 전취해야 할 것은 물론이지만, 한국이 독립되어도 일부 사람이 권력을 쥐고 잘 살고 호사하는 그런 독립이 아니고 모든 사람이 자유롭고 모든 사람이 잘 살고 호사할 수 있는 좋은 나라를 만들어야겠다고 결심했다.

조봉암 〈내가 걸어온 길〉《희망》(1967년 2~5월호)

이것이 그의 신조였고 평생 동안 그는 이를 위해 싸웠다. 그는 학교를 중퇴하고 도일한 지 2년 만에 귀국했다. 학교 공부를 더 할 필요가 없다고 판단한 것이다.

마침 1922년 러시아 땅 베르프네우딘스크(이르쿠츠크)에서 열리는 국제공산당대회에 국내 대표로 참석하게 되었다. 당시 조선공산당은 분열되어 있었는데, 코민테른(국제공산당 조직)에서는 분파투쟁을 중지하고 연합대회를 소집하라고 결정했다.

그리하여 상해파와 이르쿠츠크파 등 250여 명의 대표들이 모였는데, 조봉암은 국내파 대표로 참석했다. 그러나 이 대회도 성공을 거두지 못했다. 이에 코민테른은 각 대표를 모스크바로 불러올렸는데, 조봉암이 여기에 끼었다.

● 농민과 노동자 중심의 대중운동을 펼치다

조봉암은 모스크바에 눌러 앉아 동방노력자 공산대학에 입학해서 이론을 공부했다. 그는 서투른 러시아 통역을 통해 강의를 들었으나, 무엇보다 1년 동안 여러 소수민족의 문화와 처지를 이해하게 되었고, 새로운 세계에 대한 안목을 넓힐 수 있는 계기가 되었다. 그가 본격적으로 이론공부를 하려고 작정했을 때, 덜컥 폐병에 걸렸다. 그는 1923년 귀국길에 상해를 지나 일본을 거쳐 돌아왔다.

국내에서 요양을 한 끝에 죽을병이라는 폐병이 다행히 나아 다시 화려한 활동을 전개했다. 그는 박헌영과 함께 여러 방면에서 활동을 벌였다. 때로는 지하운동, 때로는 대중 연설을 통해 민중을 이끌었다. 그는 물산장려운동이나 민립대학설립운동 따위의 민족개량운동 계열과는 노선을 달리하고 농민과 노동자 중심의 대중운동을 전개했다.

그는 민족모순의 해결에 운동의 중심을 두고 민족통일전선을 이루는 것이 가장 급한 업무라고 판단했다. 그의 노선은 분명했다. 그는 반제 전선에서 미지근한 타협노선을 배격했다. 그의 열찬 투쟁은 아내에게도 연결되었다. 여성들도 이 시기 사회주의적 노선에 충실한 계급 분화가 이루어지고 있었다.

그는 운동과정에서 조선여성동우회의 일원인 김조이金召史와 동지적 결합을 해서 결혼을 했다. 김조이는 이름으로 보아 청상과부였을 것이다. 김조이는 창원 출신인데 동덕여고보를 나와 사회주의 여성운동에 뛰어들었다. 두 남녀는 결혼을 한 뒤 나란히 연사로 나서는 경우가 많았다. 이들은 인천을 주된 활동무대로 삼았다. 조봉암은 1925년부터 조선공산당과 고려공산청년회 창립 멤버가 되었고 김조이는 박헌영의 아내 주세죽, 허헌의 딸 허정숙과 함께 맹렬한 활동을 전개했다.

일제는 조선공산당의 실체를 파악하고 1925년 일대 검거선풍을 일으켰다. 조봉암은 마침 상해에 체류하면서 모스크바와 국내의 연락업무를 맡고 있어서 체포를 면할 수 있었다. 그는 상해에서 좌우 통합운동의 일환으로, 임시정부 요인들인 홍진, 조완구 등과 함께 한국유일당 조직을 서둘렀고 상해한인반제동맹을 결성했다.

그는 상해로 올 때 김조이와 헤어져 독신생활을 하고 있었다. 그런데 마침 옛 애인인 김이옥이 불쑥 찾아왔다. 김이옥은 강화도 출신으로 부호의 딸이었는데, 경성여자고등보통학교(지금의 경기여고)를 졸업했다. 그녀는 조봉암이 다니는 교회에 나갔고 3·1운동 당시 조봉암을 도와 〈독립선언서〉 등을 돌리고 선언문 등을 작성해 배포하기도 했다. 그녀는 조봉암보다 다섯 살 아래였는데, 서로 사랑을 나누었고 결혼을 하려 했으나 집안의 완강한 반대로 뜻을 이룰 수 없었다.

상해로 올 당시 김이옥은 이화여전 음악과에 다니고 있었는데 그녀도 폐병에 걸렸다. 아마 죽음을 앞두고 마지막으로 옛 연인을 찾아온 것이리라.(조봉암《내가 걸어온 길》) 두 남녀는 상해에서 5년 동안 동거를 했다. 그리고 딸을 낳았는데 상해의 옛 이름인 호滬를 따서 호정滬晶이라 불렀다. 그는 이 동거생활 5년 동안을 가장 행복한 시기였다고 회고했으나, 조선공산당에서는 이를 반조反曹운동을 벌이는 빌미로 이용했다.

상해에서 전개된 그의 활동은 일제의 주목을 받았다. 그는 박철환이라는 가명을 쓰기도 하고 중국인으로 행세하면서 지하활동을 전개했으나, 일제 영사경찰의 감시망에 포착되었다. 그리하여 은신처인 프랑스 조계에 있는 공원에서 동지를 만나다가 일제 경찰 수십 명에 포위를 당하고 일제에 협조하던 프랑스 영사경찰에 체포되었다. 상해에서 활동을 벌인 지 7년쯤 되었을 무렵인 1932년 9월이었다.

이제부터 그의 삶은 새로운 전기를 맞이했다. 조봉암은 감옥에 갇힌 지 7년 만에 출옥했다. 그는 서울로 가지 않고 인천에 머물면서 활동을 벌였다. 그가 옥중생활을 하는 동안 아내는 딸을 데리고 친정에 돌아왔으나 병세가 악화되어 죽었다. 게다가 그의 부모도 작고했고 강화도에는 형제들도 없었다.

이때 조선공산당 내부에서 반조운동이 일어난다. 그 이유는 상해에서 공금을 횡령했다, 아내와 살면서 강도짓을 했다, 출옥 후 이권을 얻어 부자로 살았다, 감옥에서 전향성명을 냈다는 따위였다. 이에 대해 박태균은 박헌영, 김단야 등과 노선을 달리하고 주도권 싸움을 벌이는 과정에서 일어난 반조였을 것이라고 평가했다.(박태균 《조봉암 연구》) 어쨌든 그가 소극적 활동을 한 것은 객관적 사실이다.

그는 출옥한 뒤 인천에 근거지를 두면서 다시 김조이와 결합해서 딸 호정과 함께 살았다. 그의 인천생활은 혁명의 열기가 식은 탓인지 반조 분위기에 심기가 약해진 탓인지, 예전과는 달리 소극적이었다. 하지만 그는 1945년 1월 분명한 혐의도 없이 예비검속으로 일본 헌병사령부에 검거되어 해방이 될 때까지 감옥에 있었다.

● 소장파의 리더가 되어 정치가로 성장하다

해방 공간은 그야말로 혼란, 갈등, 대결의 장이었다. 그는 출옥한 뒤에도 인천을 벗어나지 않았다. 인천의 청년 200여 명을 규합해 보안대를 조직하고 이어 여운형, 안재홍이 주도한 건국준비위원회 인천지부를 결성했다. 이어 인민위원회로 개편될 때 인천인민위원회를 결성했다.

여기에는 조봉암을 추종하는 사회주의 인사들이 중심적 역할을 했다. 조봉암은 중앙에 진출하지 않고 인천지역에서만 활동했는데, 1946년 2월 민주주의민족전선이 결성될 때 경기도 대표로 참여했으나 의장단 등 간부급에 끼지 못했다.

중앙정계에서는 반탁과 찬탁으로 갈라져 심한 싸움을 벌이고 있었다. 1946년 5월 조선공산당 지도자 박헌영의 정책과 노선을 비판하는 장문의 편지가 그의 의도와는 관련이 없이 언론에 공개되었다. 조선공산당에서는 이를 해당행위로 규정했다. 마침 인천에서 찬탁과 반탁의 시국강연회가 열렸는데, 여운형, 김원봉 등이 연사로 나선 강연장에 조봉암의 성명서가 대량으로 뿌려졌다.

정당독재를 떠나 통일정부를 세우자는 것과 노동계급의 독재나 자본계급의 전제를 반대한다는 요지였다. 곧 전향성명서였다. 그 반향은 대단히 컸고 조봉암의 이름은 신문지면을 장식했다.

그 뒤 조봉암은 때로는 미군정의 하지 사령관을 만나는 등 작은 활동을 벌였으나 한동안 충전하는 시간을 가졌다. 그리고 나서 남한 단독정부 수립에 찬성하고 인천지역에서 5·10선거에 출마했다. 그는 무소속으로 입후보했지만 자금과 조직이 월등한 대한독립촉성회와 한민당 후보를 누르고 당선되었다.

제헌의원 조봉암은 헌법기초위원이 되어 토지개혁 등 주로 경제문제를 정리하여 통과시키는 데 주력했다. 이 과정에서 그는 무소속 의원을 주도하는 지도자로 부상했고, 소장파의 리더가 되었다. 이들은 이승만이나 한민당에 반대했기에 '진보적 소장집단'으로 일컬어졌다.

대통령에 선출된 이승만은 내각을 구성하면서 자신의 직계로 장관을 고르고 한민당 계열을 배제했다. 그 과정에서 엉뚱하게도 조봉암이 농림부장관으로 발탁되었다. 이를 두고 한민당을 견제하려는 의도였다, 여러 세력을 망라한 연립 정권의 이미지를 보이려 했다는 등 여러 가지 말이 떠돌았다.

조봉암은 비록 이승만 반대노선을 걸었으나 나름의 정책을 폈다. 그가 농림부장관으로 있으면서 이룬 가장 큰 공로는 농업협동조합 조직 등의 농촌개혁과 농지개혁 추진이었다.

그런데 이른바 독직瀆職에 걸렸다. 감찰위원회(위원장 정인보)에서 그를 농림부 자금을 불법으로 유용했다고 고발한 것이다. 감사결과보고서에는 양곡매입자금을 〈농림일보〉 창간 보조금, 장관 관사 수리비 등으로 유용했다고 지적했다. 국회 차원에서도 이를 조사해 사실로 인정했으나 개인 돈으로 유용한 사실은 없다고 했다. 조봉암 자신은 불가피성을 들어 유용 사실을 인정하고 나서 '양심에 비추어 추호라도 비행이 있다면 당장에라도 종로 네거리에서 목을 베어도 한이 없겠다'(박태균 《조봉암 연구》)고 하면서 주저 없이 장관직 사표를 냈다.

한민당 등 그의 반대세력의 음모에 걸려든 것이다. 장관이 된 지 6개월 만에 일어난 사건이었다. 그의 농촌개혁 구상은 물거품이 되었지만, 이 일은 농민을 주축으로 한 지지세력을 얻는 계기가 되었다. 그리하여 본격적 정치인으로 성장하게 되었다.

● 이승만의 끊임없는 견제를 받다

1950년대에 들어 한민당 등이 참여해 새로 창당한 민주국민당에서는 이승만을 견제하려 내각책임제 개헌안을 국회에 제출했고, 이승만을 지지하는 대한국민당은 내각책임제를 반대하고 나섰다. 이때 조봉암도 내각책임제를 반대하고 나섰다. 이승만을 지지한 것이 아니라 취임한 지 2년도 안 되는 대통령을 끌어내리는 것은 정치도의로 보아 반대한다는 것이었다. 조봉암은 다시 한민당 계열과 대결하는 양상이 벌어졌다.

한편 그는 1949년 4월 농지개혁법 통과에 전력을 다했다. 그런데 대통령이 거부권을 행사하자 다시 심의를 거쳐 통과시켜서 끝내 결실을 얻어냈다. 농지개혁법의 국회통과는 그의 정치적 역량을 보여주는 주요한 사

례가 된다.(1부 〈이승만〉 부분 참고)

이어 그는 1950년에 실시한 5·30선거에서 다시 당선되었고 국회부의장에 선출되었다. 또 한국전쟁 시기 부산에 피난했을 때, 국민방위군사건의 조사위원장을 맡는 등 활발한 활동을 전개했다. 또 이승만이 영구 집권하려는 공작으로 부산정치파동을 일으켜 발췌개헌안을 제출했을 때는, 오히려 지지하는 입장을 보여 좋지 않은 평판을 얻었다. 피할 수 없는 정치적 현실을 받아들이는 태도였다. 발췌개헌안에 따라 1952년 8월 제2대 대통령 직접선거가 실시되었다.

조봉암은 이승만과 맞서 대통령 후보로 등록했다. 여당인 자유당 후보는 이승만, 야당인 민국당 후보는 이시영이었으니 삼파전 양상을 띠었다. 그를 지원하는 세력은 극히 미미했다. 그에게 가해지는 압력을 무서워했기 때문이었다.

그리하여 무소속 국회의원인 윤길중이 선거사무장이 되었고 박기출, 신창균 등 몇 사람만이 그를 도왔을 뿐이다. 선거운동원들도 테러를 당하거나 무슨 혐의를 받고 체포되기도 했는데, 윤길중도 신변의 위협을 느껴 숨어버리고 말았다. 게다가 선거운동 과정에서 기묘한 현상이 나타났다. 민국당 부통령 후보인 조병옥은 이승만의 독재를 공격하기보다 거꾸로 조봉암을 공격했다. 조병옥은 조봉암을 공산주의자라고 몰아붙이고 그가 사퇴하지 않으면 이승만에게 표가 가도록 노력할 것이며, 차라리 김일성과 타협할 것이라고 공언했다.

투표 결과 예상대로 압도적 표차로 이승만이 당선되었다. 극심한 부정선거의 결과였다. 그런데 또 한 번 기묘한 현상이 일어났다. 이승만이 524

만여 표를 얻었는데, 조봉암 79만 7,504표, 이시영 76만 4,715표로 나타났다. 조봉암이 제1야당 후보를 누른 것이다. 또 임시 수도 부산에서는 이승만이 45퍼센트의 득표율인데 비해 조봉암은 35퍼센트의 득표율을 보였다.

대통령 선거가 끝난 뒤 그에게는 과거보다 훨씬 큰 제제와 압력이 가해졌다. 민국당은 자유당보다도 그를 비난하는 데에 열을 올렸고, 이승만 정권은 그의 추종자들을 잡아들여 국가보안법 위반 혐의를 씌워 사형을 시키기도 하고 무기형을 내리기도 했다. 또 군인들은 그의 추종자들이 이승만을 죽이고 조봉암을 추대하려 했다는 혐의를 씌우기 위해 동해안반란사건을 조작하기도 했다.

1954년 5월 20일에 제3대 국회의원 선거가 예정되어 있었다. 그는 자유당 2인자인 이기붕이 출마한 서대문 갑구에 후보 등록을 하려 100명의 추천서를 받아냈으나 추천 취소가 연달아 들어왔다. 그는 등록 마지막 날 직접 후보 등록을 하려 선거관리위원회에 나갔다. 그러나 담당자가 등록 서류를 심사하면서 시간을 끌어 마감 시간인 오후 5시를 넘겨 접수했다. 그러고 나서는 마감 시간을 넘겼다며 실격 통고를 보냈다. 이렇게 하여 현직 국회부의장은 입후보조차 못하게 되었다.

● 대중이 중심이 되는 정당을 도모하다

조봉암은 한동안 낙백의 세월을 보내다가 비자유당, 비민주당 세력이 결집한 신당세력 규합에 나섰다. 많은 우여곡절과 시련을 겪은 끝에 1955년

12월 진보당 창당을 준비했다. 당명에서 보이는 대로 사회주의적 색채를 드러내지 않으려고 '진보'라는 어중간한 이름을 붙인 것이다. 그에게 끊임없이 제기되는 사회주의자의 딱지를 지우려는 의도가 깔려 있었던 것이다. 하지만 진보당의 진보성은 반공이데올로기가 판을 휩쓰는 당시로서는 쉽게 지울 수 없었다.

우선 진보당(준비위)의 강령을 보면, 민주주의적 통일방안, 피해대중의 단결, 공산주의와 자본주의에 반대하는 제3의 길을 제시했다. 유럽의 사회민주주의의 색깔을 띠고 있었다.(서중석 《조봉암과 1950년(상)》) 그러나 여러 가지 애로에 가로막혀 쉽게 본격적 정당으로 창당할 수 없었다. 1956년 5월에는 정부통령 선거가 예정되어 있었다. 그리하여 자유당에서는 대통령 후보에 이승만, 부통령 후보에 이기붕을 지명했고, 민주당에서는 대통령 후보에 신익희, 부통령 후보에 장면을 선출했다.

진보당 추진준비위원회에서는 이해 3월 31일 대표와 추진위원 300여명이 모여 대통령 후보에 조봉암, 부통령 후보에 서상일(뒤에 박기출로 바뀜)을 천거했다. 또 상임부서를 결정했는데, 최익환, 김성숙, 윤길중, 고정훈, 신도성, 신창균 등으로 짜였다. 이 추대 모임에서 다음과 같이 선언했다.

허울 좋은 자유와 무위무책한 사정 하에 수백만을 넘는 실업자군과 민주조국 수호에 희생된 수십만의 상이군경이 거리를 방황하고 농민, 노동자, 봉급생활자 그리고 수백만의 월남 피난민들이 생사의 기로에서 신음한다. 우리는 진정한 혁신은 오로지 피해를 받고 있는 대중 자신의 자각과 단결 위에서만 실현될 수 있다는 것을 깊이 인식하고, 관료적 특권정치, 자본가적 특권경제를 쇄신하고 진정한 민주책임정치와 대중 본위의 균형 있는 경제체제를 확립할 것을 기약하고, 이에 농민, 노동자, 모든 문화인, 봉급생활자 및 중소기업자 등 국민대중의 토대 위에 선 정당을 발기한다.

〈조선일보〉 1956년 4월 21일자(서중석《조봉암과 1950년(상)》 참고)

가칭 진보당의 강령을 내걸자, 비록 야당 단일후보를 내지는 못했으나 진보세력의 결집을 가져오는 효과를 낳았다. 또 자유당에서 조봉암 후보의 등록을 방해하지 않은 것은 야당 분열의 분산효과를 얻으려는 의도 때문이었다.

이승만은 또다시 출마하지 않기로 했다는 유시를 내리자, 자유당은 다시 민의를 동원해 궐기대회를 열고, 경무대 앞에서 출마를 호소하는 공작을 벌이면서, 500만 명의 탄원서와 300만 명의 혈서를 내게 하는 사기극을 연출했다. 또 경찰을 비롯한 공무원들이 온갖 부정행위를 자행하는 상황에서 조봉암은 자금도 없었고 선거운동원도 움직일 수 없었다.

민주당과 진보당의 단일후보 논의가 한동안 전개되었으나 본질적으로 실현될 수 없었다. 특히 진보당에서는 민주당에 대통령 후보를 내주되 부통령만은 양보해달라고 요구했지만, 당선이 유력한 장면 후보가 사퇴할리 없었다. 그런데 예상치 않은 사건이 터졌다. 5월 5일 민주당 후보 신익희가 호남 유세 도중 서거한 것이다.

민주당 인사들은 신익희 후보에게 추모표를 던져달라고 호소했다. 그리고 표가 조봉암에게 가는 것을 막아야 하니 차라리 이승만에게 몰아주어야 한다는 말을 공공연하게 외쳤다.

그 결과 이승만에게 던져진 표는 500만 표가 조금 넘었고, 조봉암에게 주어진 표는 210만 표가 조금 넘게 나왔으며, 추모표로 보이는 무효표는 180만 표가 넘게 나왔다.

또 부통령에는 장면이 당선되었다. 부정으로 조작되어 최종 집계된 표수이기는 하나 자유당에 큰 충격을 주었다. 신익희 서거로 얻은 반사이익은 이승만과 조봉암이 거의 비슷하게 얻었다고 보았다. 조봉암은 이때부터 이승만의 강력한 도전자로 부상한다.

● 형장의 이슬로 사라지다

5·15정부통령 선거가 끝난 뒤 그의 대중적 인기는 치솟았으나 반대로 반대세력도 많아졌다. 특히 이승만 계열은 그를 제거하려는 공작을 단계적으로 전개했다.

그런 탓으로 진보당 창당이 쉽게 진전되지 않았다. 몇 차례 연기를 거듭한 끝에 1956년 11월에 가서야 진보세력이 분열된 속에서 진보당 창당대회가 열리게 되었고, 이 자리에서 위원장 조봉암, 부위원장 박기출이 선출되었다.

창당 과정에서는 수많은 방해공작을 받았다. 1957년 4월 15일 서울시민회관에서 가진 서울시당 – 경기도당 결성대회장은 유지광 등 폭력배들이 밀려들어 계란과 사과 등을 던지면서 대회장을 난장판으로 만들었다. 당시 경비를 맡았던 중부서 사찰주임이 의장석의 마이크를 빼앗아 해산명령을 내리는 사태도 있었다.

신문 보도에는 작은 간첩사건이 있을 때마다 조봉암을 소환, 조사할 것이라는 보도가 이어졌고, 세상 사람들도 조봉암이 간첩으로 몰릴 것이라는 소문을 전했다.

더욱이 조봉암이 간첩과 접선했다는 보도가 연이었고 조봉암 집에서 김일성에게 보내는 편지가 발견됐다고도 보도했다. 2월 25일에는 진보당 등록 취소가 발표되었고 진보당 관계자들이 연달아 체포됐다. 양명산이라는 간첩과 접선한 사실을 조작해서 조봉암에게 혐의를 씌웠다.

조봉암이 간첩이었다는 사실은 말할 것도 없이 조작이었으나, 그의 통일 방안은 국제연합 감시 아래 남북 총선거를 실시하는 평화통일이었다. 이는 이승만이 주장하는 무력 북진 통일과 반대되는 주장이었다. 그래서 세상은 한바탕 들끓었다.

보수 언론들은 검찰의 발표를 모두 사실인양 보도했다. 더욱이 옛 동지였던 서상일도 검찰에서, 진보당은 유물론에 입각한 마르크스주의 이론에 토대를 두었으며 노동자, 농민만을 위한 계급정당이라고 진술했다. 이 말은 과장되었으나 진보당이 당시 자유당과는 다른 진보적 색채를 띠고 있었던 것만은 사실이었다. 그러나 그 진보적 성향도 오늘날의 관점에서 보면 흠잡을 것이 거의 없었다.

이승만은 처음 이 사건을 보고받았을 때 이렇게 말했다. "조봉암은 벌써 조치되었어야 할 인물이며 이런 사건은 조사가 완료될 때까지 외부에 발표되지 말아야 한다." 그리고 나서 이 사건을 책임지고 처리하라는 뜻으로 만晩자 사인을 내려보냈다 한다. 1차 공판에서 양명산은 고개를 숙이고 조봉암을 똑바로 바라보지 않았다.

재판장 유병진은 외부의 압력에 굴복하지 않고 증거가 없다는 이유를 들어 조봉암에게 징역 5년형을 선고했다. 이때 한 무리의 청년들이 법정에 난입하여 "친공 판사 유병진을 타도하라", "조봉암을 간첩죄로 처벌하라"고 외치며 소동을 피웠다. 대법원장을 지낸 김병로 같은 재야의 변호사들도 법이 유린되고 있다고 분통을 터뜨렸다.

2심 공판이 열렸을 때 양명산은 심정의 변화를 일으켜 지난 진술을 모조리 번복했다. 그런데도 재판부에서는 이를 인정하지 않았다. 조봉암과 양명산에게는 2심 공판과 대법원 판결에서 국가보안법을 위반했다 하여 사형이 내려졌다.

재판은 일사천리로 진행되었다. 재심이 청구되었으나 기각되었고 사형이 집행되었다. 조봉암은 대법원 판결에 따라 사형이 언도된 뒤 7월 31일 전격 처형되었다. 이렇게 하여 또 하나의 대통령 후보가 죽었다. 그를 두고 서중석은 다음과 같이 평가했다.

> 조봉암은 정치를 예술의 경지로 승화시켰다는 평이 있다. 그는 정치를 위해서 태어난 사람이라는 인상을 주기도 했다. 대중의 심리를 포착하는 데, 조직하는 데, 또 정치적 수단에서 탁월했기 때문일 것이다.
>
> 서중석 《조봉암과 1950년(상)》

그의 묘는 망우리 용마산 정상의 언덕 아래에 있다. 묘비를 세우면서 묘비문은 쓰지 않고 공백으로 남겨두었는데, 지금까지도 그대로 서 있다.

급조한 탓인지 앞면에 기재된 생년과 뒷면의 생년이 1년 차이를 보인다. 2008년 9월 현재까지 뒷면에는 비문이 없는 백판 그대로이다. 조봉암은 김대중, 노무현 정권 아래에서도 푸대접을 받았다.

04

장면

군사 쿠데타로 좌절한 정치가

식민지 시기에는 별 어려움 없이 평탄한 나날을 보냈고, 해방 뒤 정치 초년기에는 행운을
얻었다 할 정도로 순탄한 길을 걸었고, 이승만 장기집권 시기에는 암살음모를 겪으면서 대중적
인기를 누렸으나, 결국 장면은 불행한 정치가로 인생을 마무리했다.

● 야당의 지도자로 활동하다

학생들이 주도한 4·19혁명은 국민의 희망이었다. 국민들 사이에는 이제 독재정권이 물러가고 민주사회가 열릴 것이라는 기대가 부풀어 올랐다. 이제 지긋지긋한 감시와 강제연행 같은 일은 없을 것이라는 한 가지 믿음만으로도 편안히 숨 쉬며 살 만할 것이라고 여겼다. 그러나 이것은 지나친 기대였다. 몇 년 지나지 않아 5·16쿠데타가 일어났다.

4·19혁명이 일어난 지 두 달이 채 안 된 1960년 6월 15일 민의원에서 헌법 개정안을 통과시켰다. 그 골자는 내각책임제를 도입하고 헌법재판소를 설치하며 대법원장 대법관을 선거로 뽑고 경찰을 중립화시키며 지방자치단체장과 지방의회 의원을 선거로 뽑는다는 것이다. 그리고 자유당 정권이 그동안 헌법에 보장된 양원제 실시를 이 핑계 저 핑계를 대며 미루었는데 이를 실시하기로 결정을 지었다.

자유당 출신의 국회의원들은 꿀 먹은 벙어리처럼 민주당 사람들이 하자는 대로 따라갔다. 예전에 거수기 노릇을 했듯 이번에도 허수아비 노릇을 했다. 이 과정에서 장면張勉(1899~1966)은 정치적 주역이 되었지만 오래 버티지 못했다.

● 유학 후 교육자로 평탄하게 지내다

장면의 조상은 대대로 평안남도 중화에 살던 토반으로 알려져 있다. 아버지 장기빈은 부유한 가정에서 어릴 때 한학을 배웠으나 개화청년이 되어 1895년 서울로 올라와 관립영어학교에 다녔다. 그 뒤 천주교에 귀의했고 탁지부 관리를 거쳐 인천 해관에서 근무했다. 그는 일제 식민지 치하에서는 외국인 석유회사나 무역과 보험 관련 회사에 근무했다. 그리고 해방 뒤에는 미군정청 재무부 고문 또는 부산 세관장을 지냈다.

어머니 황루시아는 평안도 대갓집 딸로 가정적 배경에 따라 독실한 천주교도가 되었다. 그녀는 《구운몽》, 《삼국지》 등 소설을 탐독하는 구여성이어서 신교육을 받지는 않았다 하며 내조를 잘한 여성으로 칭송을 받았다 한다.

이런 가정적 배경을 지닌 장면은 서울 적선동 외가에서 장남으로 태어나 생후 15일 만에 명동성당에서 세례를 받았다. 그는 본가가 있는 정동 또는 아버지의 근무지인 인천 등지에서 자라났다. 그리고 천주교 신자의 딸인 김옥윤과 혼인을 했다.

여기서 두 가지 특징을 들 수 있다. 첫째, 부유한 집안에서 아무런 가정적 풍파가 없었고, 둘째, 가족 구성원이 모두 독실한 천주교 신자이다. 아버지는 성격이 원만하고 모험을 하지 않는 삶을 살았기에 독립운동이나 사회운동에 전혀 가담하지 않았다. 그저 현실에 순응하고 영어, 일어, 러시아어 등 외국어를 능숙하게 구사하면서 생업에 종사했다. 그래서 자식들도 모두 외국 유학을 다녀왔고 풍파 없는 직업을 가지고 안온하게 살았다.

장면은 1906년 인천성당의 부설 학교인 박문학교에서 초등교육을 받았고 이어 중등교육을 거쳐 1914년 수원농림학교에 입학했다. 그는 농업 기술에는 관심을 두지 않고 영어공부에 열중했고 졸업 후 기독교청년회

장면 1946년 정계에 투신한 장면은 좌익과의 투쟁, 군정당국과의 절충, 미소공동위원회에 대비한 정책수립 등 많은 활약을 하였다.

영어과에 다니면서 용산예수성심 신학교의 강사로 취직했다. 3·1운동이 일어났을 때 그는 시위에 참여해 만세를 불렀다고 하나 주모자급은 아니어서 별 고통은 받지 않았다. 하지만 그는 강단에서 "만세소리를 들으면서 평상시의 그와는 달리 격앙된 어조로 조국의 현실을 비판했다"(허동현 《제2공화국 국무총리 장면의 삶과 꿈》)고 한다.

천주교에서는 당시 만세시위에 참여한 학생들을 퇴교 조치했는데, 그는 민족과 종교 사이에서 갈등하는 모습을 보였다 한다. 그는 미국에 유학하기로 결심했는데, 교육과 종교전도를 목적으로 삼았다. 그리하여 1920년 어느 신부의 주선으로 미국 유학이 어렵사리 이루어졌다. 그는 예비교육을 받은 뒤 맨해튼 대학에 입학해 학사학위를 받았다. 그는 국내의 초등교육부터 미국에서 학사학위를 받을 때까지 언제나 우수한 성적으로 졸업했다.

그는 5년에 걸친 유학생활을 끝내고 1925년 6월 귀국했다. 그는 천주교 지도자로 떠올라 교세가 약한 평양교구에서 5년 동안 봉직을 하면서 《구도자의 길》 등 몇 권의 저서를 내기도 했다. 그리고 1931년 서울 동성상업학교 서무주임 겸 영어교사로 부임했다. 그는 성실성이 밑천이 되어 1936년 이 학교 교장을 맡게 되었고, 1947년 학교를 떠날 때까지 17년 동안 봉직했다.

전시체제 아래에서 교장 일을 보다보니 많은 시련이 따랐으나 큰 저항도, 큰 무리도 없이 평탄하게 보냈다. 그는 교육자로서 공정하고 정직한 몸가짐을 보여주었으나 민족운동가는 아니었다. 내면으로는 일제에 저항했겠으나 표면으로는 국민복을 입고 동방요배를 하는 등 협조하는 모습을 보였다.

● 해방 이후 정치가로 변신하다

해방 공간에서 영어를 잘하는 많은 인사들이 미군정의 고문단에 들었다. 그러나 그에게는 영어를 제대로 써먹을 기회가 오지 않았고 실무자보다는 오히려 정치가로 변신했다. 그는 천주교 대표로 1946년 2월 미군정 자문기관인 민주의원 의원이 되어 의장인 이승만의 뜻을 미군정 당국에 전달하는 임무를 수행하면서, 때로는 좌익계 인사들과 논쟁을 벌이기도 했다. 이해 12월에는 입법의원의 의원으로 지명되어 새 헌법을 만드는 일에 열중했다. 이런 임무를 수행하면서 미군정에 협조했고 정부수립에도 기여했으나 두드러진 활동을 전개했다고 볼 수는 없다.

그는 1948년 5·10총선거에서 종로 을구에 무소속으로 입후보해 당선되어 제헌의원이 되었다. 이로써 그의 본격적 정치활동이 전개되었다. 그는 정치가로 변신하는 과정을 두고 "조국의 복음화를 통해 국가의 민주화를 도모해야 한다"고 전제하고서 이렇게 말하고 있다.

> 행정, 입법, 사법 그 어느 분야든, 정부의 지위를 가지고 있는 사람이 아니라면 아무도 이 거룩한 목적을 위하여 가장 직접적으로 그 권위를 행사할 수 없다. 정당에서 지도하는 자리를 차지하는 그리스도교도 정당의 정책에 그리스도교 원리를 침투시키고, 정부에게 그 실시를 촉구함으로써 나라에 영향을 줄 수 있는 것이다.
>
> 장면 《우리는 무엇을 해야 할 것인가》

정치가로서 자신의 역할은 보편적 민주정치 원리보다 그리스도교 정치 원리를 지원하는 것임을 강조한 것이다. 이런 단순한 목표를 가진 기독교인 정치가가 과연 성공할 것인지 지켜보아야 할 것이다.

한국 정부가 수립된 뒤 국제연합에서는 총회에 한국 대표를 초청했다. 그는 수석대표로 선출되어 장기영, 조병옥, 모윤숙과 함께 파리에 도착해 한국 정부 승인을 얻는 데 심혈을 기울였다. 한국대표단은 미국의 작용에 힘입어 이를 성공시켰다. 이런 공로와 배경에 힘입어 그는 1949년 3월 초대 주미대사로 임명되었다. 그는 정부수립 초기에 재정 등 여러 어려움에 직면했으나 무난하게 업무를 수행했고, 한국전쟁이 발발했을 때는 미군의 파병, 대한구호안의 가결 등을 이끌어냈고 가톨릭 성당 등을 통한 구호 물자 수급에 힘을 기울였다.

그에게 1950년 11월 또 한 번 새로운 임무가 주어졌다. 이승만이 그를 국무총리로 추천해 국회 인준을 구했을 때 국회에서는 148대 6표로 가결시켜 절대적 신임을 보였다. 이승만은 미국과 때때로 외교적 마찰을 빚었는데, 장면의 유화적 태도를 십분 이용하려는 의도였다. 이승만은 더욱이 한국전쟁이 발발했을 때 국민방위군사건, 거창양민학살사건 등으로 정치적 위기에 몰려 있어서 장면의 유화적 인적 관계를 이용하려는 속내가 깔려 있었다.

장면은 이승만이 부산정치파동을 일으키고 발췌개헌안으로 장기 집권을 도모할 때 심한 자괴감을 느꼈고, 자신을 국회에서 대통령으로 추대하려는 움직임을 보일 때 이승만과 결별하기로 결심했다. 그리하여 장면은 반이승만 노선으로 돌아섰다. 더욱이 이른바 사사오입 개헌으로 민주당이 창당되었을 때는 신파의 지도자로 부상해 신익희 대표최고위원 밑에서 최고위원이 되었다.

● 4·19 혁명이 일어나다

1956년 직선제 정부통령 선거를 앞두고 그는 민주당 부통령 후보로 선출되었다. 민주당 대통령 후보 신익희가 갑자기 죽고 난 뒤, 부통령 후보 장면은 온갖 부정선거가 자행되는 상황에서도 여당인 자유당 부통령 후보인 이기붕을 누르고 당선되었다. 장면의 대중적 인기는 절정에 이르렀다. 그는 시위소찬尸位素餐이나 다름없는 부통령 자리에 있으면서 온갖 소외를 당했으나 민중적 지지를 업고 꿋꿋하게 버텨냈다.

　이승만에 맞서 대통령이 되려는 사람들은 장면만을 빼고 모두 중도에 죽었다. 이것이 현대사의 비극이다. 장면 부통령은 이승만의 눈에 박힌 가시였다. 당시 이승만의 나이는 81세였다. 이승만이 죽으면 장면이 대통령직을 승계한다. 이렇게 되면 자유당 정권은 하루아침에 무너진다. 민주당의 인기는 대단히 높았다. 장면과 조병옥 등 민주당 지도자들은 이기붕과 비교가 되지 않을 정도의 인기를 누렸다. 대통령 선거를 치른 지 4개월쯤 지나 민주당 전당대회가 명동 시공관에서 열렸다. 한 청년이 뛰어나와 단상을 향해 권총을 발사하여 총탄이 장면의 왼손을 뚫고 나갔다. 장면은 암살을 모면했다.

　이 청년은 김상붕이었는데, 민주당의 내분을 눈뜨고 볼 수 없었으며 장면이 원수인 일본과 친밀하게 지내려 하기 때문에 이 일을 저질렀다고 말했다. 그러나 누구도 이 말을 믿지 않았다. 신문들은 연일 의문을 제기했다. 이때 김상붕의 형인 김상봉이, 당시 야당지인 〈경향신문〉을 찾아가 배후로 자유당 비밀당원인 최훈을 지목했다. 최훈은 자유당의 실권자인 임흥순과 내무부장관인 이익흥이 공작을 꾸몄다고 폭로했다. 김상붕에게 사형을 내리고 나머지 배후인물은 흐지부지 덮어버렸다.

1959년에 실시되는 정부통령 선거에 대비한 민주당 정부통령 후보 선출에서 장면은 3표 차로 조병옥에 밀려 다시 부통령 후보를 수락했다. 조병옥은 신변치료를 하려 잠시 미국에 갔다가 사망하고 말았다. 민주당 부통령 후보 장면은 사상 유례가 없는 3·15부정선거 결과 자유당 부통령 후보인 이기붕에게 패배했다. 하지만 이 선거는 누구도 인정치 않은 불법선거로 그는 승복하지 않았다.

마침내 4·19혁명이 일어났다. 4·19혁명의 주역은 학생이었으니 정치세력이 될 수 없었다. 자유당은 식물인간의 처지로 전락했으며, 민주당은 집권 정당으로 군림했다. 새로운 헌법이 제정되어 내각책임제로 전환했고 양원제를 도입했다.

● 제2공화국이 출범하다

이해 7월 29일 참의원, 민의원으로 나누어 국회의원 선거가 실시되었다. 예전과는 달리 아주 자유스러운 분위기에서 치러졌다. 부정이 개입되었다면 여전히 막걸리를 아무 때나 퍼질러놓고 돈 봉투를 마구잡이로 뿌리는 정도였다. 학생들의 인기는 대단했다. 입후보자마다 학생을 모셔다가 찬조 연설을 시켰다. 학생들 특히 호국단 간부들은 이 연설장 저 연설장을 뛰어다니며 연설을 해주고 두둑한 돈 봉투를 챙겼다.

그 결과는 민주당이 민의원 233석 중 175석, 참의원 58석 중 31석을 차지했다. 무소속의 당선자 상당수가 민주당에 가까운 인사들이었다. 자유당은 겨우 6석을 얻어 여지없이 군소 정당으로 몰락했다. 이제 민주당 천하가 된 것이다. 이렇게 다수 의석을 차지했으니 민의를 받들어 참 민주주의를 실현할 수 있을 것이다. 그리고 지방의회 의원 선거가 실시되었다. 서울특별시의 시의원을 비롯해 도의원, 시의원, 군의원, 면의원까지 뽑아 지방 의회를 구성했으니, 완전한 지방 자치제의 실시였다. 그런데 지방 의원들은 지방행정을 두고 사사건건 문제를 걸고 넘어졌다. 토호, 모리배 따위 민주의식으로 훈련되지 않은 인사들이 선출되었던 것이다.

이 과정에서 민주당 내부에서 이른바 구파와 신파의 정쟁이 더욱 치열하게 전개되었다. 구파는 대개 지주 출신들이 중심세력을 이루고 독립운동가들이 더러 끼어 있었으며, 지역으로는 경상도, 전라도 인사들이 다수를 차지했다. 신파는 관료 출신으로 미국 유학파가 다수를 차지했으며, 지역으로는 평양 인사들이 많았다. 일제 식민지 시기 지주나 관료는, 가재와 게의 차이는 있겠으나 친일적 행각을 어느 정도 한 점에서는 마찬가지일 것이다.

신파의 우두머리는 장면, 곽상훈, 박순천 등이었다. 장면은 가톨릭 신자로 미국 유학을 다녀온 뒤 교육계에서 일생을 보내다가 해방 뒤 국무총리를 지냈지만 친미적 인사로 미국식 민주주의 방식에 익숙했다. 그러나 성격이 온건하여 우유부단하다는 평을 들었다. 그러나 일제시기 민족운동을 한 곽상훈과 여성운동을 한 박순천은 성격이 깐깐하다는 평을 들었다. 구파의 우두머리는 조병옥, 윤보선, 김도연, 유진산 등이었다. 조병옥은 미군정 경무부장을 지내면서 많은 비리를 연출했다. 윤보선은 대지주 출신으로 영국 유학을 다녀온 뒤에 지조를 지키다가 해방 뒤 서울시장 등을 지냈다. 윤보선은 성격이 외곬이었다. 경제통인 김도연은 정치가라기보다 학자풍의 면모를 지녔으며 반공청년운동을 한 유진산은 술수에 능란했다.

두 파는 서로 으르렁거렸다. 쉽게 말해 한 당 안에서 누가 더 권력을 잡을 것이냐로 싸움을 시작한 것이다. 구파의 윤보선은 실권 없는 대통령으로 선출되었으나 국무총리 지명권을 가졌다. 그는 구파의 김도연을 국무총리로 지명했으나 국회 인준을 받지 못했다. 그래서 다시 신파의 장면을 국무총리로 지명하여 가까스로 인준을 받았다. 장면은 내각을 구성하면서 구파 인사는 한두 명 넣는 시늉만 하고 거의 신파 인사로 채웠다.

이 민주당 정권을 제2공화국이라 부른다. 윤보선이 구파였으니 신파로 국무총리를 지명하는 것이 형평에 맞을 것이며 장면이 신파이니 구파 인사를 안배했더라면 구파의 불만을 어느 정도 풀어주었을 것이다. 이때 구파에 김영삼, 신파에 김대중이 소장의 한 사람으로 줄을 대고 있었다. 그러나 인간은 나누어주기보다 독식하려는 생물학적인 버릇이 있어서, 여기서 갈등의 골이 깊어졌다. 이 골을 더욱 깊게 부채질한 것은 언론매체였다. 〈동아일보〉는 지주중심 정당이었던 한민당 계열로 구파인사들과 가까워 구파를 지지했고, 〈경향신문〉은 천주교 계열로 장면이 천주교 신자여서 신파를 지지했다. 둘 다 자유당 독재정권에 항거한 공로를 등에 업고 이익집단으로 전락한 것이다. 그런 끝에 초록은 동색임에도 불구하고 구파들은 갈라져 나가 신민당을 창당하고, 사사건건 장면 정권의 정책을 물고 늘어졌다.

● 실질적인 개혁을 이루지 못하다

가장 민주적 헌법 아래에서 출범한 민주당 정권은 민의를 존중했다. 그런데 그동안 억압되었던 민의는 절제되지 않고 마구잡이로 분출되었다. "내가 민주시민이다"라고 외치며 길가에 담배꽁초를 버리는 것도 자유라 우겼다. 경찰관의 멱살을 움켜쥐고 한번 잡아당기고는 자기만족에 취했다. 이런 방식의 집단이기주의가 만연했다. 상이군인들은 목발을 집고 국회로 들어가 의장 단상을 점거하고 기물을 마구 부수며 소리쳤다.

군 내부에서는 하극상 사건도 일어났다. 1960년 5월 김종필, 김형욱 등 육사 8기생들인 8명의 중령들은 부정선거를 방조한 군 고위인사의 책임을 추궁할 것과 부정축재를 일삼은 장성을 처단할 것, 군의 정치적 중립 등을 내걸고 정군모의整軍謀議를 했다. 이들은 사전에 탄로가 나서 체포되었다. 이 여파는 공군, 해군, 해병대 등으로 번졌다. 해병대의 김동하 준장은 해병대사령관인 김대식 중장의 해임을 건의하기도 했다. 이들의 정군운동은 겉보기로는 그럴듯하지만, 남북이 대치하는 긴장국면에서 장면 정권의 리더십에 큰 타격을 주었다. 이때 강력하게 군의 분파작용을 정리했더라면 5·16군사쿠데타를 막을 수 있었을 것이다.

학생들은 횃불 시위를 벌이며 "가자, 북으로! 오라, 남으로!"를 외치며 거리를 누볐다. 이 주장은 당시 반공 이데올로기 교육에 젖은 일반 민중의 정서에 맞지 않았다. 또 교원들도 노조운동을 벌였다. 교원들은 전국적으로 노조운동을 세차게 벌였으나, 장면 정권은 이를 허용하지 않았다. 장면 정권은 노동자 이익에 별 관심을 기울이지 않았다. 혁신세력들은 진보당이 해체된 뒤에 숨을 죽이고 있다가 재건운동을 세차게 벌였다. 이들은 여러 정당으로 갈라져 각기 주의 주장을 내걸었다. 이들은 〈민족일보〉라는 매체를 통해 자신들의 정치적 견해를 서슴없이 표출했다.

9개월 동안 가두시위는 2,000여 건, 연인원 100만 명을 헤아렸다. 거리는 온통 소란스러웠다. 하지만 이 소란은 역사적으로 볼 때 일시적 현상일 뿐이다.

민주당 정권은 부정선거 관련자처벌법과 부정축재자 특별처리법에 따라 3·15부정선거를 지휘한 내무부장관 최인규와 깡패 임화수 등을 체포하여 재판에 회부했다. 또 경제개발제일주의를 내걸고 장기적인 경제계획을 세웠다. 그런데 역사의 오류를 범하고 있었다. 미국은 한미경제협정을 체결하자고 압력을 넣었다. 장면 정권은 이에 동의하여 협정을 맺었다. 그런데 이 협정에는 환율을 인상하고 원조의 배당과 지출을 미국이 직접 감독한다는 조항이 들어 있었다. 환율의 인상은 원화의 가치를 여지없이 떨어뜨렸으며 원조 조항은 주권의 침해와 관련되었다.

또 일본 상품의 수입을 허가했다. 이승만 정권은 일본 상품의 수입을 아주 제한적으로 허용해 왔다. 일본 상품의 대폭 수입은 취약한 국내 기업을 더욱 위축시켰다. 당시 일부 애국시민들은 국산품 애용운동을 벌이고 있었다. 국내 기반을 다지지 않고 성급한 조치를 내렸던 것이다. 더욱이 이 조치는 정치자금 확보와 관련이 있었다.

이처럼 실질적 개혁은 아무것도 이루어지지 않았다. 그 결과 물가는 38퍼센트나 뛰어오르고 실업률은 24퍼센트에 이르렀다. 민중의 생활이 더욱 어려워지고 경제가 침체되자 과거 이승만 정권의 억압을 잊은 채 "구관이 명관"이라는 말이 튀어나왔다. 민주당 정권은 9개월을 버텼으나 5·16쿠데타로 역사의 전면에서 사라졌다.

● 불행한 정치가로 생을 마감하다

5·16쿠데타를 보고 장면은 잠적해버렸다. 미국 대사관에서 그를 찾으려 했으나 종적을 찾을 길이 없었다. 잠적한 지 55시간 만에 나타난 장면은 내각의 총사퇴를 발표하고 정권을 군사혁명위원회에 순순히 넘겨주었다. 이에 혁명위원회는 이름을 국가재건최고회의로 바꾸고 이른바 혁명내각을 발표했다. 이렇게 하여 군사정권은 합법성을 확보했다.

장면은 수녀원에 숨어 지내다가 미국이 군사 쿠데타를 인정하는 듯하자 너무나도 쉽게 내각 총사퇴를 결의했다. 더욱이 정치적 맞수인 윤보선은 군사 쿠데타를 보고 "올 것이 왔다"며 알쏭달쏭한 발언을 했고, 신민당은 어중간한 태도를 보였다. 그는 여러 차례 쿠데타 경보를 받았으나 별다른 조치를 취하지 않았다.

주미대사 시절 장면은 1949년 초대 주미대사로 임명되었으며, 이듬해 한국전쟁이 일어났을 때 유엔군의 한국파병에 큰 역할을 했다.

장면 정권 9개월은 분명히 여과되지는 않았으나 자유를 구가했고 절차 민주주의가 보장되었으며 인권 개선이 부분적으로 이루어졌다. 그가 좀 더 과감하게 현실에 대처했더라면 군사독재정권이 성립되지 않고 민주질 서를 회복할 수 있었을 것이라는 평가가 따른다.

그는 정치정화법에 묶여 정치활동이 중지되었고 연금생활을 강요당했다. 더욱이 반혁명사건에 연루되어 10년형을 선고받는 탄압을 받았다. 비록 형집행정지로 곧 풀려났으나 회한의 나날을 보냈다. 그는 5년 동안 신앙생활을 한 끝에 죽음을 맞이해 포천 가톨릭묘지에 묻혔다.

그는 식민지 시기에는 별 어려움 없이 평탄한 나날을 보냈고, 해방 뒤 정치 초년기에는 행운을 얻었다 할 정도로 순탄한 길을 걸었고, 이승만 장기집권의 시기에는 암살음모를 겪으면서 대중적 인기를 누렸으나 끝내 불행한 정치가로 인생을 마무리했다.

◉　　◉

김　　김
두　　일
봉　　성
，　　，

독　　항
립　　일
운　　과
동　　항
의　　미

원　　그
로　　리
이　　고
자

북　　독
한　　재
정　　자
권　　의
의

원　　두
수　　얼
　　　굴

3부 누가 북한을 움직이는가

01
김두봉

독립운동의 원로이자 북한정권의 원수

김두봉이 정치에 뛰어들지 않고 스스로 늘 말했던 것처럼 대학총장으로 재직하면서 한글
연구에만 몰두했다면 불행한 종말을 겪지 않았을 뿐 아니라, 우리 국어 역사에 기여한 바도
컸을 것이다.

● 주시경의 제자가 되어 한글을 익히다

1944년 초 연안으로 온 조선의용군들은 태항산 지구에 두었던 조선혁명 군정학교를 연안 외곽 나가평으로 옮겼다. 그런데 이들은 비록 팔로군의 지원을 받으면서도 행사 때 태극기를 사용하는 등 자주적인 면모를 보여주었다. 나가평 마을은 연안 교외로 10킬로미터쯤 벗어나 있었다. 그런데 우리 일행은 생각보다 쉽게 마을을 찾았다. 자동차가 다니는 큰길에서 다리를 지나 조금 올라가니 언덕 아래에 마을이 자리 잡고 있었다.……마을 입구에는 조선군정학교를 소개하는 비석이 서 있었다. 1996년 연안 지구문물관리위원회에서 건립했는데, 거기에 교장 김백연, 부교장 박일우의 이름이 적혀 있었다. 김백연은 바로 김두봉의 중국식 이름이었는데 호처럼 사용했다. 나는 마을사람들의 증언을 들으며 기록과 거의 일치한다는 생각이 들어 흐뭇했다.

이이화《역사는 스스로 말하지 않는다》

이 내용은 필자가 국어학자이자 독립운동가이며 북한정권의 최고위직을 지낸 김두봉金枓奉(1889~1961)의 행적을 찾아보고 기록한 중국 역사기행의 한 부분이다.

김두봉은 남쪽 바다 끝에 있는 동래군 기장(지금의 부산광역시)에서 태어났다. 그도 당시 여느 아이들처럼 아버지 밑에서 한문을 배웠다. 그러나 두봉은 한문만 배워서는 시대에 뒤떨어진다고 생각해 스물한 살 때 단신으로 서울에 올라왔다. 용기 있는 소년이었다. 그런데 그는 뒷날 어릴 때 배운 한문지식을 국어를 연구하면서 많이 활용했다고 전한다.

그의 소년시절은 자세히 알려져 있지 않으나 어떤 연고인지 1909년 기호흥학회에서 설립한 단기 교육기관인 기호학교에 입학했다. 기호학교는 서울 화동에 있었는데 특별과는 1회 졸업생을 내고 경영난으로 폐지되었다. 그러다가 기호흥학회는 서북학회, 교남학회, 호남학회 등과 합병하여 중앙학회라 불렸고 다시 학교를 개설해 중앙학교(지금의 중앙고등학교)라 했다.

그는 기호학교를 1회 졸업한 뒤 배재학당에 입학했다. 이 학교에서 그는 스승 주시경을 만났고 동료인 최현배를 만났다. 한글 연구와 보급에 몰두한 주시경은 독립협회 운동을 벌이면서 〈독립신문〉 발행을 주도했고, 이승만이 감옥에 갇혔을 때 탈옥을 모의하기도 한 열혈 지사였다. 그가 주

김두봉 한글학자였던 김두봉은 독립운동의 일선에 나서면서 모택동의 지원을 받았고 끝내 북한으로 갔다.

시경을 만난 것은 하나의 인생 전환이었다. 그는 주시경의 제자가 되어 열심히 스승의 가르침을 따랐다.

그러나 배재학당을 오래 다니지 못한 것으로 보인다. 아마 가정 형편이 어려워 편안하게 학교공부를 할 수 없었을 것이다. 주시경은 다시 국어연구학회라는 모임을 가지고 그 산하에 강습소를 차렸는데, 1911년 2회 졸업생에 김두봉과 최현배의 이름이 올라 있다. 또 그는 주시경이 차린 조선어강습원에 다녀 본격적으로 한글 공부를 시작했고 1913년 고등과를 졸업했다. 당시 졸업생 33명 가운데 최현배도 들어 있었다. 김두봉은 최현배보다 나이가 다섯 살 많았으나 서로 지울 수 없는 동지가 되었고 친구가 되었다. 김두봉은 울산이 고향인 최현배의 팔을 잡아끌어 함께 한글 공부를 했다. 이에 대해 이준식은 다음과 같이 쓰고 있다.

주시경은 언어가 민족의 얼이라고 본 언어민족주의자였다. 배달말글음이라는 조직을 통해 주시경에게서 직접 가르침을 받거나, 주시경의 후계자들로부터 가르침을 받아 한자의 세계를 한글의 세계로 바꾸는 언어혁명을 추구한 사람들을 '주시경학파'라고 할 수 있다. 이들은 민족의 언어와 얼이 일치한다는 언어민족주의의 사상, 한글 전용과 가로쓰기 추구, 어휘·형태소의 문법이라는 공통성을 지녔다. 김두봉과 최현배는 조선어강습원 고등과를 수료한 뒤 이미 주시경학파의 중추 역할을 했다.

이준식 《남과 북을 만든 라이벌》

요컨대 이들은 한글운동이 민족운동과 일치한다는 의식을 지니고 있었다는 의미이다. 그리하여 이들은 민족운동을 동시에 벌였다. 당시 일제는 조선을 완전 식민지로 만들고 총독정치를 펴면서 조선의 얼을 지우는 작업을 자행했다.

● 민족의 언어와 얼은 일치한다

김두봉은 한글 공부에 열중하면서 주시경이 진행 중이던 사전 만드는 일을 도왔다. 그리고 한편으로는 동지를 모아 대동청년단이라는 비밀결사를 조직하고 활동을 전개하다가 1913년 적발되어 해산당하는 아픔을 겪었다. 일제 당국은 당시 여러 결사체를 해체하고 집회의 자유를 억압했다. 그는 최남선이 경영하는 잡지 〈청춘〉의 편집일을 맡기도 했다. 〈청춘〉은 서구의 문학작품과 우리 고전을 소개하면서 민족의식을 고취하는 계몽성을 띤 대중 잡지였다.

또 이들 한글을 연구하는 주시경학파는 대종교에 들었다. 나인영은 을사오적의 암살을 기도하기도 하고 일본에 건너가 요로에 조선 병합의 잘못을 지적하기도 하다가 옥고를 치른 민족지도자였다. 그는 끝내 국조 단군을 받들어 민족혼을 일깨우려 이름을 나철羅喆로 바꾸고 대종교를 창시했다. 이들 남형우, 김두봉, 최현배 등은 대종교에 입교해 활동했는데 김두봉이 가장 열성적으로 받들었다. 그는 구월산 등지 단군의 유적을 돌아보기도 했다.

그러다 두 가지 비극적 사태를 맞이했다. 먼저, 그의 스승 주시경이 망명을 준비하다가 1914년 병사하는 변고를 맞았다. 그는 주시경의 가르침에 따라 망명을 해서 한글 연구에 평생을 바쳤다.

그리고 나철은 일제에 항거하다가 뜻을 이룰 수 없게 되자 1916년 일제를 규탄하는 글을 남기고 구월산에 들어가 단전 호흡법으로 자결했다. 이때 열혈청년 김두봉은 나철을 수행했다. 그는 이 장면을 평생 잊지 않으며 온갖 고난을 무릅쓰고 민족독립운동에 매진했다.

그는 주시경의 뒤를 이어 조선어강습원 고등과 강사, 보성고보, 휘문고보, 중앙고보에서 시간 강사로 조선어를 가르쳤다. 그때 그는 세로쓰기를 한《조선말본》을 펴냈다. 머리말에는 이런 구절이 있다.

슬프다. 꿈도 생각도 밖에 지난여름에 우리 한흰샘 스승님이 돌아가시고 아답지 못한 사람이 말본까지 짓기에 이르렀도다. 스승님이 계실 때 이미 박아낸《조선말글본》이 있었으나 이는 지은 지 너무 오랜 것이므로 늘 고쳐 만드시려다가 가르치시는 일에 너무 바빠 마침내 이루지 못하고 돌아가셨으므로 이제 말본이 매우 아쉬울 뿐더러……

1916년 4월 이 책을 발행했는데, 순한글로 쓰고 조금 난해한 곳은 옆에 한자를 병기했다. 전통적인 한자 위주의 표기 방식을 뒤집은 것이다. 또 서울말을 표준으로 삼았으나 본에 맞지 않은 단어는 다루지 않았다고도 했다. 이 책은 그의 첫 한글 저술이다.

이보다 한 해 앞선 1915년, 경성고보 부설의 교원양성소 교사에 이어 경성고보 학생들이, 조선의 경제적 자립을 표방하고서 조선에서 생산된 옷감을 입는 것으로 민족경제를 육성해 식민지 경제의 예속에서 벗어나 부강을 이룩하자는 취지로 모임을 만들었다. 여기에 회원 130여 명이 모여 조선산직 장려계를 조직했고 여기 협의원으로 김두봉을 비롯해 백남운, 유근, 최남선, 안재홍, 김성수 등이 이름을 올렸다. 1916년 이 조직이 발각되어 주모자들은 보안법 위반으로 조사를 받았다. 김두봉은 보성고보 교장 최인으로부터 면직처분을 받아 다시는 교단에 설 수 없었다.

그는 비합법적 공간을 확보할 수밖에 없었다. 무허가 강습소를 열고 학생들을 가르치면서 한글 연구를 거듭했고 민족운동에도 소홀하지 않았다. 그러면서 1917년 28세의 나이에 늦은 결혼을 했다.

● 상해 임시정부에서 교육에 심혈을 기울이다

1919년 3·1만세시위가 벌어질 때 그는 학생들을 동원해 〈독립선언서〉를 돌리고 직접 시위에 가담하기도 했다. 그는 경찰의 주목을 받아 이집 저집을 돌아다니면서 한 달 동안 도피생활을 했다. 결국 그는 상해로 탈출하기로 했다. 당시 상해에는 임시정부가 수립되지 않았고 우리 동포는 신규식, 여운형 등 수십 명에 지나지 않았다. 하지만 이곳에 근거지를 둔 신한청년당에서 국내와 연계해 독립운동을 공작했다. 그는 이 소식을 알고 상해로 망명하려고 결심했던 것으로 보인다. 그러나 신혼의 아내를 데려갈 수 없는 처지였다.

그는 한 동지를 시켜 영등포역에서, 부산 발 신의주 행 기차표를 끊어

승차하게 하고 자신은 장사꾼 차림으로 변장을 해 용산역에서 입장권을 사서 승차해 차표를 바꿨다. 망명객다운 위장술을 처음 써먹은 꼴이다. 압록강 도강을 앞둔 지역을 통과할 때 일경의 감시와 검문이 철통같이 깔려 있었다. 그는 신의주에 쌀 시세를 알아보러 가는 중이라고 둘러대서 통과할 수 있었다.

신의주에서 그는 예전 대동청년단 동지의 도움을 받아 별 탈 없이 쪽배를 타고 압록강을 건너 안동(지금의 단둥)에 이르렀다. 안동에서 다시 동료와 접선해 영국의 화물선을 타고 목적지인 상해에 이르렀다. 그는 상해에서 신규식, 여운형 등 독립지사들과 접촉했고 임시정부 수립에도 가담했다. 김두봉은 임시정부가 발족되었을 때, 경상도 대표로 의정원 의원을 맡았으나 내분으로 곧 해임되었다. 그는 정치활동보다 교육, 문화에 더 역점을 두었다. 몇 가지를 들어보자.

첫째, 임시정부가 발족되었을 때 무엇보다 역사 편찬의 필요성이 제기되었다. 그는 이광수, 조동호 등과 함께 사료편찬위원이 되어 일본의 한국 침략 과정과 3·1운동 내막을 담은 《한일관계사료집》 4권을 간행했다. 둘째, 한글말본을 다시 펴냈다. 그는 《조선말본》을 수정하고 보완해 1921년 《깁더 조선말본》을 출간했다. 그는 수술을 받으면서도 집필을 멈추지 않았는데, 출간을 앞두고 한글 자모를 구할 수 없어 자신이 직접 활자를 만들었다. '깁더'는 깁고 더 보탰다는 뜻이다.

마지막으로, 그는 인성학교에서 동포 자제 교육에 힘을 쏟았다. 인성학교는 처음 프랑스 조계에 두었다가 홍구공원 옆(현재 중주로 소학교)으로 옮겼다. 1917년 이 학교에서는 초등과와 중등과를 두고 민족교육을 실시했다.

초대 교장은 여운형이었고, 1924년에는 김두봉이 4대 교장을 맡았는데, 이때 삼일학교로 교명을 바꾸었다. 유교의 도덕 냄새가 나는 인성仁成이 아닌 삼일三─이라는 이름에는 민족사적 의미가 담겨 있기 때문이다. 역사는 박은식, 한글은 김두봉이 맡았다. 한글 교재는 바로 《깁더 조선말본》이었다. 이 학교는 발전을 거듭해 1929년에는 교사 5~6명에 학생 100여 명을 확보했고, 외국유학 준비과정을 두기도 했다. 1932년 윤봉길 의사 사건으로 임시정부가 상해를 떠날 무렵 김두봉은 교장직을 사임했다.

● 조선독립동맹의 주석으로 활동하다

김두봉은 1920년대 끝 무렵부터 정치활동에 나섰다. 그의 의도는 명확하게 집어낼 수 없지만 민족운동을 펴는 정당 단체끼리 갈등과 분열을 일삼는 양상을 보고 이런 결심을 굳혔을 것이다. 그리고 이 무렵 그는 사회주의 쪽으로 방향을 틀었다. 그의 두 번째 전환이라고 말할 수 있다. 한문학자이자 국어학자가 계급투쟁의 이론에 빠진 것이다.

그는 1929년 한독당에 가입해 이사장 송병조와 함께 비서장을 맡았고, 이어 1931년 만주사변을 계기로 좌우통합에 나섰다. 그 결과 1932년 10월 상해에서 최동오, 신익희, 김규식 등과 함께 통일전선을 결성하기로 합의해 한국대일전선 통일동맹을 결성했다. 조직이 계속 확대되어 미주의 여러 정당 단체와 신한독립당, 의열단 등 10개 정당 단체가 참여했다. 그는 최동오, 김규식 등과 함께 집행위원으로 활동했다. 임시정부를 고수하는 한독당만이 참여를 거부했다.

이들 대부분은 일제의 압박을 받고 상해에서 물러나 남경에 근거지를 두고 있었다. 남경에는 의열단 단원을 중심으로 많은 독립지사들이 활동했다. 이들은 연합체보다 신당을 만들어야 한다는 주장에 따라 1935년 남경에서 한국민족혁명당을 결성했다. 김두봉은 내무부장 겸 선전부장을 맡아 외무부장 김규식, 군무부장 이청천과 행동을 같이했다. 그들은 일제를 박멸하고 민주공화국을 건설할 것을 강령으로 내세웠다.

하지만 주도권을 두고 내분이 일었다. 의열단 단장으로 민혁당의 최고 책임자가 된 김원봉이 당의 주도권 분쟁에 뛰어들었다. 그리하여 김원봉을 반대하는 세력들이 떨어져 나갔다. 김원봉은 김두봉의 생질이었다. 그는 김원봉과 함께 의열단원 또는 청년들을 중국의 군관학교에 입학시키는 일에 매달렸다. 그리고 김원봉은 1939년 조선의용대를 창설해 총대장이 되었다. 그는 일정하게 통일전선 운동과 조선의용대를 도왔다. 조선의용대는 국민당 정부의 자금을 받으면서 항일활동을 활발하게 벌였다. 공산당의 주은래는 조선의용대를 자신의 근거지인 화북으로 돌리기 위해 공작을 벌였다. 화북지방은 일본군과 항전을 벌이는 최일선이었다. 그리하여 의용대 대원들은 대부분 중경의 국민당 산하를 벗어나 1940년 3월 팔로군 주둔지역인 화북으로 발길을 돌렸다.

김두봉은 조선의용대를 따라가지 않고 김원봉과 함께 국민당 정부를 따라 중경으로 옮겼다. 그는 남경에서 생활하는 동안 가정을 꾸렸지만 마음을 바꾸었다. 그는 1942년 봄 어린 딸을 데리고 중경에서 연안의 방어선인 태항산 지구로 들어갔다. 그는 왜 공산당 본거지로 옮겨갔을까? 이를 두고 말들이 많았다. 김구가 이끄는 임시정부 요인들이 그를 푸대접해서 욱하는 심정에서 발길을 돌렸다, 부패한 국민당 정부를 믿을 수 없어서 공산당을 통해 민족해방을 이룩하려 했다는 설 등이 섞여 있다.

그는 고난을 길을 걸어 험준한 태항산 지구의 하남점과 동욕 등지에서 조선군정학교를 이끌고 조선청년연합회의 근거지를 만들었다. 이곳에는 이미 무정이 수백 명의 조선의용군을 이끌고 있었으며, 이들은 일선에 나가 일본군과 전투를 벌였고 지하활동도 전개했다. 희생자들이 속출했다. 중국공산당과 팔로군에서는 이들을 보호해 해방의 날을 대비해야 한다는 논의가 일어났다. 그리고 화북을 중심으로 해, 조선 사람들로 조선독립동맹을 결성해야 한다는 의견도 제기되었다. 그리하여 1942년 조선독립동맹을 창립하고 그 산하에 조선의용군을 소속시켰는데 김두봉은 그 주석으로 취임했다. 독립동맹 조직은 계속 확대되었고 서울에서도 여운형이 그 지부를 조직했다고도 한다.

이때 팔로군에서 신변 보호를 위해 1944년에 이들은 연안일대로 옮겼고 김두봉은 앞에서 본 대로 연안지구에 포함되는 나가평에서 군정학교를 다시 열고 군사교육을 실시했다.

나가평의 생활은 말이 아니었다. 김두봉은 군정학교의 교장으로 있으면서 자력갱생을 해야 했다. 이들은 동굴생활을 하면서 농사를 짓고 채소와 토마토를 가꾸면서 살아야 했다. 이때 김두봉은 14세가 된 어린 딸 해엽과 함께 살았다.

● 김일성의 이용물로 전락하다

이들은 이해 8월 11일 일본의 항복 소식(일본군의 만주 철수)을 듣고 동굴 앞마당에서 솜에 피마자기름을 바른 횃불을 들고 노래를 부르고 춤을 추면서 자축연을 벌였다. 이들 일진은 이해 9월 3일 조국으로 귀환하기 위해 4,700리를 걸었다. 그야말로 형극의 행군이었다. 북경 언저리인 승덕에 와서야 기차를 타고 봉천(심양) 근처에서 내렸다. 해방 당시 독립동맹과 조선의용군의 수는 2,000여 명이었으나 이들이 행군하는 동안 일본군, 학도병, 장병들이 합류해서 8만여 명을 헤아렸다. 이들은 만주의 소련군 점령지역에 들어와 제재를 받았다. 소련군은 봉천에서 이들의 전진을 막았고 선발대 1,500여 명이 신의주에 이르렀을 때는 무장해제를 시켰다.

김두봉은 딸과 함께 고난의 행진을 했으나 중경에 남겨둔 아내와 12세가 된 아들 상엽은 데려올 수 없었다. 그는 고국에 귀환했으나 고향으로 가지 않았다.

북한에 귀환한 김두봉은 독립동맹을 대표해 조선의용군 사령관 무정과 함께 중국공산당을 배경으로 해서 정치일선에 나섰다. 김일성도 그를 무시할 수 없었다. 그는 소련을 배경으로 한 김일성 다음으로, 원로의 대접을 받으면서 독립동맹 조직 확대에 힘을 쏟았다. 이들은 언제부터인지 연안계라 불렸다. 이들은 통일전선 형성에 주력했다. 서울에서는 백남운이 독립동맹 경성위원회(뒤에 조선신민당으로 개편)를 결성해 위원장에 취임했다.

김두봉은 북조선 임시인민위원회가 발족할 때, 위원장 김일성 다음으로 부원원장에 선출되었다. 이어 1946년 2월에는 독립동맹을 강력한 정당으로 확대하기 위해 조선신민당으로 개편했다. 그는 토지개혁, 남녀평등 등 현실정책에 많은 기여를 했다. 그는 김일성과 긴밀한 협조관계를 맺고 통일전선체인 공산당, 신민당, 북조선노동당을 합당하는 데 힘을 기울였다. 그리고 1947년 2월 선거를 통해 최고정권기관인 인민회의를 결성했을 때는 상임위원회 의장(국회의장격)에 선출되었다. 그는 이 직책을 맡은 뒤 헌법 초안 만드는 일을 지도했다.

1948년을 앞뒤로 하여 이승만이 단독정부 수립을 들고 나왔다. 이에 김구와 김규식은 연명으로 남북지도자회의를 제안하는 편지를 김일성, 김두봉 앞으로 보냈다. 그리고 김두봉에게는 남북 애국자들이 모여 민족통일을 이룩하자는 사신을 보내기도 했다. 김일성과 김두봉은 이 제안을 받아들였다. 사실 김두봉은 평소 김구에게 호감을 가지지 않았는데, 김구가 정치적으로 궁지에 몰리자 이를 제안한 것으로 이해하면서도 통일전선을 이루는 데 도움이 되겠다고 판단했다는 것이다.(심지연《김두봉》참고)

한편 김일성과 김두봉은 전조선 정당·사회단체 대표자 연석회의를 열자고 제의했다. 이해 4월 평양에서 회의가 열렸다. 그는 김일성, 허헌, 박헌영, 백남운, 여운홍 등 28명의 주석단에 들었다. 하지만 불만을 가진 김구는 참석해 간단한 연설을 했을 뿐이며 김규식은 참석조차 하지 않았다. 김두봉은 김구, 김규식, 조소앙, 홍명희, 김일성 등 지도자를 자택으로 초청해 현안을 토의했다. 이어 김일성, 김두봉, 김구, 김규식 등 4자회담을 주선해 통일을 위한 공동대책을 토론하고 남한의 5·10선거 반대를 천명했다.

그러나 남한에서는 이들의 뜻과 달리 총선거가 실시되어 정부가 수립되었다. 그러자 다시 지도자 회의를 가졌으나 성과는 없었다. 이에 북한에서도 모든 준비를 끝낸 뒤 관망하다가 정식으로 정부를 출범시켰다. 북한에서 최고인민회의가 결성되었을 때 그는 위원장에 선출되어 명목상 국가원수가 되었고 김일성은 수상으로 취임해 모든 실권을 잡았다. 김두봉은 한국전쟁이 야기되었을 때도 북침설을 주장하기도 하고 전시체제 동원령에 앞장섰다. 그 뒤 그는 김일성 독재체제 구축에 들러리 역할을 했다는 비난을 받아야 했다.

● 마침내 숙청당하다

김일성은 한국전쟁이 종말에 이를 무렵, 남로당 계열을 숙청하기 시작했다. 1953년 8월에 이들에 대한 군사재판이 열려 간첩혐의를 받은 이강국, 임화 등이 처형되었고 뒤이어 박헌영도 연루되어 처형되었다. 뒤이어 연안계와 소련계도 숙청 대상에 포함되었다.

한국전쟁에서 북한이 멸망하지 않고 정권을 유지한 직접적 계기는 바로 중국 지원군의 참전이었다. 중국과 긴밀한 관계를 가진 연안계는 이에 힘입어 발언권을 높여갔다. 하지만 김두봉은 남로당 계열의 숙청에 동조했다. 그런데 김일성은 1955년부터 주체사상을 강조하기 시작했다. 이것이 김일성 유일체제의 신호탄이다. 김일성 계열인 만주 항일유격대 출신들은 연안계의 박일우를 종파분자로 몰아 노동당에서 축출했는데, 이 때문에 연안계의 불만이 고조되었다. 하지만 김일성은 여러 정세를 감안해 연안계 숙청을 미루고 개인숭배 작업을 벌였다. 그러다가 1956년 당중앙위원회 전체회의에서 서휘, 윤공흠 등의 개인숭배를 배격하는 발언이 잇따랐고, 김일성 추종자들이 이들을 반당분자라고 규탄하면서 두 사람을 회의장에서 몰아냈다. 그러자 이들은 회의장을 빠져나오자마자 즉각 중국으로 망명했다.

김두봉도 종파분자에 포함되어 비판의 대상이 되었다. 그리하여 1957년 중앙상임위원장 자리에서 물러나야 했다. 이어 노동당에서도 축출되었고 뒤따라 연안계들도 검거 투옥되었다. 김일성은 그를 두고 "김두봉의 죄가 큽니다. 그는 적지 않은 젊은 사람들을 못 쓰게 만들었습니다"(심지연

김두봉 8·15광복 이후 김두봉은 북한에서 조선인민당을 조직하여 위원장을 맡고 있었으나, 소련군의 압력으로 조선공산당 북조선분국과 합당해 이후 북조선노동당 위원장이 되었다.

《김두봉》라고 주장했다. 그는 후미진 협동농장으로 쫓겨나 농사를 짓다가 1960년 병사했다고 전한다.

김두봉은 북한정권에서 명목으로는 국가원수로서 정치적으로 큰 역할을 했다. 그러나 실권은 모조리 김일성이 틀어쥐고 있었다. 그러나 김두봉은 북한의 언어정책에서만은 중심적 역할을 했다. 1946년 김일성대학의 총장을 맡아 2년 동안 봉직한 적이 있다. 그가 만일 교육자 또는 학자로 마지막 생애를 보냈다면 어떠했을까?

그는 북한정권에서 정치적 행위보다 민족사적으로 중요한 일을 해냈다. 그가 김일성대학의 총장으로 있을 때, 김일성대학에는 조선어문학 강좌가 열렸고 이어 조선어문연구회가 결성되었다. 여기서 김두봉은 절대적 권위를 가지고 지도했다. 이들 관련 학자들은 한자 폐지와 새로운 맞춤법(조선어 신철자법) 제정을 이끌었다. 김두봉은 후배 이극로 등을 앞세워 북한의 언어정책을 수립했다. 그러므로 오늘날 북한에서 사용하는 한글은 김두봉의 작품이라고 해도 좋을 것이다.

그가 정치에 뛰어들지 않고, 자신이 늘 말한 대로 대학총장으로 재직하면서 한글 연구에만 몰두했더라면 불행한 종말을 겪지 않았을 뿐 아니라, 우리 국어 역사에 기여한 바도 컸을 것이다.

02
김일성

항일과 항미 그리고 독재자의 두 얼굴

김일성은 항일투쟁을 한 독립투사였고 초기 남북 분단구조 아래에서는 유연성을 보였으며 고려연방제를 제의하는 합리성도 보였다. 그러나 유일 체제의 주체사상 정립, 일가의 우상화 조작, 부자 세습제의 추구 등은 돌이킬 수 없는 역사적 민족적 과오였다.

● 자손들에게 기개를 가르치고 혁명투쟁을 독려하다

김일성金日成(1912~1994)은 우리 현대사에서 가장 많이 인구에 오르내리는 인물 가운데 한 사람일 것이다. 다른 문제는 제쳐두고라도 독재적 수법으로 장기집권을 하고도 아들에게 세습의 방식으로 자기가 차지했던 자리를 넘겨주었으니 그럴 법도 하다. 그의 생애와 행적에 대해서는 옳고 그름을 가릴 것 없이 그동안 많은 저작물이 쏟아져 나왔다. 여기서는 가급적 객관적 사실을 토대로 그의 출신배경과 성장과정, 정치적 행적에 대해 기술하려 한다.

김일성은 스스로 회고록을 남겼다. 그러므로 어쩔 수 없이 어린 시절의 이야기는 그의 회고록을 토대로 기술해야 한다. 김일성의 어린 시절을 기록한 다른 자료가 많지 않기 때문이기도 하다.

김일성은 회고록에서 자신의 조상에 대해 이렇게 쓰고 있다.

우리 가문은 김계상 할아버지 대에 살길을 찾아 전라북도 전주에서 북으로 들어왔다고 한다. 만경대에 뿌리를 내린 것은 증조 할아버지(김응우) 대부터였다.

김일성《세기와 더불어 1》

그는 김계상이 몇 대 조상인지, 어느 때 이주해왔는지는 밝히지 않고 있다. 그의 조상이 전주에서 북쪽으로 이주한 시기는 19세기 전반기로 보인다. 이들 김씨의 본관은 전주였다.

전주 모악산은 주변에서 명산으로 꼽히며 산 아래 미륵불을 안치한 금산사 언저리는 많은 민중종교와 신도들이 몰려드는 곳이기도 했다. 모악산 동쪽의 산등성 아래, 선녀폭포의 좌측 산줄기에 고만한 묘가 하나 자리 잡고 있다. 이 묘는 천하의 명당이라 소문이 나 있다. 현 행정구역으로는 완주군 구이면 원기리이다. 그 묘의 주인공은 전주김씨의 시조인 김태서 부부이다.

그러면 김태서는 누구일까? 김태서는 신라 마지막 임금인 경순왕의 넷째 아들인 대안군의 후손이었다. 그는 몽골군이 침입해 왔을 때 개성에서 전주로 이주해와 살았고 문하시중 평장사와 보문각 대제학 등 고관을 지낸 공로로 전주군에 봉해져서 전주김씨의 시조가 되었다. 원래 경주김씨였는데, 전주김씨로 바뀐 것이다. 그의 후손들은 고려에 충성하면서 많은 공을 세웠고 계속해서 함경도, 경상도로 번져나가 거주했다.

그런데 1928년에 간행한 《전주김씨족보》에 모악산에 있는 시조묘의 상세한 약도가 첨부되어 있어서 1977년에 찾아내 복원했다. 또 그 족보에는 32대 손으로 김성주金成柱와 김영주金英柱 형제의 이름이 올라 있다. 김성주는 곧 김일성의 본명이다. 또 김정일은 남쪽에서 올라간 기자들에게 기회가 있을 때마다 전주 모악산에 있는 시조묘를 참배하고 싶다고 털어놓았다고 한다.

이런 탓으로 김태서 묘를 두고 어느 풍수쟁이는, 이 묏자리가 천하의 명당인데 그 후손에서 김일성 같은 왕자가 나왔고 그 운수가 갑술년(1994)에 다해 김일성은 49년의 집권 끝에 사라진다고 말했다 한다. 이는 하나의 흰소리같이 들리지만 이런저런 소문들이 얽혀 이 묏자리에는 많은 사람들의 발길이 들끓었다. 이 정도 증거를 들었으면 그 실상을 어느 정도 파악할 수 있을 것이다.

만경대 언저리에 살던 그의 증조부 김응우와 할아버지 김보현은 많은 식솔을 거느리고 어렵게 살았다. 농사를 짓기도 하고 가내 수공품을 장터에 내다팔기도 했다. 김응우가 만경대 언저리에 살 적에 셔먼호가 대동강을 거슬러 올라오는 사건이 일어났다. 김일성은 이렇게 회고한다.

> 증조할아버지는 마을사람들과 함께 집집에 있는 바줄을 다 모아 강건너 곤유섬과 만경봉 사이에 겹겹이 건너지르고 돌을 굴리면서 해적선의 앞길을 가로막았다. 샤만호가 양각도밑에서까지 기여들어 대포와 총을 쏘아대면서 시민들을 살해하고 재물들을 약탈하고 부녀자를 겁탈한다는 소리를 들었을 때에는 마을사람들을 데리고 그달음으로 평양성에 들어갔다. 그때 성안사람들은 관군과 함께 나무단을 가득 실은 매생이 여러척을 련결시켜 불을 지르고 샤만호쪽으로 띄워내려보내여 배도 해적들도 모조리 수장해버리였는데 증조할아버지도 여기서 한목 단단히 했다고 한다. (맞춤법과 띄어쓰기는 원문을 따랐다. 이하 동일)

김일성 《세기와 더불어 1》

이 사실은 김씨 가문의 혁명적 전통으로 《조선전사》등 곳곳에서 인용된다. 김보현은 그 뒤에도 자손들에게 남자의 기개를 가르치고 혁명투쟁에 나서라고 일렀다고 한다. 그런데 당시 평안감사였던 박규수가 조정에 보고한 문서에서는 김응우의 이름을 찾을 수 없었다.

● 사회주의적 무산혁명에 경도되다

할아버지 김보현은 아들 6형제의 교육만은 열성을 부렸다 한다. 그래서 아버지 김형직은 처음 서당에 다닌 뒤 순화학교와 숭실중학교에 다닐 수 있었다. 김형직은 만경대에서 30리 길을 걸어 등교하면서 초기에는 열심히 공부했다.

김형직은 아내 강반석을 얻었다. 강반석의 아버지 강돈욱은 사립학교를 세운 교육자였고, 큰 오빠 강진석은 독립운동가로 활동했다. 이들 강씨들이 뒷날 많은 역할을 한다. 강반석은 시집을 와서 젊은 새댁의 몸으로 중학생인 김형직의 학비를 벌기 위해 순화장에서 물건을 팔기도 했다 한다. 그뿐 아니라 김형직의 형도 짚신을 삼아 내다 팔았다 하며 김형직 본인도 수업이 끝난 뒤에는 학교에서 노동을 했다 한다. 온 집안의 기대를 김형직에 걸고 있었던 셈이다.

그러나 김형직의 학교생활은 차츰 출세하기를 바라는 가족의 기대와는 동떨어지게 전개되었다. 숭실중학교에는 상해 임시정부 의정원의 초대 부의장을 지낸 손정도, 임시정부 말기의 국무위원 또는 비서장으로 활동한 차이석, 북간도에서 온 시인 윤동주 등이 수학했다. 그는 학교생활을 하면서 많은 교사나 선배들의 지도를 받으며 독서회 같은 비밀서클을 조직해 민족운동 또는 사회주의 이념에 빠지기도 했고, 방학을 이용해 여러 곳을 돌아다니면서 계몽활동을 벌이기도 했다. 한편 학교를 상대로 동맹휴학을 주도하기도 했다.

그 속에서 김형직은 지원志遠이라는 좌우명을 내걸었다. 곧 일을 성급하게 이루려하지 말고 뜻을 멀리 가지라는 가르침을 얻은 것이다. 이 지원이라는 두 글자는 지금 금강산 구룡폭포를 올라가는 입구에 북한 당국에서 높직한 바위에 새겨놓기도 했다.

김형직은 그래서인지 숭실중학교를 중퇴했다. 그의 가족은 제급除給(분가에 따른 재산)을 해서 강동군 봉화리에 집을 마련해 살았다. 이를 전후로 해만경대의 순화학교와 강동의 명신학교의 교원으로, 1917년 무렵에는 은율의 광선학교 교원노릇을 했다. 그의 활동영역은 더욱 넓어 만주의 간도에 다니기도 하고 대한국민회(회고록에는 조선국민회, 북한에서는 대한의 국명을 사용하지 않는다)에 가입하기도 했는데, 이때 체포되어 해주감옥에 1년 동안 갇혔다. 이 무렵 유명한 독립투사 오동진을 만나 많은 후원을 입기도 했다.

김형직이 감옥에 있을 때 일곱 살 성주는 어머니와 함께 면회를 갔다. 그는 회고록에서 그 장면을 생생하게 기억하고 있다고 기록했다. 1919년 성주가 여덟 살 때 만세운동이 온 나라를 휩쓸었다. 성주도 온 가족과 함께 보통문 쪽에서 만세시위를 벌였다.

이해 가을 김형직은 집을 떠난 지 1년 만에 집으로 돌아왔다. 그는 국경지대와 남만주 일대를 돌아다니면서 독립지사들과 어울렸고, 러시아 혁명에 영향을 받아 사회주의적 무산혁명에 경도되어 있었다. 그리고 독립운동의 방법으로는 개량주의적 방식이 아닌 무장활동을 추구했다. 그의 이런 의식 변화는 성주의 행로에 커다란 영향을 주었을 것이다.

김형직은 1919년 겨울 가족을 데리고 국경지대인 중강으로 이사를 했다. 요시찰인이었던 김형직은 평양 언저리에 살면서는 지하활동을 제대로 할 수 없어서 이사를 갔다. 이제부터 고난의 이주가 시작된다. 김형직은 강기락이라는 동지의 여인숙을 근거지로 해서 비밀연락을 취했다.

이곳에서도 김형직은 불령선인으로 찍혀 언제 체포될지 모르는 처지였다. 그리하여 다시 가족을 데리고 압록강을 건너 상업도시인 임강으로 이주했다. 김형직은 이곳에서 세브란스의학전문학교를 졸업했다는 가짜 면허증을 내걸고 순천의원이라는 병원을 개업해 생계의 수단으로 삼기도 하고 비밀 근거지로 삼기도 했다. 김형직과 동지들은 권총을 입수해 무장활동 전개 준비를 서둘고 있었다.

● 조선인의 만주 이주 역사를 들여다보다

여기서 앞으로 전개될 사건의 이해를 위해 조선인의 만주 이주 과정을 더 들어보자. 먼저 만주의 역사적 배경을 알아보면, 만주라는 지명은 중국 전국시대부터 사용되었으며 청나라가 건국한 뒤 만주족(여진족)이라는 공식용어가 사용되었다. 그 뒤 만주의 장춘(신경)을 경계로 하여 남만주(서간도)와 북만주, 동만주(북간도)로 구분해 왔다. 길림성의 동쪽 지대 곧 백두산 일대는 청나라 조상의 발상지라 하여 봉금封禁 지역으로 지정한 탓으로 주민이 별로 살지 않았다. 하지만 19세기 중반기에 함경도 사람들의 이주가 북간도 곧 용정 일대를 중심으로 시작되어 주목을 받았다. 이때부터 길림성 동쪽 지대를 동만이라 불렀다.

조선인의 본격적 만주 이주는 19세기 중엽부터 시작되었으나, 국내에서 흉년과 기근이 일어나거나 을사조약, 한일병합과 3·1운동 등 격동기마다 급격하게 증가했다. 그리고 1931년 만주사변 뒤 조선총독부에서 실시한 '개척이민'이라는 이름으로 많은 농민이 이주했다.

초기 이주민들은 비참한 생활을 했다. 그야말로 쉴 새 없이 이주할 땅을 찾아 헤매며 끼니를 때우지도 못하고 농기구도 없이 땅을 일구었다. 세월이 지날수록 중국 사람들의 차별과 농업 개척의 여러 어려움을 견디지 못해 고국으로 귀환하는 숫자가 늘어났다. 또 후반기에는 만주의 장작림 군벌정권이 일제와 야합하여 조선 동포에 탄압을 가하고 여러 가지 굴레를 씌워서 고난을 겪기도 했다.

통계를 보면, 1926년에는 이주자 2만 1,037명에 귀환자 9,027명, 1928년에는 이주자 1만 9,546명에 귀환자 1만 5,146명, 1930년 이주자는 9,258명에 귀환자 1만 2,354명, 1931년 이주자는 5,862명에 귀환자 1만 3,699명이었다. 귀환자가 차츰 늘어가다가 1930년부터 귀환자가 이주자보다 많은 역류 현상이 일어난다. 개척이민의 귀환이 많았던 것이다.

무엇보다 조선 동포의 귀화문제가 제기되었다. 조선 동포는 일본 국적을 가지게 되어 있었는데, 중국인으로 귀화하면 여러 가지 혜택이 주어졌다. 그리하여 조선 동포는 중국인이 되어 새로운 생존권을 확보하려 노력했다. 그러나 일본, 중국 두 나라 국적을 모두 거부하고 산 속에서 아무런 간섭도 받지 않고 조선인으로 살려는 동포들도 많았다.

조선 동포들은 개간으로 농토를 확보하기도 했고 중국인 땅을 소작으로 얻어 경작하기도 했다. 그런데 이 과정에서 분쟁이 야기되었다. 일본 영사관에서는 조선 동포는 국적으로 보아 일본인이라고 하여 '치외법권'을 주장한 탓으로 중국 관헌과 마찰을 빚었다. 중국 사람들은 초기와는 달리 조선 동포는 일본의 앞잡이라고 오해하여 탄압을 가하는 사례도 많았다.

또 일본은 만주 조선인을 친목회 등의 이름으로 친일어용단체로 만들어 만주침략의 전위로 이용했다. 그리하여 국민당 정권이 들어선 뒤 "반제 항일운동 방책의 일환이 바로 일제의 전위 주구인 만주 거주 조선인을 구축하는 데 있다"고 보았다. 따라서 이런 복잡한 상황을 견디지 못해 고국으로 다시 돌아오는 수가 늘어난 것이다.

● 소년 성주, 만주와 조선을 혼자 넘나들다

다시 본 글로 들어가 본다. 타향에 나온 성주는 이곳에서 임강소학교에 입학해 중국말을 배웠고 이어 팔도구소학교와 무송제일소학교에 편입했다. 성주는 이 무렵 10세쯤의 나이로 학교공부를 열심히 했다. 뒷날 그는 유격대 활동을 벌이면서 이들 학교에서 배운 중국말을 유용하게 써먹었다 한다.

김형직은 자신의 처남인 강진석이 무장단을 조직해 활동한 사실이 포착되어 1921년 4월 평양에서 체포된 탓에 다시 중강헌병대의 요시찰인이 되었다. 그는 다시 가족을 이끌고 임강에서 250여 리 떨어진 장백현 팔도구로 옮겨갔다. 이곳에서 그는 또 광제의원이라는 간판을 달고 돌팔이 의원 노릇을 했다. 그는 이때부터 이웃고을에 있는 포평예배당에 다니면서 기독교 신자로 행세했다. 또 〈동아일보〉, 〈조선일보〉 등 국내 신문을 구독하다가 동생의 이름을 빌려 〈동아일보〉 지국을 차려 보급에 나서기도 했다. 그리고 1924년 팔도구에 조선인학교를 세우고 국어, 역사 등을 가르쳤다.

김형직은 소학교 졸업을 앞둔 성주를 고향 평양에 보내 학교를 다니게 했다. 남다른 뜻이 있었다고 한다. 그리하여 1923년 열두 살인 성주는 혼자 걷기도 하고 기차를 타기도 하면서 평양에 이르렀다. 성주는 이해 봄 외할아버지가 교감으로 있는 창덕학교 5학년에 편입하고 칠골 외가에서 거처했다. 당시 이 학교의 학생은 200여 명이었는데, 평양의 자선사업가 백선행이 거액의 자금을 희사했다고 한다.

성주는 강양욱의 훈도를 받았고 《소년 애국가》 같은 노래도 배웠다. 한편 그는 방학을 이용해 만경대 등지의 가난한 아이들을 위해 야학을 벌이기도 했고 일본 순사들이 타고 다니는 자전거를 보면 몰래 널빤지에 못을 박아 길바닥에 깔아 타이어를 터지게 하는 일도 자주 했다 한다. 성주는 이 학교에서 2년 동안 민족의식 교육을 받았다. 이때 아버지가 다시 체포되었다는 소식을 접했다. 성주는 두어 달 남은 학교졸업을 포기하고 어른들의 만류를 뿌리치고 만주 땅 팔도구로 돌아왔다. 그는 이 시절에 겪은 자신의 생각을 이렇게 회고했다.

가장 귀중한 체험은 우리 인민이 어떤 인민인가를 깊이 이해하게 된 것이였다. 우리 인민은 소박하고 근면하면서도 용감하고 강의한 인민이였다. 어떤 고난과 시련에도 굴하지 않는 억센 인민, 례절이 바르고 인정이 풍부하면서도 불의에 대해서는 단호하고 비타협적인 인민이였다. 민족개량주의자들은 연정회研政會의 간판을 가지고 반동적인 '자치' 운동을 벌리고 있었으나 노동자와, 농민, 청년학생들을 포함한 광범한 인민대중은 피를 흘리면서 일본제국주의에 저항하고 있었다.

김일성 〈압록강의 노래〉 《세기와 더불어 1》

이 회고는 어릴 적 기억을 더듬어 새롭게 생각을 정리한 것이다. 동시에 김성수 등이 연정회를 결성하고 일본에 자치권을 구걸한 사실을 지탄한 것이다. 이는 또한 무장투쟁의 길을 걷겠다는 의지를 드러낸 것이기도 하다.

김형직은 몇 차례 일제 경찰과 밀정에 체포되어 탈출하기도 하고 부상을 당하기도 하고 마적들에 잡혀 봉변을 당하기도 하면서 무송으로 잠입했다. 그 무렵 김형직은 고문의 상처와 동상으로 고통을 받으면서 길림으로 가서 새 활동을 모색했다.

김일성 평안남도 대동군 고평면(지금의 평양시 만경대)에서 태어났으며 본명은 성주이다. 소련의 지원을 받아 북한 적화사업의 선봉에 섰으며, 마침내 정치적 실권을 잡았다.

길림에서 1925년 초기 양기탁, 오동진, 김형직 등 지도자들이 모여 만주지방의 항일단체를 통일시키고자 유일당을 결성하기로 하고 먼저 고려혁명당을 창당했다. 이들은 국내의 천도교 혁신파 대표, 형평사(백정단체) 대표와 함께 연석회의를 열고 "현금의 사유재산제도를 소멸하고 현존한 국가조직을 철폐하여 공산제도에 의한 체제 단일 국가 건설을 결의"했다. (김일성 《세기와 더불어 1》) 그런데 김형직은 병고에 시달려 이 회의에는 참석하지 않았다 한다.

이때 성주는 무송 제1소학교에 입학하여 마침내 졸업을 했다. 김형직은 끝내 병마를 이기지 못하고 1926년 6월 5일 무순에서 어린 성주, 철주, 영주 세 아들을 두고 병사했다. 사춘기에 접어든 성주는 이제부터 아버지의 보살핌을 벗어나 어린 동생들을 데리고 새로운 길을 개척해야 하는 처지에 놓였다.

앞에서 김형직의 행적을 장황하게 늘어놓은 것은, 앞으로 김일성의 행적을 이해하는 데 도움을 주기 위해서이다. 김형직과 그 가족을 이해하지 않고는 김일성을 제대로 풀어갈 수 없다.

● 비밀 청년동맹을 결성하다

아버지를 잃고 홀어미를 모신 성주는 중학교에 입학할 학비를 마련할 수 없었다. 그리하여 아버지 친구들의 주선으로 학비가 없는 독립군 양성소라 할 군사학교에 입학하게 되었다. 화성의숙은 중국 당국에서 정식으로

인가를 받은 정규학교가 아니었고, 독립지사들이 신흥무관학교처럼 자금을 모아 꾸려나가는 정규과정 2년의 초급 군사양성소였다.

화성의숙은 길림성의 산간 도시인 화전 외곽에 있는 휘발하 언덕에 있었다. 숙장塾長은 천도교 지도자인 최동오였고 학생은 스무 살 남짓 되는 소년 또는 청년들로 100여 명 정도가 수학하고 있었다. 성주는 15세였으니 가장 어린 축에 들었다. 최동오는 그를 남달리 돌보아 주어 성주는 그 은혜를 평생 동안 잊지 않았다. 하지만 민족주의 계열의 인사들 중심으로 학교를 운영한 탓으로《공산당선언》등 공산주의 서적을 읽지 못하게 했으며, 관련 모임도 막았다.

이에 성주는 불만을 갖게 되었다. 그는 노동자, 농민을 주축으로 한 사회를 건설해야 한다고 생각했으며, 강적 일본을 이기려면 이런 수준의 군사교육만으로는 불가능하다고 판단해 조선혁명을 위한 비밀결사를 조직하는 작업에 주동자로 나섰다고 한다. 그리하여 1926년 10월 타도제국주의동맹, 약칭으로는 ㅌㄷ(타도의 ㅌ와 동맹의 ㄷ)을 결성했다. 곧 반제, 독립, 자주의 이념 밑에 민족해방, 계급해방을 실현하기 위해 사회주의, 공산주의를 지향한 것이었다. 이를 자신이 주동이 되어 조직했다고 기술한 것은 많이 과장된 것으로 판단된다. 그러나 이들 조직원이 뒷날 ‘산아들(빨치산)’이 되어 희생을 당한 것만은 확실하다.

그 무렵 학교의 관리자가 자금을 착복하여 결혼비용에 쓴 비행사건이 일어났다. 성주는 이 사건을 겪고서 실망한 끝에 중퇴하기로 결심한다. 그리하여 입학한 지 반년 만에 화전을 떠나 어머니가 있는 무송으로 왔다. 이곳에서 그는 새날소년동맹 등을 조직했다고 한다. 그러고 나서 이듬해 정월, 중학교를 다니기 위해 길림으로 발길을 잡았다.

성주는 길림에 사는 아버지 친지들 곧 오동진 등을 찾아 도움을 받았다. 길림에 간 성주는 길림의 정규 중학교인 육문중학교에 다니기로 마음먹고, 중국인 교장인 이광한을 찾아가 2학년에 편입하기로 허락을 받았다. 그의 나이는 1학년보다는 적령을 넘었고 또 화성의숙에서 수학한 학력이 있었기 때문에 2학년으로 편입할 수 있었다.

사립학교인 육문중학교에서 수학하게 된 성주는 오동진의 집에서 숙식하며 편안하게 학교에 다닐 수 있었다. 어머니가 삯바느질로 번 돈으로 학비를 냈다. 성주는 학교 도서관에서 일을 하면서 마르크스 – 레닌의 저작물은 물론 고리키와 노신의 문학작품을 읽었고 조선의《춘향전》,《이순신전》, 이광수의 소설들도 읽었다.

그는 길림에서 생활하면서 여러 사상과 조류, 견문을 넓힐 수 있었고, 만주군벌 장작림의 사촌동생인 장작상이 길림독군부의 책임을 맡아 일본에 저항하는 모습도 보았고, 조선 민족주의운동계열에서는 정의부, 참의부, 신민부가 행정부격인 국민부(조선혁명당 결성)로 통합해 단일전선을 형성한 상황도 보고 들었고, 손문이 제창한 삼민주의의 논리도 공부할 수 있었다.

이를테면 그곳은 신지식을 갈구하는 호기심 많은 소년에게는 놀랄 만한 신천지였다. 그는 학교 동료를 중심으로 비밀 독서조를 조직했다. 독서조에 든 학생들은 교양서적 외에 금서라 할 책들을 읽었고, 의식화된 학생들은 비밀결사 활동을 전개했다.

길림에 있는 여러 학교의 남녀 학생들은 조선공산주의청년동맹을 결성했고 이 조직은 '조선 공산주의자들의 선봉대로서 각계각층 대중단체들을

조직, 지도하는 전위조직'으로 지방으로도 확대되었다. 길림 주재 일본영
사관에서는 내막을 간파하고 압제의 손을 뻗었으며, 일제 당국은 공산주
의 조직을 적발해 해체하는 작업에 열을 올렸다.

● 만주 독립운동 기지는 어떻게 건설되었나

여기서 초기 만주 독립운동 기지 건설과정을 알아보자. 이 과정을 알면 김
일성의 유격대 활동을 이해하는 데 도움이 될 것이다.

1906년 이상설, 이동녕 등이 동시베리아에 속하는 연해주 주도인 블라
디보스토크에서 북간도 용정으로 들어온 뒤, 교육사업과 독립군 양성이
시작되었다. 국내의 의병세력과 대종교 세력이 연합하여 독립전쟁론을 펼
치면서 사관을 양성하는 등 준비를 서둘렀다.

이회영, 이상룡 등은 1910년 서간도의 유하현을 중심으로 경학사와 신
흥강습소를 설치하고 자금을 모아 1919년까지 1,000여 명의 독립군을 양
성했다. 또 백두산 아래에 백서농장을 설치하고 반농, 반군의 형태로 독립
군영을 운영하여 400여 명의 인재를 배출했다. 북간도에서도 밀산을 중
심으로 군사기지를 건설했다.

이런 기반 위에서 이 지역에서는 3·1운동이 세차게 전개되었으며 치열
한 독립전쟁이 수행되었다. 1919년 후반기 서간도 일대에는 30여 개, 북
간도 일대에 40여 개의 운동단체가 발족되었다. 서간도에는 임시정부 직
속의 광복군 총영이 결성되어 4,000여 명에 가까운 독립군이 무장활동을

벌이면서 국내로 기습적 진공을 펴기도 했다.

북간도에서는 홍범도가 이끄는 대한독립군이 남양의 일본군 국경수비대를 공격하는 등 국내진공작전을 펼쳤다. 홍범도의 연합부대는 봉오동에서 일본군 150여명을 사살하는 등의 전과를 올렸다. 일본군 동지대 병력 5,000여 명이 조선독립군을 토벌하기 위해 출동했다.

1920년 10월, 홍범도가 이끄는 대한독립군단과 김좌진이 이끄는 북로군정서의 독립군이 연합했다. 그리하여 청산리와 어랑촌 일대에서 일본군 동지대 병력과 전면 전투를 벌여 일본군 400여 명(숫자는 이설이 많음)을 사살하는 전과를 올렸다. 이것이 독립전쟁에서 가장 큰 전과를 올린 경우이다.

일본군은 그 보복으로 야만적인 대토벌작전을 벌여 무고한 조선인 마을을 습격하여 사살하거나 약탈 방화를 일삼았다. 이것이 경신대참변이다. 이 참변은 중국의 일본군이 남경에서 벌인 대학살사건과 맞먹는 만행이었다. 이는 독립기지를 약화시키는 효과를 거두었다. 그리하여 독립운동 단체와 독립군들은 소만 국경지대인 밀산으로 이동했다.

1920년대 중반기에는 만주기지의 재건에 나섰다. 그 결과 남만주에서는 통합단체인 대한통의부가 결성됐으나 공화파와 복벽파가 대결을 벌이는 등의 분열을 보였다. 북만주에서는 신민부를 결성했으나 이합집산을 거듭했다.

특히 연해주에서 소비에트 정권이 수립된 뒤 만주에서 사회주의자들의 활동이 일어났다. 사회주의들은 "지주 타도"를 외쳤다. 조선 이주민들과 독립운동가들도 이런 분위기에 영향을 받게 되었다. 그리하여 많은 사회주의 단체를 통합하여 1924년 남만청년총동맹과 동만청년총동맹이 결성되었다.

사회주의 계열과 민족주의 계열은 서로 분열을 일삼아 독립운동 세력을 약화시켰다. 그리하여 다시 통합운동이 벌어져 1928년경 민족유일당운동이 전개되었다. 그 결과 한국독립당과 그 산하에 한국독립군이 조직되고 뒤이어 조선혁명당과 그 산하에 조선혁명군이 조직되었다. 이들은 일정 지역에서 민정과 군정을 실시했다.

그러다가 지도자인 김동삼이 체포되고 김좌진이 암살을 당하는 등 우여곡절을 겪으면서 다시 분열했다. 한편 만주 군벌 장작림이 일본과 야합하여 조선 이주민과 독립지사를 탄압하고, 그의 아들 장학량이 국민당정부에 협력하여 공비토벌을 벌이는 처지에 몰려 민족주의 계열이나 사회주의 계열 모두 활동이 위축되었다. 그런 끝에 많은 지도자들이 연해주로 이동하거나 중국 본토로 방향을 돌렸다.

이처럼 만주 지역에서 초기 독립운동 기지 건설과 독립전쟁을 활발하게 전개할 수 있었던 것은 인적 자원만이 아니라 지정학적인 조건이 있었기 때문에 가능했다. 두만강과 압록강을 사이에 두고 조선과 만주는 연결되어 있기 때문에 많은 지사들이 손쉽게 월경할 수 있었고 국내진공작전을 수행할 수도 있었다.

또 격심한 토벌작전이 전개될 때에는 연해주나 중국 본토로 몸을 피할 수도 있었다. 그렇기 때문에 만주 지역은 식민지 시기 독립군 활동의 중심지로 떠올랐다.

● 혁명가의 길에 들어서다

다시 본 글로 들어간다. 조선공산주의청년동맹 조직원들은 학교 개선을 위해 동맹휴학을 하기도 하고, 일제가 제남사건(1928)을 일으키자 성토대회를 갖기도 하며, 왕청문 청년대회에 참석하기도 했다. 1929년 가을 국민부는 동만청년총연맹과 남만청년총연맹을 통합하기 위한 대회를 흥경현 왕청문에서 연다고 알렸다. 성주는 백산청년동맹의 대표로 참석하고자 왕청문으로 갔고 거기서 준비위원에 뽑혔다.

그런데 국민부 지도부에서는 이 대회를 빙자해 공산계열 청년들을 체포해 조직을 와해시키기로 했다. 이 사실이 알려져 성주는 반제청년동맹원의 동료들과 함께 도망쳤다. 잡힌 6명의 청년대표들은 처형되고 가족들도 참형을 당하는 사태가 벌어졌다. 게다가 이 사건으로 일제 당국과 만주의 군벌도 그 실체를 파악하게 되었다. 성주로서는 최대의 위기 상황에 놓여 있었다.

그는 도망쳐 떠돌다가 다시 길림에 왔는데, 작은 사건이 빌미가 되어 경찰에 체포되었다. 최초로 잡힌 몸이 된 것이다. 경찰에서 심한 고문을 받고 나서 길림감옥에 수감되었다. 중학생의 신분인 그는 1930년 5월에 겨우 풀려났다. 그가 육문중학교에서 수학한 지 3년이 되던 해였다. 당시 길림시에는 '적색 5월투쟁'이 한창 벌어지고 있었다.

그는 자신을 감옥에서 풀어주려고 장작상에게 뇌물을 바친 손정도를 찾아가 하직인사를 올렸으며, 최동오의 주변에서 멀리 떠나기로 했다. 그는 이 두 지도자를 아버지처럼 받들어 왔다. 그리고 절친한 친구인 차광수 등 여러 동지들과도 이별했다. 그는 돈화를 무장투쟁을 위한 근거지로 지정했다. 졸업을 한 해 앞둔 시기였으나 결국 졸업을 포기했던 것이다. 그는 이렇게 회고하고 있다.

> 육문중학교를 중퇴하고 인민들 속으로 들어간 것은 나의 인생에서 하나의 전환점이라고 할 수 있다. 이때로부터 나의 지하활동이 시작되였고 직업적인 혁명가로서의 나의 새로운 인생이 시작되였다.
>
> 김일성 〈준엄한 봄〉《세기와 더불어 2》

그는 돈화로 나왔고 뒤따라 어머니와 동생은 이웃 고을인 안도로 이사를 왔다. 몇몇 동료들도 살길을 찾아 주변에 몰려들었다. 당시 5월폭동의 여진은 곳곳에 묻어났다. 그 과정을 간단히 살펴보면 이러하다.

모스크바의 국제 공산당은 1국 1당의 원칙을 지시했다. 그리하여 중국에 있는 조선공산당원은 중국공산당에 가입해야 했다. 이에 동남만에 있는 만주 총국 소속의 조선공산당원들은 중국공산당의 우두머리 이입삼의 지시에 따라 반대파를 제압하기 위해 발전소나 학교에 불을 지르면서 폭동을 야기했다. 이에 일제와 군벌은 공산당을 탄압하는 구실을 삼아 마구잡이로 폭동대오를 총살하거나 조선인을 잡아들였다. 잡힌 폭동 관계자들은 서울로 압송되어 재판을 받고 사형을 당하기도 했다. 같은 분열로 인해 조선공산당은 국제당에서 제명되기도 했다.

성주는 1930년 여름 비밀집회에서 공산당 재건을 다짐하고 무장투쟁 노선의 기치를 내걸었다. 그 자신은 이때를 두고 "성장의 봄" 또는 "시련의 봄"이었다고 말했다. 그에게는 새로운 전환기였던 것이다.

이들은 과도기적 군사조직으로 조선혁명군을 결성하기로 했다. 독립군을 끌어들여 조직을 확대하기로 했다. 당시 독립운동단체는 국민부와 반국민부 등 두 파로 갈라져 심한 내부 갈등을 겪고 있었다. 국민부 산하의 독립군 명칭이 조선혁명군이었는데, 이를 이용하려는 전술로 같은 이름을 붙인 것이다. 그는 차광수, 이종락 등과 함께 조직 확대에 나섰고 그 과정에서 무기 구입을 위해 일본인 무기상 점원인 최효일을 끌어들였다. 최효일은 무기 10여 정을 빼내 탈출해왔다.

성주는 동만으로 나와 장백지구를 중심으로 조직을 확대해나갔고 주변에 있는 돈화와 두만강을 건너 온성으로도 진출했다. 그렇게 하여 1930년 7월 결성식을 가졌고 연달아 조직 개편에 나섰다. 이 무렵 그에게는 두 가지 변화가 있었다. 하나는 이름을 바꾼 것이다. 그의 동지들은 조선혁명군을 결성한 뒤 한별로 그의 이름을 바꾸어 불렀다. 그 뒤 한별은 한자로 일日의 뜻을 지녔다고 해 일성日成으로도 불렀다. 한편 조직 확대과정에서 삼촌인 김형권이 연루되어 체포되었는데, 서울로 끌려와 서대문감옥에서 옥사(1936년 사망)했다 한다.

● 일제, 조선인의 만주 이주를 추진하다

앞으로 서술될 김일성의 항일활동 15년을 살펴보기 위해, 만주의 실정과 만주를 중심으로 전개된 독립운동의 과정을 알아둘 필요가 있다. 그리고 이어서 그의 줄기찬 항일활동을 알아보고 보천보 전투를 치른 뒤 민족적 지도자로 부상하는 과정도 더듬어 보기로 한다.

일제는 장작림이 폭사한 뒤 이를 계승한 장학량군벌이 먼저 도발했다는 구실을 붙여 미리 계획한 대로 1931년 9월 18일 출병해 만주를 신속하게 점령했다. 이들 일본군을 관동군이라 부르며 이 사건을 만주사변 또는 9·18사변이라 부른다. 이제 만주는 일제의 손아귀에 들어갔고 조선인은 더욱 가혹한 시련에 놓이게 되었다. 그리하여 독립군은 압제를 피해 사방으로 흩어졌다. 조선혁명군으로서는 조직을 확대할 수 있는 절호의 기회를 잡게 되었다.

당시 1931년 만주에 거주하는 조선 동포는 공식적으로 63만 982명이다. 하지만 오지에서 개간하여 자급자족 형태로 사는 동포들과 고의로 일본 국적을 취득하지 않으려는 지사들은 빠져 있을 것이다. 이를 감안하면 적어도 만주 일대의 조선 동포는 100만 명이 넘을 것으로 추정된다.

만주사변 뒤 조선총독부와 관동군 사이에 조선인의 만주 이민문제가 논의되었다. 조선총독부에서는 소작쟁의 격화와 농민조합의 결성으로 항일운동의 분위기가 조성되자, 이를 완화시키고 서울을 비롯한 도시 인구의 격증과 전체 조선인구의 과잉을 해결하는 방법으로 만주 이주를 추진했다. 만주 이주정책은 일본으로 밀항하는 조선 노동자의 일본 유입을 방지하는 한 방법이라고도 했다. 그리하여 이를 추진할 기구로 이민회사의 설립을 계획했다. 이 계획은 해마다 5만 명씩 15년 사이 75만 명을 이주시킨다는 것이었다. 조선주둔군 사령부에서 이에 동의한 것은 조선 동포를 자주농으로 만들어 중국 지주로부터 해방시키고 만주의 조선 독립운동을 예방할 수 있다고 보았기 때문이다.

끝내 1936년 관동군 또는 만주국에서는 이 문제를 조정할 기구로 조선 총독부의 계획을 받아들여 만선척식주식회사를 발족시켰다. 그리하여 대대적인 이주가 이루어져 새로운 고난의 역정이 전개되었다. 이것이 '개척이민'이다. 개척이민자는 1936년부터 1942년까지 약 26만 명으로 추산된다. 개척이민은 이전에 함경도, 평안도 사람들을 중심으로 이루어졌던 것과는 달리 경상북도를 중심으로 거의 삼남지방 농민으로 할당되었다. 그 결과 1942년 당시 조선인 만주이민은 156만여 명으로 조사되었다.(고 승제《한국이민사연구》) 이런 인적 자원은 독립기지 건설의 충분조건이 되었다.

● 일본 타도를 위해 항일연합군이 결성되다

김일성의 항일투쟁 사실은 중국에서 발행한 일련의 항일연합군 자료들에 실려 있는데, 어떤 자료가 객관성을 지니고 있는지 주의를 기울일 필요가 있다. 그러므로 앞으로 기술할 내용은 사실 위주로 요약할 것이다. 하지만 독자들도 이런 점에 주의를 기울여 읽어야 할 것이다. 북한에서 발행된 관련 자료들은 김일성의 활약을 돋보이게 하고자 지나치게 과장되어 있기 때문이다.

만주사변 이후 만주 지역 무장항일전선은 여러 갈래로 전개되었다. 중국 쪽의 항일전선은 장학량이 중국 본토로 간 뒤 잔여 부대, 보위단保衛團, 마적들이 참여했다. 초기 단계에서는 오합지졸이라 말할 정도로 각기 부대를 이끌고 활동을 벌였다. 더욱이 마적들은 항일을 빙자해 민간인들에게 커다란 피해를 입혔다. 조선 동포들은 마적을 보면 일본군보다 더 무서워 벌벌 떨었다.

한편 중국공산당 계열의 무장항일전선은 차츰 조직적으로 전개되었다. 조선 독립운동세력은 두 갈래로 갈라져 항일투쟁을 벌였다. 곧 민족주의 계열과 공산주의 계열이 각기 길을 달리하여 항쟁을 벌인 것이다. 그러면서 대중적 영향이 크고 강도가 높았던 공산주의 계열이 차츰 주도권을 잡았다. 공산주의 계열은 일본 제국주의 반대와 동시에 지주의 타도를 내걸었기 때문이다.

북간도 일대의 농민들은 항쟁의 현장에서 "일본 제국주의를 타도하자"거나 "국민당정부를 타도하자", "고리대 착취를 반대하자", "지주의 토지를 몰수하여 민족차별 없이 빈농과 소작인들에게 나누어주자"고 외쳤다. 이것은 중국공산당의 지시에 따른 것이다. 당시 조선인들은 대거 중국공산당에 가입하여 활동을 벌였다. 조선 동포들은 중국인 지주에게도 시달렸으나 일제와 야합한 조선인 지주들에게도 높은 소작료를 내야 했다.

이들은 또 추수투쟁과 춘황투쟁을 벌였다. 곧 가을에 소작료 납부를 거부하기도 하고 보릿고개 철에 쌀의 외지 유출을 막는 투쟁이었다. 각지에서 학생, 농민들은 시위를 벌이기도 하고 소작료를 싣고 가는 달구지나 자동차를 습격하기도 하고 지주의 집을 파괴하기도 했다. 김일성은 연길 일대에서 농민들을 이끌고 추수투쟁을 벌였다. 일본 경찰은 지주를 옹호하여 농민항쟁에 모진 탄압을 가했으나 조선 농민들은 단결이 강화되었고 조중 공산주의자들의 혁명적 유대는 공고해졌다.

이 과정에서 항일유격대의 활동이 뒤따랐다. 1933년 2월 춘황투쟁기에 최상동 등 화룡유격대 대원들은 일본군으로 위장하여 악질 중국인 지주의 집을 습격하여 무기 등을 빼앗았다. 이들은 어랑촌으로 돌아와 춤추고 노래 부르며 성공 자축의 밤을 보냈다. 이날 새벽 화룡현에 주둔하던 일본군과 용정에 있던 일본 경찰, 만주국의 자위단 등 360여 명이 연합 토벌대를 결성하고 어랑촌을 덮쳤다. 몇 시간에 걸쳐 총격전이 벌어진 끝에 유격대 사무실이 불에 탔고 최상동을 비롯한 대원 13명이 죽었으며 5명은 포로가 되었다. 이 사건은 항일유격대의 신호탄이었다.

그 뒤 일본군은 예전 경신대참변이 자행되었던 용정 일대에서 다시 대학살극을 저질렀다. 이 지역에서는 2,000여 명의 유격대 대원들이 추수투쟁과 춘황투쟁을 줄기차게 벌여왔었다. 일본수비대는 만주국의 자위단과 연합하여 해란강 일대의 마을 토벌작전을 세웠다. 일본군들은 곳곳에서 공산당 토벌이라는 이름을 걸고 학살을 자행했다. 이런 일은 꼬리를 물고 일어났다. 일본 토벌대는 2년 동안 94차례 출동하여 1,700여 명을 학살했다.

이때 조선혁명군은 많은 소모를 당했다. 전사하거나 감옥에 가거나 이탈하거나 귀화하는 사람들이 연달아 생겨났다. 특히 중대장인 이종락이 일본 영사경찰에 체포되는 사태를 맞았다. 하지만 김일성은 18명을 꾸려 유격대 소조를 만들었고 연길, 화룡, 훈춘, 왕청 등지에도 10~20명 규모의 유격대를 조직했다. 이들은 친일지주집 타도, 무기고 습격 등의 투쟁을 벌였다. 그들은 가짜 권총을 들고 위협하기도 하고 헌병이나 군인을 가장해 일본영사관 관리, 부호, 무역상 등을 상대로 무기를 확보해나갔다. 또 대장간에서 무기를 만들기도 하고 폭탄을 제조하기도 했다.

● 만주 항일유격대의 최후

이 시기에 만주 각지의 항일유격대는 중국 홍군과 연합하여 여러 곳에 지역 소비에트를 건설하고 항일연합군을 결성했다. 당시 동북 지방에는 동북자위군, 항일구국군, 항일의용군, 산림대 등 여러 군인단체가 난립했다. 항일연합군은 이들을 하나로 묶은 것이다. 한편 독립군은 동만의 연길, 화룡, 왕청, 훈춘 등 4개현에서 유격구를 설정하고 유격대를 결성했는데, 이들 360여 명의 대원 가운데 95퍼센트가 조선 동포였다. 유격구는 일종의 지방정권과 같았다. 이들은 유격구에서 지주의 땅을 빼앗아 나누어주고 고리대를 철폐하고 잡세를 없앴다. 이런 활동은 농민의 협조를 끌어내는 방법이기도 했다.

항일연합군은 노천극장을 가설하여 무기 탈취방법, 여성 해방, 일제의 만행을 규탄하는 연극을 공연하는 등 대원과 주민의 의식 일깨우기에 노력했다. 마을 사람들은 농민위원회를 결성하고 부녀회와 아동단도 조직했다. 또 주민들은 군대의 식량공급과 생필품 운반 등을 맡아 처리했다.

남만에서는 동만보다 1년쯤 늦게 반석현 등 산악지대를 중심으로 유격대를 결성했으며, 북만에서는 요하현의 농노의용군(대장 최용건) 등의 활동이 두드러졌다. 그러나 동만처럼 유격구를 건설하지는 못했다. 이들은 중국공산당의 방침에 따라 처음에는 반국민당, 반군벌, 반지주 투쟁을 벌였으나 예전 중국군 잔당과 마적들에 밀려 동만과 같은 성과를 거두지는 못했다.

동만의 유격대들은 1934년에 들어 900여 명의 병력으로 동북인민혁명군 제2군 독립사를 창건했는데, 3분의 2가 조선 동포들이었다. 남만의 여러 유격대는 사장司長 양정우가 이끄는 동북인민혁명군 제1군 독립사를 결성했다. 북만에서는 김책(본명은 김홍계), 최용건 등이 참여한 동북인민혁명군 제3군 독립사를 창건했는데, 남만과는 달리 튼튼한 유격구를 건설했다. 남만과 북만의 혁명군에 조선 동포가 적어도 25퍼센트 참여했다.

1932년 간도 일본총영사관의 조종으로 친일반공단체인 민생단이 조직되었다. 민생단은 조선 - 중국 민족 간의 대결을 부추기고 첩보행위를 자행했다. 그리하여 유격대 안에서는 몇 년 동안 반민생단 투쟁이 벌어져서 혐의자 561명을 체포했는데, 그중에는 조선인 동포 431명이 포함되어 있었다. 그리하여 중국공산당에서는 "일본의 주구를 숙청한다"라거나 "내부에 있는 스파이를 일소한다"라는 슬로건을 내걸고 조선 동포를 배척했고 간부에도 임명하지 않았다. 더욱이 조그마한 혐의가 있어도 잡아 죽이는 살벌한 지경이었다. 조선 독립을 열망하여 혁명군에 가담했던 조선인들은 박탈감, 배신감, 절망감을 가지고 이탈해갔다.

1936년 코민테른 주재 중국공산당 대표단은 항일전선의 역량을 강화하기 위해 동북의 공산당 지도자들에게, 동북항일연군을 결성할 것, 좌경 모험주의적인 민생단 반대투쟁을 정지할 것, 조선혁명에 적극 나설 것 등을 통고했다. 이를 계기로 만주 지역의 무장투쟁은 새로운 활기를 찾게 되었다. 1936년 12월에는 만주군벌 두목인 장학량의 주선으로 중국 서안에서 국민당과 공산당이 국공國共 합작을 성사시켜 장개석와 모택동은 일본제국주의 타도에 모든 역량을 결집하기로 합의했다. 그 결과 만주 지역에서는 국민당 반대투쟁이 수그러들었다.

● 항일연군의 지도자로 부상하다

그 결과 동북인민혁명군 동북반일연합구에 각종 유격대를 결집시켜 동북
항일연군의 11개군을 편성했다. 그 조직체계는 총사령부 아래에 차례로
군軍, 사師, 단團, 연連으로 연결되었다.

제2군의 2,000여 명의 대원 가운데 50퍼센트가 조선인이었다. 그 산
하의 제3사師는 대부분 조선인으로 구성되었고 김일성이 사장을 맡았다.
이때부터 김일성이 항일연군의 지도자로 부상한 것이다. 김일성은 앞에
서 살핀 대로 만주사변 뒤 19세의 나이로 항일유격대 활동을 전개해왔고,
이 무렵 본명 김성주가 아닌 소영웅 김일성의 이름이 널리 퍼졌다 한다.

김일성은 새로운 항일연군을 조직할 때 대원 100여 명이 민생단 관련
혐의가 있다는 문제가 제기되었다. 김일성은 해당 대원들의 해명을 들은
뒤 이렇게 말했다.

> 동무들은 오늘 누가 민생단이고 누가 민생단이 아니라고 결론하기는 곤란
> 하다. 왜냐하면 그것을 누구도 증명할 수 없기 때문이다. 그러나 내가 오
> 늘 동무들에게 선포할 것은 지금 이 자리에는 민생단은 한 사람도 없다는
> 사실이다. 그것은 동무들 자신이 다 민생단이 아니라고 하기 때문이다. 과
> 거에 들었던 사람이나 안 들었던 사람이나 오늘부터는 다 백지로 돌아간
> 다. 동무들은 지금부터 다 새 출발이다.
>
> 김경석《혁명의 위기를 한 몸으로 막아》

말을 마친 김일성은 대원들 앞에서 민생단 자료를 불태웠다 한다. 김일성은 민생단 문제를 해결하는 데 정치적 역량을 발휘하여 좋은 평판을 얻었다. 적어도 김일성이 거느린 부대에서 민생단 문제는 제기되지 않았다.

이 무렵 오성륜 등이 발기하여 재만 한인조국광복회가 결성되었다. 이 조국광복회의 선언서 서두에는 3·1운동과 안중근, 윤봉길 의사의 활동을 열거했으며 그 강령에는 "전민족의 계급, 성별, 지위, 당파, 연령, 종교 등의 차별을 불문하고 백의동포는 반드시 일치단결, 궐기하여 원수인 일본놈들과 싸워 조국을 광복할 것"이라 했고, 끝으로 "백의동포 민족해방을 목표로 하여 싸우자, 재만 한인의 진실한 자치를 목표로 하여 투쟁하자, 대한국 민족 해방독립 만세"라는 슬로건을 내걸었다. 이것은 공산주의 계열과 민족주의 계열을 가리지 않고 통합노선을 지향했음을 분명히 보여준다.

모택동은 연안에서 《모순론》을 저술하고 중국공산당의 지침으로 삼게 했다. 곧 봉건모순보다 민족 모순의 해결이 선결과제라고 제시한 것이다. 조국이 제국주의 침략을 받아 고통에 신음하는 문제를 해결한 뒤에 봉건모순 청산에 나서야 한다는 이론이었다. 중국공산당의 전술은 여기에 맞추어졌다. 조국광복회에서 설정한 당면 목표도 이와 무관치 않다. 그리하여 만주의 공산주의자들은 민족적 색채가 강한 사회주의 계열이라는 평가가 나오게 된 것이다.

김일성은 중국 장백현 13도구의 도천리와 국내 함경남도의 갑산 등지에 여러 개의 조국광복회 지회를 결성케 했다. 국내에 지회를 결성한 것은 의미가 크다.

항일연군은 1936년 5월 제1군과 제2군을 합하여 제1로군으로 개편되었다. 김일성이 거느린 3사는 1로군의 6사가 되었다. 김일성이 사장으로 있는 6사 등 항일연군 1,800여 명은 무송현성을 공격하여 일본군에게 커다란 타격을 입혔다. 6사는 계속해서 임강현 아래 지역에서 유격 전투를 벌이면서 백두산 지구로 진출했다. 백두산 밀영 지구는 조선인 무장투쟁의 중심지로 떠올랐고 장백현에 설치한 여러 개의 밀영은 해방구와 같았다.

● 보천보 전투 이후 민족영웅으로 불리다

1937년 3월 제2사 사장인 조아범, 제4사 사장인 주수동, 제6사 사장인 김일성이 회동하여 국내진공작전을 펴기로 결의했다. 이때 유일한 조선인 사장인 김일성의 주장에 따라 제6사는 조선의 보천보, 제4사는 무송, 안도, 화룡을 돌아 조선의 무산, 제2사는 임강 일대에서 장백으로 방향을 잡는다고 합의하고 마지막 간삼봉에서 3개 사가 합류하기로 약속했다.

그러면 보천보는 어떤 곳인가? 압록강 지류인 가림천 강변에 자리 잡은 보천보에는 당시 일본인 50여 명, 조선인 1,323명, 중국인 10명이 살고 있었으며 주재소에 경찰 5명이 있었다. 그런데 이곳에서 20킬로미터 떨어진 곳에 인구 1만 3,000여 명이 살고 있는 혜산진이 있었고 건너편에는 인구 1만여 명이 살고 있는 장백현이 있었다. 혜산진에는 철도의 종착역이 있었고 일본군 수비대와 압록강 상류의 뗏목이 모여드는 곳이어서 유동 인구가 많았다. 보천보에서 사건이 일어나면 그 소식이 즉각 혜산진으로 날아갈 것이다. 보천보를 타격하면 최소의 비용으로 최대의 선전 효과를 노릴 수 있었다.

이해 6월 4일 오전 0시, 김일성과 대원 90명은 깜깜한 밤을 이용하여 뗏목을 타고 압록강을 건너 밀림 속에서 한동안 잠복했다. 또 조국광복회 회원 80여 명도 산림 속에 집결하여 임무를 받았다. 밤 10시에 공격이 시작되었다. 먼저 전화선을 절단하고 주재소를 기관총으로 공격하자 경찰들은 도망쳤다. 대원들은 주재소 무기고에서 경기관총, 소총, 권총, 탄약 수백 발을 빼앗았다.

다른 대원들은 농사시험장, 산림보호구, 소방조합, 면사무소, 우편소를 습격하여 불을 질렀다. 이어 요릿집 등에 들어가 군자금 명목으로 물자를 탈취했다. 이날 밤 11시에 이들은 "일본 군대에 복무하는 조선인 병사들에게 고함" 등이 적힌 5종의 전단을 뿌리고 철수했다. 이것이 보천보 습격사건이다. 이 과정에서 어린아이를 포함해 일본인 2명이 죽었다. 주민에게 상해를 입히려 하지 않은 결과였다. 혜산진 경찰서의 경찰관과 수비대, 헌병대의 병력 91명이 출동했다. 그러나 습격대는 장백현 23도구에서 경찰들과 마주쳐 7명을 사살, 14명에게 부상을 입히고 밀림 지대로 도주했다.

이 사건은 엄청난 반향을 불러일으켰다. 먼저 〈동아일보〉는 6월 5일 두 차례에 걸쳐 호외를 뿌렸다. "공산비적들 함남 보천보를 습격", "김일성 일파로 판명" 등의 제호를 달았다. 김일성金日成의 이름을 김일성金一成이라고도 쓰는 등 혼선을 빚었다. 연달아 경찰관들과의 충돌사건도 다루었다. 9일자에는 특파원이 찍은 현지 사진을 곁들여 보도했다. 〈조선일보〉도 이와 비슷한 내용을 연달아 보도했다.

한편 2사는 함경북도 무산과 갑산으로 진출하여 국내진공작전을 폈다.

그리하여 2사와 4사, 6사의 대원들은 약속대로 백두산 밀영에 도착했다. 연합부대는 29일 장백현의 간산봉에 이르렀다. 이들 500여 명의 연합부대는, 정보를 입수하고 출동한 일본군 150여 명과 국민당 보안대 300여 명을 상대로 간산봉에서 전투를 벌여 크게 승리를 거두었다. 이때 일본군 지휘자는 불행하게도 조선인 장교인 김인욱 소좌였다.

이 전투 역시 〈동아일보〉와 〈조선일보〉에 즉각 보도되었다. 이 일련의 사건으로 김일성은 크게 부각되었다. 이에 앞서 처음 항일연군이 발족할 때, 국내 신문에는 "동북인민혁명군 김일성 일대" 또는 "김일성 일파 공비"라는 기사가 나간 적이 있으나 구체적 사실의 전달은 이 사건이 계기가 되었다. 신문기사에는 "비적 두목", "공비"로 표현되었으나 독자들은 김일성이 홍길동처럼 둔갑술을 부리는 신출귀몰한 인물이라거나 독립운동을 위해 일본 육사에 들어가 전술을 배웠다는 둥 별별 소문이 꼬리를 물고 이어졌다. 이때부터 김일성은 홍구공원 폭탄사건을 조종한 김구의 뒤를 이어 민족영웅의 한 사람으로 떠올랐다.

● 조선혁명군의 세력이 위축되다

이 시기 만주에 있는 민족주의 계열의 활동 모습을 알아보자. 1930년 홍진, 이청천 등이 중심이 되어 한국독립당을 창당하고 그 산하에 조선독립군을 편성했다. 사령관은 이청천, 참모장은 신숙 등이 선출되었다. 이들도 만주사변 뒤 대원을 강화하고 중국군과의 연합작전을 모색했다.

한편 유일당 운동으로 태어난 조선혁명당에서는 조선혁명군을 조직하고 사령관에 이진탁, 부사령관에 양세봉을 선임했다. 조선혁명군은 1930년 중대제로 개편했다. 이때 공산주의 계열이 대거 탈퇴하여 중국공산당으로 넘어갔다. 그 뒤 조선혁명군도 연합작전을 모색했다.

한국독립당에서는 1931년 11월 모든 군구에 총동원령을 내려 군대를 소집하고 징병을 실시했다. 그리고 신숙과 이청천이 한중군대의 연합작전을 제의하여 구체적 협정을 체결했다. 그 내용은 끝까지 대일항전을 맹세하고 중동철도를 경계로 하여 서부전선은 중군이 맡고 동부전선은 한군이 맡으며, 연합작전을 벌일 때 한군에 소요되는 일체 경비는 중군이 공급한다는 것이었다.

한중연합군이 채 정비가 되지 않은 상태에서 1932년 2월 일본군과 만주군의 대공세를 받게 되었다. 일만 연합군은 비행기까지 동원하여 하얼빈에서 중군을 대파하고 중동철도의 연선을 따라 진격해왔다. 한중연합군은 치열한 전투를 벌였으나 탄약과 식량이 부족하여 참패를 거듭한 끝에 흩어지고 말았다. 이청천과 신숙, 별동부대장은 두 쪽으로 흩어져 한동안 연락이 두절되었다.

한국독립당에서 비상회의를 열고 독립군을 다시 모으면서 중국군 고봉림부대와 1932년 8월부터 다시 연합작전을 개시했다. 이때 중국군 2만 5,000여 명과 독립군 3,000여 명이 모였으며 뒤늦게 이청천이 흑룡강 쪽에서 합류해왔다. 연합군은 철도의 요지인 쌍성보 공격에 나섰다.

쌍성보 성 안에 있던 만주군 3개 여단은 패주했고 연합군은 많은 식량과 무기를 노획했다. 일본군이 탈환작전을 펼쳤으나 1개 중대가 전멸 당하고 후퇴했다. 11월 20일 하얼빈과 장춘에 주둔하는 일본군과 만주군의 반격을 받아 8일 동안 공방전을 벌인 끝에 퇴각했다. 고봉림부대가 단독으로 휴전회담을 성사시키자 독립군은 어쩔 수 없이 중국군과 결별을 선언했다.

독립군은 동북만주 일대에서 다시 연합전선을 펴서 전투를 벌였다. 1933년 6월까지 여러 곳에서 승리를 거듭했고 특히 대전자 전투에서는 일본군을 격퇴하고 많은 군수물자를 노획하는 전과를 올렸다.

그런데 전리품을 분배하는 과정에서 서로 많이 차지하려다가 심한 감정대립을 유발했다. 독립군이 단독으로 동빈현의 일본군을 공격하는 데도 중국구국군에서 지원부대를 보내주지 않아 후퇴했다. 두 군대는 더욱 감정대립을 보였으며 마침내 구국군에서는 독립군의 이청천 이하 수십 명의 간부를 친일파라는 누명을 씌워 체포하고 무기를 압수하는 방법으로 압박을 가했다. 그리하여 연합전선은 1933년 가을을 기점으로 와해되었다. 독립군의 간부들은 중국 본토로 들어가고 잔여부대는 밀산 등 산림지대로 들어가 소규모 활동을 벌였다.

한편 남만주에 활동무대를 잡은 국민부 산하의 조선혁명군은 더욱 고난의 길을 걸었다. 만주사변 뒤 한중연합을 모색하는 도중에 조선혁명당 중앙집행위원장인 현익철이 일본 경찰에 체포되어 중단되기도 했다. 1931년 12월에 조선혁명당과 혁명군 주요 간부들이 조직을 정비했고 양세봉이 총사령관이 되어 남만에서 활동하던 중국의용군과 연합전선을 형성했다. 이렇게 하여 남만주 일대에서 '양세봉의 신화'가 창조된다.

이곳 연합군은 1932년 3월 신빈현 일대에서 일본군과 첫 전투를 벌여 승리하여 사기가 올랐다. 그리하여 연합군은 원만한 관계로 발전했다. 이해 4월 중국의용군이 주축이 되어 해방구인 환인, 장백 등 20여 개 현을 관장하고 각지에 지역사령부를 두었다.

조선혁명당의 김학규와 요녕구국회의 왕위원 사이에 연합전선 합의가 이루어졌다. 조선혁명군에서는 첩보 등 특수임무를 맡은 특무대사령부, 선전임무를 맡은 선전대대를 관장하기로 합의했다. 특무사령부의 사령관으로는 양세봉이 선임되었다. 또 두 기구는 만주만이 아니라 조선 안의 첩보 선전활동도 아울러 맡았다.

이들은 한글 신문인 〈합작〉을 간행하여 배포했고 중국군과 조선혁명군의 본부가 있는 통화현에 속성군관학교를 설치하여 2,000여 명의 조선 군관을 배출했다. 그리고 관할지역에 노농강습소를 두어 5,000여 명에게 군사훈련을 시켰다. 4년쯤 길러낸 이들은 조선혁명군의 동력이 되었다.

일본군과 만주군은 1933년 5월, 연합군의 근거지인 임강, 환인, 통화 등지를 차례로 공격해왔다. 연합군은 거듭 패배를 하면서 많은 희생자를 냈다. 한편 양세봉이 일본군 40여 명을 살해하고 기관총 등 90여 점을 노획하는 등 전과를 올리자 일본군은 비행기를 동원하여 연합군 진지를 폭격하는 따위로 강력하게 공격해왔다.

이 무렵 양세봉은 일본군 밀정의 유인전술에 휘말려 살해되었다. 1933년 8월 12일 벌어진 비극적인 일이었다.

그 뒤 조선혁명군의 세력은 위축되었다. 더욱이 1935년 일본군의 대토벌작전에 밀려 거의 분산되는 지경에 이르렀다. 다만 일부는 항일연군으로 들어가거나 작은 부대로 모여 유격전술을 쓰는 수준에 머물렀다.

마지막 단계에서 민족주의 계열 인사들은 중국 본토로 발길을 돌렸다.

당시 임시정부에서는 동만의 조선독립군에게 중국 관내로 이동하라고 지시했다. 이에 따라 1933년 10월 이청천, 조경한 등 32명의 간부들이 중국 관내로 이동해 중국 군관학교 낙양분교에 들어갔다.

또 조선혁명군 간부들도 양세봉이 죽을 무렵, 국민당 정부와 교섭하여 지원을 요구했으나 뜻을 이루지 못하고 중국 남쪽 광주 등지에 머물렀다. 이들은 다시 남만 지역으로 돌아가지 못했다. 이렇게 두 계열의 간부들은 동만과 남만의 기지를 항일연군에게 내주고 중국 관내로 들어와 한국광복군에 합류하는 등 새로운 활동무대를 마련했다.

● 조국의 자유와 독립을 위해 끝까지 싸운다

중국 쪽에서 백두산의 장백폭포로 올라가는 길가에는 미인송들이 늘어서 있다. 이 미인송 중 한 그루에는 껍데기를 벗기고 "조국을 위해 끝까지 일제와 맞싸우겠다"는 결의에 찬 글귀가 새겨져 있다. 이는 여자 유격대원인 김영숙이 새긴 것으로 지금도 선명하게 드러나 있다. 그리고 백두산 정상의 기상참 동쪽 돌벽에는 "왜노를 쫓지 않고는 맹세코 휴식이 없다(不逐倭奴不誓休)"라고 새겨져 있다. 그리고 대마록구 숲속 한 나무에는 "중국과 조선 인민은 오로지 큰 단결과 큰 연합을 실행하여 공동의 적인 일본의 도둑을 타도하자(中朝人民要實行大團結大聯合打倒共同的敵人日寇)"라거나 "조선 청년은 국가와 민족을 위해 동북 항일연군에 참가한다(朝鮮靑年爲了國家和民族參加東北抗日聯軍)"고도 쓰여 있다. 모두 항일연군이 결성된 뒤 새겨진 것들이다.

한편 백두산 건너편 조선 땅 청봉의 숲속 나무에는 16개의 수전樹篆(생나무에 새긴 전각)이 전해진다. 여기에는 국한문체로 "조선민족의 자유와 독립 해방을 위하여 끝까지 싸우는 동북항일연군에 참가하여 싸우자"라거나 "일본 파시스트 군벌을 때려 부수자"라는 글귀들이 쓰여 있다.

그리고 끝에 "제1로 제2방면군 독립영 영부 숙영지"라고 새겨 이 일을 한 사람들이 누구인지 밝혀 놓았다. 이는 1939년 5월 김일성이 지휘하는 동북방면군이 두만강을 넘어 들어와 갑산, 무산의 일본수비대를 공격할 때 새긴 것이다. 이를 통해 이 시기, 유격대의 활동과 결의를 엿볼 수 있다.(일부는 뒤에 새겨 놓았다는 설이 있음)

아무튼 중일전쟁 이후 만주의 독립항쟁이 새로운 정세를 맞게 되었다. 관동군과 만주군은 만주 일대의 '치안숙정공작'에 따라 철저한 토벌작전을 벌이고 유격대의 근거지를 없애기 위해 계속 집단부락을 만들어 나갔다. 그리하여 1938년 끝 무렵에는 만주 전역에 걸쳐 집단부락이 1만 2,565개 소에 이르렀다. 관동군은 활발한 귀순공작을 펼쳤다. 곧 항복한 자를 처벌하지 않고 양민으로 대우하는 전술이었다. 또 곳곳에서 중국공산당 조직을 파괴하고 당원을 검거하여 항일연군과의 연계를 차단했다.

관동군은 하나의 간교한 작전계획을 실행했다. 1938년 9월에는 조선 청년들만으로 조직한 간도특설대를 만들었다. 이 부대의 본부를 명월구에 두고 북간도 일대의 조선인 집단부락을 감시하고 조선인 유격대를 섬멸하려 들었다. 이 부대의 장교들은 뒷날 한국군의 지도자가 된 관동군 출신의 백선엽, 김백일, 신현준, 김석범 등이었다.

그 결과 관동군 또는 만주국은 봉천, 장춘(당시 일제는 신경으로 불렸다)을 중심으로 한 요령성과 길림성, 성도가 있는 길림 주변까지 치안을 완전 확보하고 동북항일연군의 유격대를 몰아냈다. 그러나 남만주의 압록강 지역 즉 무순, 본계의 동쪽 지역과 장백현 일대는 1로군의 활동무대로 밀영을 두고 있었다. 그리고 북만주와 동만주에는 여전히 2로군과 3로군이 주요 지점에 밀영을 두고 계속 유격활동을 벌이고 있었다. 관동군으로서는 체면이 말이 아니었지만 지속적인 토벌작전을 펼치는 수밖에 달리 방법이 없었다.

한편 항일연군의 처지는 더욱 복잡하게 전개되었다. 만주의 1, 2, 3로군은 중국 본토의 8로군과 긴밀히 연계해 항일활동을 전개하기로 결정했으나, 관동군에 의해 차단되어 북경 등 본토로 진출할 수 없었다.

● 항일연군, 마침내 시베리아로 가다

먼저 1로군의 활동 상황을 알아보기로 한다. 1로군은 방향을 전환하여 후방을 교란하고 조중 국경지대에서 유격활동을 전개하면서 조선 안의 활동을 지원하는 계획을 세웠다. 이 과정에서 1938년 6월 1로군 제1사장 정빈이 관동군의 귀순공작으로 투항하여 항일연군의 모든 조직과 계획이 탄로나 치명적인 타격을 입게 되었다. 그리하여 조직을 제1방면군과 제2방면군으로 개편했다. 그리고 김일성부대를 제2방면군으로 새로 편성한 뒤 조일 혼성부대의 지휘로 김일성이 추대되었다. 총 병력은 500명 또는 350명이라는 설이 있는데, 주로 소년들이 중심이 되었다 한다. 김일성은 1로군에서 조선인으로서는 총사령부의 군수처장인 전광(본명 오성륜) 다음의 서열로 제2인자였다. 이때 김일성의 나이는 27세였다.

이해 연말 김일성은 장백현 밀영에서 계속 일본군에 쫓기며 100일 동안 고난의 행군을 한 끝에 북대성자에 도착했다. 행군 기간에는 일본군의 추적을 피하기 위해 연기를 피우지 않으려고 한겨울인데도 말고기를 날것으로 먹을 정도였다. 이곳에서 국내에 진공하려 청봉에서 야영하면서 앞에서 본 대로 나무에 구호를 새겼던 것이다. 이들은 조선 안의 무산, 갑산 일대에서 일본군과 전투를 벌이고 무사히 귀환했다.

제2방면군은 다른 항일연군의 처지와 같이 주민 또는 농민과 완전히 유리된 가운데 밀영에서 정신무장을 다지며 세월을 보냈다. 그들은 먹을거리를 구하지 못해 나무껍질과 풀뿌리로 연명하면서 한동안 새로운 활로를 모색하고 있었다.

제2로군의 처지는 어떠했을까? 2로군은 동만의 목단강을 중심으로 소련의 국경지대인 우수리강까지를 활동영역으로 삼았다. 2로군의 총지휘는 중국인 주보중이었으나 참조장은 최석천崔石泉(본명 최용건)이었다. 최용건은 운남의 강무학교를 졸업하고 황포군관학교의 교관을 지낸 뒤 중국공산당에 가입하여 오성륜과 함께 광주 기의에 참여했다. 그는 중국공산당의 지시를 받아 1928년 만주로 왔다.

그는 요하를 근거지로 하여 조선인 유격대를 조직했다. 당시 요하에는 5,000여 명의 조선 이주민이 살고 있었다. 요하유격대는 처음에는 40여 명이었으나 뒤에는 100명 이상 단위로 불어났다. 그들은 중국 구국군과 연합하여 작전을 폈으나 1934년 일본군의 토벌로 괴멸되고 나머지는 소련으로 달아났다. 그 뒤 1936년 동북중한반일연합군이 결성되어 최용건이 참모장이 되고 이어 한인대대가 결성되었다.

1937년 동북항일연군 제2로군이 길동을 근거지로 삼아 결성되었고 총지휘는 주보중이 맡았다. 두 사람은 원만한 관계를 유지하면서 항일전선을 형성했다. 1938년 일본군 2만 5,000여 명이 대공세를 펼쳐 2로군은 괴멸상태에 빠졌다. 다음 해 최용건은 제7군의 군장이 되어 전투를 벌였으나 주보중이 소련 영내로 도주하자 몇 만 명 단위로 공세를 펼치는 일본군에 대항할 방법이 없었다. 이때 일본의 밀정이 침투하여 최용건을 암살하려 하기도 하고 귀순공작을 펼치기도 했다. 최용건도 1940년 봄에 하바로프스크로 탈출했다.

제3로군은 제2로군보다 더 북쪽 지대인 하얼빈에서 흑하까지를 근거지로 삼아 활동을 전개했다. 3로군의 총지휘는 이조린이었으며 참모장은 조선인 허형식이었다. 또 중국공산당 북만성위의 서기는 김책이었다. 김책, 이복림, 허형식 등 세 사람은 일찍부터 동지가 되어 반일 유격활동을 전개했는데 김책이 리더였다. 이들이 주하에 유격근거지를 삼았을 때는 일본이 '공산당의 낙원'이라 부를 정도로 견고했다. 이들은 동북인민혁명군에 들어가서 간부로 활동했다.

1939년 4월, 동북항일연군 3로군이 정식 발족되었을 때 이들에게 주요임무가 주어졌다. 3로군은 하바로프스크를 왕래하면서 소련의 지원을 받기도 하고 간섭을 받기도 했다. 허형식, 김책은 스파이로 몰려 죽을 고비를 넘기기도 했으나 겨우 버티면서 살아남았다.

1939년 9월 2차대전이 발발했다. 이해 10월 관동군은 일본군과 만주군, 경찰대를 포함한 7만 5,000명의 병력을 동원하여 항일연군의 토벌에 나섰다. 일제 토벌군은 1년 3개월 계획으로 간도지구, 길림지구, 통화지구로 나누어 이른바 동남부 치안숙정공작을 개시했다. 따라서 그 피해는 1로군에 집중되었다. 더욱이 1로군의 간부들에게 현상금을 걸었는데 김일성, 최현에게는 총지휘자인 양정우와 동급인 1만 엔이 걸렸다.

제2방면군은 계속 쫓겼다. 그런 상황에서 다음 해 3월 안도현의 대마록구 주변에서 화룡현 경비대대 소속인 마에다 다케이치前田武市 경정이 이끄는 이른바 마에다 중대 대원 120명을 죽였다. 마에다는 조선총독부 경찰 출신으로 만주로 들어와 "김일성의 머리는 내가 베어가겠다"고 장담한 인물이다. 마에다 중대원은 145명이었는데 90퍼센트가 조선인으로 편성되었다. 이것이 김일성의 마지막 전과였다.

한편 제1방면군과 제3방면군은 더 큰 타격을 입고 괴멸상태에 빠졌다. 이 무렵 전체 동북항일연군은 3만여 명에서 1,400여 명으로 급격하게 줄어들었고, 많은 지도자들도 죽거나 귀순했다. 제2방면군은 안도현에서 활동을 벌이다가 1940년 겨울 부대원을 보존하기 위해 시베리아 땅으로 넘어갔다. 제1방면군과 제3방면군은 더 큰 타격을 입고 뒤따라 동부 시베리아로 넘어왔다. 그리하여 살아남은 김일성, 최용건, 김책은 항일연군 출신의 삼두마차가 되어 뒷날 북한정권을 주물렀다.

● 가장 어린 나이로 1인자에 오르다

만주의 동북항일연군 교도려教導旅(중국군과 조선군 연합부대)가 소련 땅인 동부

시베리아로 들어간 뒤 우수리강 언저리에 야영지를 만들고 주둔했다. 이들은 소련 군복을 입고 소련의 지원을 받았다.

이 대목에서 한 가지 밝혀두자면 2008년 6월 '우사 김규식 연구회'의 주관으로 전공학자 15명이 이곳을 답사하여 주민의 생생한 증언을 듣고 여러 잔존 건물을 살펴볼 기회가 있었다. 현재 이곳은 러시아 행정구역으로 하바로프스크의 블라디미르 안필라토프 세마스코 20번지 일대에 해당한다. 하바로프스크 동북방으로 60~70킬로미터 지점 그리고 아무르 강가의 언덕이다.

이들 부대의 소련식 이름은 소련 극동전선군 제88독립보병여단이었으나 독립적 부대였다. 이들의 숙영지는 네 부대에 따라 나뉘었는데, 오늘날 당시의 건물은 한두 채말고는 거의 휴양소 등으로 대체되었다. 또 통나무집들도 당시의 것은 아니라 한다. 다만 당시 식당으로 썼던 건물(약 30여 평)만은 기둥과 석가래 정도만 보이고 퇴락한 채 을씨년스럽게 숲속에 버티고 서 있을 뿐이다. 또 옛길로 보이는 아스팔트도 희미하게 남아 있을 뿐이다. 마을 위쪽에는, 북한 사절이 이곳에 왔을 때 이곳 주민들이 중심이 되어 1990년 4월에 조성한 4개의 시멘트로 만든 무덤이 보존되어 있다. 이곳에서 죽은 조선 군인들의 무덤이라 하나 아무런 문자도 표시되어 있지 않았다.

야영지는 남야영(A야영)과 북야영(B야영)으로 나뉘었다. 김일성은 김일, 최현 등 200여 명과 함께 B야영에 머물렀다. 김일성은 조선인 부대인 월경부대의 제1지대장이 되었으며 김일, 최현과 함께 남만성위의 당 위원이 되었다. 이들은 소련의 지휘를 받는 극동공화국 군대의 지도와 원조를 받았다. 이곳에 있던 김일성은 제1지대의 29명을 거느리고 잠시 만주의 돈화 방면으로 진출했다가 곧 돌아갔다.

1941년 중소조약이 성립되어 만주진공작전은 중단되었고 그 뒤 항일연군에게는 금족령이 내려졌다. 이들은 먹을거리를 장만하기 위해 농사를 짓거나 체조를 하면서 빈둥거리고 놀았다. 이곳에서 태어나 늙은 아나톨리 꼬로야코프(78세, 인근 바츠코에 마을 거주) 노인은 당시 14세로 이들과 어울렸는데, 이들은 참호를 파서 군사연습을 하기도 하고 연병장에서 운동을 하기도 했다고 전한다.

다시 정리하면 1942년 일본군이 태평양에서 패전을 거듭할 때, 항일연군은 소련극동군의 결정에 따라 동북항일연군 교도려를 결성했다. 구성원은 소련군 300명을 포함해 1,300여 명으로 계획되었는데, 목적은 만주의 유격운동을 전개하는 것이었다.

교도려는 4영으로 편성되었다. 중국특별려의 부여장은 시린스키 소련군 장교가 임명되었다. 김일성은 제1교도영 영장, 사령부의 부참모장은 최용건, 제3교도영의 정치 부영장은 김책이 임명되었으며 제1교도영 제1련의 연장은 최현이 맡았다.

이들은 소련 군복을 착용했으며 소련군의 계급을 따랐는데 김일성, 최용건, 김책은 모두 대위 계급장을 달았다. 또 군내의 당 위원회에는 최용건이 서기, 김일성이 부서기, 위원에는 김책이 포함되어 있었다. 최고 간부에는 중국인 2명, 조선인 2명이 임명되었다. 조선인으로서는 최용건이 최고 간부였으며 김일성은 2인자였다. 조선인 출신 군인은 약 400여 명이었고 소련 국적을 가진 조선인 12명이 포함되어 있었다. 이에 조선 출신

군인들은 피가 끓는 용기를 얻었다.

여기에 현 북한정권의 가장 민감한 문제가 개재되어 있다. 곧 김정일의 출생설과 관련되는 문제이다. 공식 기록에 김정일은 1942년 2월 15일 생으로 기재되어 있다. 그리고 김정일이 출생한 곳은 백두산 밀영으로 주장해왔다. 그러나 여러 사건 전개로 보아 김일성, 김정숙이 하바로프스크에 있을 때는 신혼중이었다. 그러니 김정일은 이곳에서 태어났다고 볼 수 있다. 하지만 이들 부부는 계속 첩보활동을 벌였기 때문에 김정일이 백두산 밀영에서 태어났을 가능성도 있다. 아무튼 김정숙도 이곳 야영지에서 김일성과 함께 생활했다. 이들은 이곳에서 4년쯤 지냈으나 숲속의 공기도 좋고 아무르강에서 물고기도 잡을 수 있고 땅도 비옥해 그리 어렵지 않게 생활한 것으로 보인다.

교도려의 조선군은 만주와 국내진공작전을 펼칠 수 없었다. 소련군이 대일전에 참전한 뒤에 일본이 곧바로 항복했기 때문이다. 안타까운 일이었다. 1945년 7월 말 교도려의 반수는 동북으로 들어가고 반수는 조선으로 들어간다는 결정을 내리고 조선공작단을 결성했다. 단장은 김일성, 당위 서기는 최용건이 맡았다.

이때 주목되는 것은 김일성이 나이가 가장 아래인 데도 조선인 교도려 출신으로는 1인자로 부상한 점이다. 그 원인은 백두산의 유격활동과 마지막 단계의 보천보 전투 등 다른 사람들보다 많은 활동을 한 공로를 인정받은 것으로 보이며 리더십도 돋보였던 것으로 추측된다.

● 일본의 항복으로 조국에 귀환하다

조선으로 진공한 소련군 선발대는 두만강 언저리에 있는 훈춘과 서수라에서 시작하여 8월 9일 나진을 포격하고 이어 전투를 벌이면서 청진, 원산으로 진격했다. 그리고 8월 25일 한반도에 상륙한 지 13일 만에 평양에 입성했다. 소련군과 일본군은 소규모 전투를 벌였으나 일본군은 곧바로 항복해 더 이상 격전은 벌어지지 않았다.

하지만 김일성, 최용건, 김책, 김일 등 지도자들이 이끄는 항일연군, 특히 조선공작단은 9월 5일에야 출발하여 후속 소련군을 뒤따라 9월 19일 원산만에 도착했다. 그러니 조선공작단은 일본군과 전투를 벌이지 못했다. 김일성은 총 한 방 쏘지 못하고 소련군의 꽁무니만 따라다닌 꼴이다.

이 대목에서 북한정권의 정치상황을 미리 이해하기 위해 다른 쪽으로 눈을 돌려보자. 태평양전쟁 시기인 1940년 중국 내지의 중경 등지에서는 김구가 이끄는 임시정부 계열은 김원봉의 지원을 받아 한국광복군을 조직하고 국내진공작전을 준비했다. 이들은 국민당 정부의 협조를 받았다. 그러나 국내진공작전은 실패로 돌아갔으며 그들은 개인 자격으로 귀국했다.

조선독립동맹과 조선의용군은 1942년 조직을 확대 개편하고 노선을 정비했다. 이들은 중국공산당의 지원을 받으며 태항산 지구와 연안에서 군정학교를 설립하여 독립군을 양성하고 대일전선에 투입되었으나, 마지막 단계에서 조선독립군 보호정책에 따라 연안으로 들어갔다. 해방이 된 뒤 이들도 소련의 견제를 받아 뒤늦게 심양을 거쳐 신의주로 진출해 압록강을 건넜다.

이들 세 독립무장세력이 마지막 단계까지 버티면서도 국내진공작전을 수행하지 못한 것은, 말할 나위도 없이 객관적 조건 탓이었다. 하지만 투쟁의 강도는 이른바 만주계가 주도한 항일연군계열을 첫째로 꼽아야 할 것이다. 역대 독재정권 아래에서 학문적 자유를 누리지 못했던 남쪽의 학자들은 그동안 이를 완전히 무시해왔다.

예를 들면 국사편찬위원회에서 주도해 간행한 《한민족독립운동사》(1988)에서는 김일성 주도의 항일연군 활동과 무정 중심의 독립동맹 또는 조선의용군의 활동을 완전히 빼버렸다.

다시 말해 사회주의 계열의 민족운동과 김일성 관련의 항일운동을 배제한 것이다. 반쪽짜리 항일무장 투쟁사를 쓰고 만 셈이다. 설령 기술하더라도 아주 단편적 사실만을 서술했다.

북한의 기술은 더욱 사실을 오도하여 김일성의 만주 지역 유격대 활동을 과장하고 있다. 더욱이 조선공작단이 귀국할 때 소련군의 진격작전은 축소하고 두만강 아래의 서수라를 향해 진격했다거나 항구인 웅기에 상륙했다고 하여 마치 스스로의 군사적 역량으로 북한을 해방시킨 것으로 기술했다.(백봉 《김일성전》, 《조선전사》 등)

근래 남쪽 학자들은 이를 반성하고 객관적 근거에 따라 객관적 관점에서 사실을 규명하고 있다. 또 연변의 관계 학자들도 항일연군의 전체 활동 범위를 설정하고 김일성의 활동상을 서술하고 있다. 우리는 이런 접근방식에 의미를 두어야 할 것이다.

● 소련의 지원으로 정권의 최고통치자가 되다

김일성이 북한의 실력자로 떠오른 시기에 해당하는 이 부분에 대한 서술은 항일연군 활동보다 더욱 주의를 기울일 수밖에 없을 것이다. 객관적 사료를 토대로 서술한다는 것이 여간 어렵지 않고 조심스럽기도 하다. 그리고 김일성 개인에 대한 역사적 평가가 극단적으로 갈리는 대목이 될 것이다.

김일성이 북한정권의 1인자로 등장하는 과정은 소련의 지원에 힘입은 바도 있고 숙청이라는 방법을 쓰기도 했으나 비교적 순탄하게 이루어졌다. 따라서 김일성 우상화 작업 이전의 정치활동에 대한 객관화가 요구된다.

북한으로 돌아온 항일세력은 항일연군 출신의 만주계, 중국 내지에서 활동한 독립동맹 계열의 연안계, 홍군에 속했던 소련계로 분류된다. 이들이 조선인민공화국 건국의 주역을 담당했다.

소련에서는 김일성과 박헌영을 처음부터 새로 수립될 북한정권의 유력한 대표로 점찍고 있었다. 김일성의 경우, 그 이유와 관련해 여러 가지 설이 있다. 요약하면 첫째, 중국공산당이나 소련극동군과도 원만한 관계를 유지했고, 둘째, 유격대 활동을 가장 끈질기게 벌인 의지의 인물이라는 점, 셋째, 공생단 문제를 해결한 경우에서 보이듯이 통합적 지도력을 인정한 것이다. 그리하여 김일성은 소련의 지원에 힘입어 북한정권의 최고통치자로 군림할 수 있었다.

한편 박헌영의 경우는 무엇보다 남로당을 중심으로 한 국내조직이 튼튼하다는 것, 대중의 인기를 얻고 있다는 것 등을 강점으로 꼽았던 것으로 보인다.

김일성은 대위의 계급장을 달고 소련군을 따라 1945년 10월 무렵에야 평양에 들어왔다. 이때 사건이 일어났다. 10월 14일 평양공설운동장에서는 30만의 시민들이 몰려들 정도로 많은 인파가 몰린 속에 '김일성 장군 환영시민대회'가 열렸다. 평양에서 인기가 높은 조만식과 소련의 장군들이 앉은 귀빈석에 자리 잡은 젊은 인물에 시민의 관심이 쏠렸다. 이 자리에서 김일성은 소련 제25군 정치사령관인 레베데프 소장과 조만식에 이어 세 번째로 연설을 했다. 김일성은 이때의 감격을 이렇게 회고했다.

내가 연단에 나설 때 조선독립만세를 외치는 군중들의 함성과 환호성은 고조에 달했습니다. 그 환호성을 듣는 순간 나의 심신에서는 스무 해 동안 쌓이고 쌓인 피곤이 한꺼번에 달아나버렸습니다.

김일성《세기와 더불어 8》

그런데 사실 환영군중들은 김일성의 얼굴을 보고 술렁거리기 시작했다. 33세의 청년 김일성의 얼굴은 군중들이 보기에 너무나 젊고 부드러워 강인한 인상과는 거리가 멀었기 때문이다. 물론 김일성이 젊은 청년이라는 사실을 알고 있는 사람들도 많았다. 이때부터 '가짜 김일성'이라는 소문이 끝도 밑도 없이 퍼져 나갔다. 특히 월남 인사들이 악의적으로 이 소문을 널리 퍼뜨렸다. 그 뒤 스탈린과 김일성의 사진이 여기저기 걸리고 '조선의 위대한 애국자 김일성 장군'이라 쓰인 플래카드가 나타나 시민들의 많은 관심을 끌기도 하고 박수가 터지기도 했지만 가짜설은 수그러들지 않았다.
　이를 두고 다음과 같은 이야기가 전해진다.

백발이 성성한 노장군 대신 30대밖에 안 돼 보이는 청년이 원고를 들고 마이크 앞에 다가서는 것을 보았다. 신장은 1미터 67센티미터가량. 자그마한 몸에 짙은 밤색 양복이 좀 작아 맞지 않고 얼굴은 볕에 그을었으며 머리는 중국 요릿집 간부급 '뽀이'처럼 버쩍 치켜 깎고 앞 머리털은 한 치 정도. 흡사 라이트급 권투선수를 방불케 한다. 가짜다.

오영진《하나의 증언》

여기에는 악의가 다소 섞여 있는 듯하다. 사실 그 근원은 보천보 전투 이후에 일어났다. 김일성의 명성이 널리 퍼지자, 김일성은 일본 육사를 나왔는데 얼굴을 감추기 위해 졸업사진도 찍지 않았다거나 홍길동처럼 몸이 여러 개여서 이곳저곳을 동시에 출몰한다거나 신출귀몰하는 재주를 가졌다는 등의 소문이 나돌았다. 또 원래 김일성은 노장군으로 이름이 한일자인데 가짜 김일성은 날일 자를 쓴다고도 했다. 글 쓰는 이도 어릴 적 이런 소문을 많이 들었다. 지금도 가짜 김일성설을 믿는 사람들이 많다.

어쨌든 김일성이 북한에서 주도적 역할을 해나가는 과정은 흥미롭다. 해방이 되기 전에 평양 등 38선 북쪽 지역에는 조만식을 중심으로 한 건국준비위원회 지부, 자치대, 공산당지구위원회 등의 치안유지 또는 행정대행의 활동이 있었다. 이들은 대체로 좌우합작의 형태를 띠었다. 소련군은 진주한 뒤 이들을 끌어안으려는 공작을 벌여 행정을 위임했다. 그리하여 이들 조직은 지역단위의 인민위원회로 개편되었고 평양에 있는 평남인민위원회는 중앙정권의 역할을 했다.

그 뒤 몇 차례 개편을 거쳐 1947년 2월 이후에는 북조선인민위원회를 결성해 실질적 행정 임무를 수행했다. 이 과정에서 조선공산당 북조선분국이 결성되었고 김일성이 공산당 조직을 거머쥐고 북조선임시인민위원장이 되어 실질적으로 행정수반의 역할을 했다. 이들은 초기 단계에 일제 당국으로부터 행정을 접수하기도 하고 친일파를 체포하기도 하고 소작료를 3대 7제로 규정하기도 하는 당면 정책을 수행했다.

그런데 초기 북한의 지도부는 조금 달랐다. 1946년 조선공산당 중앙위원에 선출된 인원을 보면 만주계로는 김일성, 김책, 안길, 김일 등 4명, 연안계로는 김두봉, 최창익, 김창만, 김무정, 박효삼, 윤공흠, 박일우 등 15명, 소련계로는 허가이, 박창옥 등 8명, 국내계로는 한설야, 임해 등 11명이었다. 연안계가 다수를 차지하고 있다. 이 구성은 한국전쟁 시기까지 이어진다.

인민위원회 건물 1946년 2월, 소년의 지원을 받아 김일성을 위원장으로 한 북조선 임시 인민위원회가 조직되었다. 이 기구는 북한 단독정부 수립의 모체가 되었다.

● 뛰어난 선동술을 펼치다

한편 이 시기 북한은 두 가지 개혁조치를 단행했다. 첫째, 친일파 청산이다. 친일파들은 1946년 11월에 실시한 도·시·군 인민위원회 선거에서 피선거권이 박탈당해 정치무대에서 사라졌다. 특히 여성 453명이 인민위원에 당선되어 13.1퍼센트를 차지해 여성 참여율이 높았다. 둘째, 사회주의적 이념에 따라 전면적 토지개혁을 단행했다. 1946년 3월 북조선임시인민위원회는 "토지는 밭갈이하는 농민에게"라는 구호를 내걸고 토지개혁에 대한 법령을 공포했다. 토지개혁의 전위대로 농민자위대가 결성되었고 지주들은 다른 지역으로 이주시켰다. 그 결과 전체 농지 중 농지를 분배받은 농가 비율이 70.1퍼센트를 기록했다. 무상몰수 무상분배였다. 또 김일성종합대학교를 설립하는 등 교육제도를 정비했고 사상개조운동을 벌여 일체감을 고양시키려 했다.(김성보·기광서·이신철 공저 《북한 현대사》)

이를 총지휘한 김일성의 인기는 치솟았다. 그리하여 김일성을 찬양하고 선전하는 구호와 플래카드가 곳곳에 등장했다. 이것이 김일성 우상화의 단초를 연 셈이다. 이와 달리 친일파와 대지주들은 대거 월남하는 사태를 빚었고 이들은 남쪽에서 반김일성 정서를 이끌고 반공의 보루 노릇을 했다.

1946년과 1947년에 모스크바 삼상회의의 결정에 따라 개최된 미소공동위원회에서는 한반도 문제를 두고 줄다리기가 시작되었다. 임시민주정부 수립과 신탁통치문제를 두고 모스크바 삼상결정 지지운동과 반대운동이 동시에 전개되었다. 그리하여 미소대립과 좌우대립이 극심하게 벌어졌다. 끝내 국제연합 총회에서는 미국의 제안에 따라 유엔 감시 아래에 남북 총선거에 의한 통일정부 수립을 결정했다. 소련과 북쪽은 이를 거부하고 자주정부 수립을 주장했다. 그러자 유엔에서는 다시 선거가 가능한 지역 곧 남쪽에서만 단독으로 선거를 실시하기로 결의했다. 남쪽의 민족지도자 이승만은 줄기차게 단독정부 수립을 요구했다.

이때 북쪽의 실력자 김일성이 주역으로 부상했고 남쪽의 민족지도자 김규식, 김구가 전면에 나서 활동을 전개했다. 김일성은 무엇보다 남북협상 과정에서 유연한 면모를 과시했다. 남북협상은 미국과 소련이 남북문제를 두고 줄다리기를 벌인 끝에 단독정부 수립이 결정되자 민족지도자들 사이에서 통일정부 수립 문제를 두고 협상을 성립시켰다. 남쪽의 협상파들은 김구, 김규식, 홍명희, 허헌, 백남운 등이었고 민주주의 계열과 사회주의 계열이 망라되어 있었다.

먼저 김규식과 김구는 1948년 2월 16일자로 김일성과 김두봉에게, 통일민족국가 건설에 대한 방안을 토의할 남북정치회담을 제안하는 편지를 보냈다. 김일성은 한 달이 지난 뒤 모든 정당, 사회단체를 망라하는 대표자 회의를 제안했다. 김규식과 김구는 이를 받아들였다.

그리하여 1948년 4월 19일에 평양 모란봉극장에서 박헌영, 백남운 등 남북 56개 단체 대표들이 모여 김일성의 연설을 들었고, 김구도 뒤따라 참석해 소회를 피력하는 연설을 했다. 이 회의에서 남쪽의 단독정부 수립을 위한 선거를 반대하고 이승만 등 단독정부 추진인사를 '미 제국주의의 주구'라고 맹렬하게 비난했다. 이어 4월 26일부터 남북요인회담을 가졌는데, 남북공동 성명서에는 미소 두 나라 군대가 철수한 뒤 총선거로 통일국가를 이룩해야 한다고 주장했다.

그러나 5·10선거가 남쪽에서 시행된 뒤 김구, 김규식 등은 김일성의 남북협상의 진행 요구를 거절했고 홍명희 등 일부 중도파만이 참여했다. 여러 정세로 보아 실패할 것이 뻔했다. 북쪽에서도 8월 25일 흑백선거라 불리는 총선거가 실시되었다. 그런데 김일성은 이 과정에서 뛰어난 선동술로 정치적 제스처를 능수능란하게 보여주었다. 그는 실패를 전제하지 않고 원칙문제에는 동의하면서 남쪽 지도자들의 환심을 샀다.

두어 가지 일화를 통해 당시의 분위기를 읽어보기로 하자. 애초 여운형은 미군정 시기에 끊임없이 백색 테러의 위협을 받았고 자신의 신변이나 가족의 생명까지 늘 불안한 지경에 있었다. 그리하여 딸 여연구를 일단 북한에 보내 신변의 안전을 보장받았다. 김일성은 여운형이 암살되고 난 뒤에도 그의 딸을 끝까지 잘 돌보아 주었다.

홍명희는 연석회의에서 북한의 유격대 출신 인사들에게 국내에서 편안하게 잘 살지 않았느냐는 힐난을 받고 숙소에 돌아와 우울한 심정에 휩싸이기도 하고 울분에 차 있기도 했다. 그런데 김일성이 밤늦게 찾아와 "젊은 애들이 실정을 잘 모르고 함부로 뱉은 말이니 너무 심려하지 마십시오. 국내에서 견뎌내기가 더 어렵지 않았겠습니까"라고 위로했다. 홍명희는 남쪽에서 친일파들로부터 신변의 위협을 겪고 있던 터라, 서울에 있는 아들 홍기문에게 연락해 가족을 데리고 월북하라고 일렀다 한다.

노회하고 오만한 이승만도 따라가지 못하는 솜씨였으며 쉽게 흉내 내지 못하는 제스처였으며 교활한 정치적 술수로도 볼 수 있다. 그러나 많은 지도자들이 인간적으로는 김일성에게 호의를 가졌던 것만은 사실이다.

● 조선민주주의인민공화국이 수립되다

1848년 9월 2일 남쪽의 국회에 비유될 조선최고인민회의의 1차회의가 소집되었다. 여기서 헌법이 채택되었고 김일성이 초대 수상으로 추대되었으며 홍명희와 김책과 박헌영을 부수상으로 한 내각이 임명되어, 조선민주주의인민공화국이 정식 수립되었다. 이렇게 하여 한민족, 두 개의 정부를 가진 비극적 역사를 갖게 된 것이다.

김일성은 완전한 권력을 잡았다고 볼 수는 없으나 군사 관련의 지도부는 이와 달랐다. 초기부터 김일성, 김책, 최용건, 안길 등이 정부수립 이전부터 군사 조직의 주도권을 쥐었다. 북쪽 정부 성립 직전 정식으로 조선인민군이 창설되었다. 김일성은 내각 수상으로서 최고 사령관이 된 것은 물론이거니와, 나머지 인사들은 민족보위성과 훈련소의 책임을 맡았다. 만주계는 준비단계에서와 마찬가지로 정부가 수립된 뒤에도 군을 장악했다. 이는 김일성 독재정권 출범의 신호였다.

여기서 한 가지 주목할 사항이 있다. 국명을 '조선'으로 내건 점이다. 이는 대한제국의 전통을 인정치 않고 고대부터 유래가 있는 조선의 정체성을 계승하여 국가의 상징으로 내세운 것이다. 대한제국을 승계한 대한민국(임시정부)을 정통으로 삼은 남쪽의 대한민국과는 분명히 차별을 두었다. 조선이라는 국명에서 주체적 의미가 더욱 강렬하게 풍긴다.

북쪽 정부가 수립될 무렵, 김일성에게는 고무적인 국제정세의 변화가 있었다. 곧 소련에서는 1949년 원자폭탄 제조에 성공했고 중국공산당은 대륙을 통일하고 나서 중화인민공화국을 수립했다. 그리고 국내적으로도 남쪽에는 정부수립 이후 미군이 철수했고 박헌영이 지도했던 남로당 조직은 불법적 조직이라 하여 활동을 금지하자 지하로 들어갔으나 언제 부상할지 몰랐으며, 친일정부에 대한 민중적 반감이 고조되어 있었다. 그리고 북한정권의 지원 아래 오대산, 소백산, 지리산 등 남쪽 여러 곳에서 빨치산 활동이 전개되기도 했다. 그런데다가 친일장교로 이루어진 남쪽의 국방군은 장비가 허술하고 부패가 만연하는 등 기강이 말이 아니었다. 게다가 미 국무장관 애치슨은 미군의 방어선을 오키나와로 설정하고 한반도를 제외한다고 공포했다. 이런데도 이승만은 북진통일을 외치고 있었는데 "점심은 평양에서, 저녁은 신의주에서"라는 구호가 공공연하게 나돌았다.

김일성과 박헌영은 통일의 절체절명의 호기로 보았다. 그리하여 남쪽에 평화공세를 취했으나 뜻을 이룰 가능성이 없다고 보고, 1949년 3월 스탈린

최고인민회의　입법권을 행사하는 북한 최고의 주권기관. 법령을 결정할 때는 거수가결의 방법을 사용하며 참석자의 반수 이상 찬성으로 의결된다.

을 찾아가 '3일이면 서울을 함락할 수 있다'며 남쪽 침공을 설득해서 3,000만 달러의 원조를 받아냈고 뒤이어 모택동을 방문해 동의를 이끌어냈다.

● 동족상잔의 한국전쟁을 도발하다

김일성은 분명히 한국전쟁을 1950년 6월 25일 새벽 도발했다. 탱크와 다발총을 앞세운 인민군은 38선을 넘어 말 그대로 3일 만에 서울을 점령했고, 물밀 듯이 15일 만에 낙동강 전선까지 진격했다. 그러나 거기까지였다. 미군과 유엔군의 참전으로 국제전의 양상을 띠고 전선은 반전되어 9·28 수복이 이루어져 국방군과 연합군은 북진을 거듭했다. 미군의 가장 강력한 공격은 비행기에서 가하는 포격이었다. 미군 전투기는 도시와 농촌, 북쪽과 남쪽을 가리지 않았고 발전소, 공장, 저수지, 학교, 사찰, 민가를 가리지 않고 표적이 있으면 폭탄을 퍼부어댔다. 살상 대상도 피난민, 농민, 부녀자, 어린이를 가리지 않았다.

　이른바 인해전술을 사용한 중국군의 개입으로 전선은 다시 일진일퇴를 거듭했지만, 전쟁 발발 1년 만에 다시 원점으로 돌아갔다. 이 과정에서 포격 학살 등으로 자행된 북쪽 민간인 희생자는 40~48만여 명, 남쪽 민간인 희생자는 70~80만여 명으로 추정된다. 원인을 정확하게 분석할 수 없지만 첫째, 미군의 포격, 둘째, 좌우의 학살에 둘 수 있다. 한편 국방군과 인민군, 유엔군과 중국군의 손실은 총계가 들쑥날쑥할 정도로 엄청난 숫자를 기록한다. 어쨌든 우리나라 전쟁사에서 가장 큰 인명 피해를 입었다.

당시 미군이 전쟁 기간 이북에 투하한 폭탄은 47만 6,000여 톤이었다. 평양에는 1제곱킬로미터마다 평균 18개의 폭탄이 투하되었다. 이는 태평양전쟁 3년 8개월 동안 여러 나라에서 투하한 폭탄의 분량과 맞먹는다.(김성보, 기광서, 이신철 공저 《북한 현대사》) 남한도 정도의 차이는 있지만 엄청난 피해를 입은 것은 마찬가지였다. 그리하여 서울, 인천, 개성, 대전 등지는 폐허가 되었으며, 평양에는 건물 3채만이 온전했다는 말이 전해질 정도였다. 미국의 어느 인사는 "조선(북한)은 앞으로 100년이 걸려도 다시 일어서지 못한다"고 호언했다 한다.

정전회담은 1951년 7월부터 시작되어 지루하게 줄다리기를 하다가 1953년 7월 27일에 막을 내렸다. 이 과정에서 이승만이 전시작전통제권을 유엔군에 넘겨준 탓으로, 북쪽은 인민군 대표가 나왔으나 남쪽은 연합군 대표(실제는 미군 대표)가 나왔고, 국군 대표는 참관인으로 참석해 민족 자존심에 심한 상처를 남겼다. 군사 분계선은 현재 각기 점령한 지역으로 결정했는데, 동쪽은 북쪽으로 올라가고 서쪽은 북쪽에서 남쪽으로 내려 왔으나, 면적은 38선과 큰 차이가 나지 않았다.

지금까지 우리 민족사에서 벌어진 최대 비극인 한국전쟁의 실상을 간략하게 서술했다. 그런데 그 책임은 누구에게 있는가?

우선은 말할 나위도 없이 김일성이 져야 한다. 비록 '조국 해방과 조국 통일'이라는 깃발을 내걸고, 민족통일의 열망으로 전쟁을 도발했다고 하더라도 그 뜻을 이루지 못했고, 전 국토에 걸쳐 엄청난 피해를 입혔으며, 더욱 메울 수 없는 민족 갈등과 이데올로기 대립을 유발하는 동기를 만들어냈다. 그리하여 세계에서 가장 첨예한 냉전 분위기를 한반도에 고조시

컸다. 이는 결국 외세의 간섭이 더욱 강화되는 계기가 되었다.

그러나 이승만에게도 책임의 일단이 있다. 북진통일이라는 말을 남발하여 끊임없이 북쪽을 자극했고, 친일파를 정권 요소에 등장시켰으며, 반공법(뒤에 국가보안법)을 제정 친일파를 사주해 민중 탄압의 도구로 써먹었다. 그리하여 정권에 대한 민심의 이반을 가져와 김일성의 오판을 불러일으킨 것이다.

● 대대적인 숙청으로 우상숭배를 단행하다

인민군 최고 사령관 김일성은 9·28 서울수복 이후 국군과 연합군이 38선을 넘어 북진하자, 조선의용군 출신으로 연안계인 김무정에게 평양 사수를 지시했다. 물론 김무정은 평양을 사수할 수 없었다. 이해 12월 중국군이 개입하여 평양을 탈환한 뒤, 김일성은 내밀하게 김무정의 철직撤職(직책을 뺏어버리는 북한식 용어)을 지시해서 이를 관철시켰다. 이어 다음 해 11월 조선노동당 중앙위원회에서는 소련계인 허가이가 당 중앙위원회 비서로서 전쟁 시기 당 관리를 잘못했다 하여 비판을 받았다. 그는 끝내 비서직에서 해임되고 2년 뒤 온갖 압박을 받다가 견디지 못하고 자살했다.

다음에는 이른바 박헌영 간첩사건이 발생했다. 1953년 3월 박헌영과 남로당 간부 등 13명이 반국가, 반혁명 간첩혐의로 체포되어 이승엽, 이강국, 이주하 등 10명이 사형선고를 받았다. 박헌영은 1955년 2월에 재판을 받고 간첩혐의로 사형을 선고받았다. 그는 부수상직을 수행하면서 김일성에게는 정치적 라이벌이었고 한국전쟁 도발의 공동 책임자였으며, 전쟁이 진행되는 동안에는 전선에서 직접 지휘하기도 했다.

연안계의 지도자 김무정, 소련계의 실력자 허가이, 남로당의 최고 지도자 박헌영의 숙청은 바로 김일성 중심의 권력구조를 강화하는 직접적 수단이 되었고 당내의 분파투쟁을 막는 구실을 했다. 이는 전쟁이 끝난 뒤 책임 소재에 대한 비난을 봉쇄하고 전후 복구사업을 활기차게 진행할 수 있는 기반을 제공했다. 게다가 이 숙청은 김일성 독재권력과 유일체제를 추진하는 계기를 만들기도 했다. 이때부터 역사의 거센 역류가 시작되었다.

전후 1954년 김일성 체제는 전국의 행정구역을 9개의 도로 개편했다. 이때 기묘한 현상이 일어났다. 지방의 많은 지역과 기념물에 인물의 이름을 붙인 것이다. 먼저 가장 많이 등장하는 김일성의 경우를 보자. 김일성종합대학교를 비롯해 김일성광장, 김일성경기장 등이 있다. 그의 가족을 보면, 아들 김정일의 경우는 백두산 삼지연 위에 있는 병사봉을 정일봉으로 명명하고 이어 김정일정치군사대학, 정일봉고등학교 등의 이름을 붙였으며, 아버지 김형직의 경우 양강도에 김형직군, 첫 아내 김정숙의 경우 김정숙군, 어머니 강반석의 경우 강반석유자녀대학 등으로 명명했다.

그리고 그의 동지인 김책의 경우 김책의 고향인 학성군을 김책군으로, 김책의 유적이 있는 성진시를 김책시로, 함흥에 있는 공업대학을 김책공업대학 등으로 명명했다. 그 밖에 친가, 외가 등 관련 인사의 이름을 딴 경우도 많다. 이런 이름은 현재까지도 사용된다. 이는 바로 김일성 우상화로 이어진다.

1956년 2월 소련공산당 대회가 열렸다. 이 자리에서 흐루시초프는 스탈린 개인숭배를 비판했다. 북한에서도 이를 틈타 반김일성 운동이 일어났다. 이해 8월 소련의 암묵적 동의 아래 최창익은 김일성 축출을 기도했다. 곧 김일성은 수상직만 수행하고 소련의 구상에 따라 최창익을 당 위원장에 추대하려는 공작이었다. 8월의 전원회의에서 윤공흠은 개인 독재를 비판하고 당의 잘못으로 인민생활이 어렵게 되었다고 주장했다. 그러나 윤공흠은 말을 마치지도 못하고 단상에서 끌려 내려왔다. 윤공흠은 그 자리에서 즉각 출당되었고 다른 동지들은 말 한마디 못하고 구경만 했다.

최창익과 박창옥은 반혁명분자로 군사폭동 음모에 가담했다는 혐의로 체포되었고, 연안계 핵심인물들은 압록강을 넘어 도망쳤다. 연안계의 대표였던 김두봉은 1957년에 최고인민회의 상임위원장을 내놓고 출당되었으나 연안계 지도자였던 김무정은 1951년 병사해 다행히 직접 연루되지는 않았다.

연안계와 소련계는 합동하여 김일성의 지도권에 도전, 김일성의 우상숭배 등을 비판하고 나섰으나 초장부터 깨졌다. 마침내 김일성은 민족주체의 사상적 입장을 내걸고 당 대회에서 이들을 대거 축출, 숙청을 단행했다. 이 작업은 1958년 3월에야 마무리되었다. 그 결과 만주계는 중앙위원을 독점했으며 연안계와 소련계는 김창만, 남일 등 4명만이 남았다. 노동당 정치위원도 마찬가지였다. 김일성을 중심으로 한 만주계의 항일유격대 출신들이 종파투쟁에서 완전히 승리한 것이다.

따라서 김일성은 내각수상과 당 중앙위원회 위원장, 최용건은 최고인민회의 상임위원회 위원장과 당 중앙위원회 부위원장, 김일은 내각 제1부수상(부수상은 3명)과 당 중앙위원회 부위원장을 겸임했다. 하부조직도 이와 같이 완전 개편되었다. 김책은 이 무렵(1951년) 죽었다. 이렇게 하여 만주 유격대 출신이 북한정권을 완전히 장악하여 항일유격대 국가를 성립시켰다.

김일성 독재는 스탈린이나 모택동의 우상화 방식을 흉내 낸 것도 있겠으나 한편으로 1956년 소련 수상 흐루시초프가 스탈린을 격하시키는 모습을 보고 더욱 초초해 독재를 광적으로 가속시켰다는 관점도 있다. 한편으로는 유일 주체사상 또는 어버이 수령론을 내걸고 일체감을 형성함으로써 천리마운동을 강력하게 펼칠 수 있었다.

● 우리 식대로 살아가자, 천리마운동

전후 복구사업은 신속하게 진행되었다. 식량난 해결을 위한 농업생산과 경제건설을 위한 중공업 계획이 추진됐다. 북한 주민은 어린이, 부녀자, 노약자를 가리지 않고 동원되어 하루 서너 시간을 자면서 현장에 내몰렸다. 그리하여 인민경제 복구발전 3개년 계획은 1954년에 시작해 1956년까지 목표를 넘어서는 효과를 냈다. 이 과정에서 농업협동화정책에 따라 모든 농민이 협동조합에 가입해 공동 작업을 했으며, 상공업도 공동경영의 방식을 택했다. 이는 바로 사회주의 개조작업이었다.

그 통계를 보면, 1946년도를 100으로 쳐서 공업총생산액은 1949년도 337, 1953년도 216, 1956년도 615, 1957년도 890이었으며, 식량생산액은 1946년도를 100으로 치면 1949년도 140, 1953년도 123, 1956년도 151, 1957년도 160이었다.(《조선민주주의인민공화국 인민경제 및 문화발전 통계집》) 1953년에 비해 공업생산은 2.8배, 농업생산은 1.23배였다.

이처럼 성공할 수 있었던 요인은 첫째, 전쟁 복구에 대한 인민의 열망, 둘째, 김일성의 강력한 리더십에 따른 노동집약의 실현, 셋째, 북한에 사회주의 경제를 발전시키려는 소련과 중국의 원조(1954~1956년 사이 총예산의 23퍼센트)에 있었다. 김일성은 현장에서 쉴 새 없이 독려를 거듭하면서 끊임없이 수령의 교시를 내렸다.

김일성 정권은 1단계 경제건설에 만족했다. 하지만 기간산업은 전체적으로 보아 전전의 수준을 완전히 복구하지 못했고 소비재 생산은 낙후되어 있었다. 그리하여 2단계로 5개년 계획을 수립했다. 시작은 1957년이었다. 그들은 농민과 노동자들의 의욕을 고취시켜 더욱 현장으로 내몰아야 했다. 그리하여 2단계 계획을 진행시키면서 하나의 아이디어를 짜냈다. 곧 '천리마운동'이었다.

천리마는 하루에 천리를 달린다는 전설에 나오는 말을 뜻한다. 천리마를 탄 기세로 사회주의 건설에 매진한다는 것이다. 지금 평양 모란봉 언덕에 있는 만수대에는 천리마 동상이 세워져 대동강을 바라보고 있다. 이 동상에는 날개가 달려 비상하는 말 등에 붉은 편지를 높이 치켜든 남자 노동자와 볏 알이 달린 볏단을 안고 있는 아낙네가 조각되어 있다. 이것은 5개년 계획을 힘차게 날래게 이룬다는 뜻을 상징한 것이다. 그리고 "우리 식대로 살아 나가자"는 구호도 곳곳에 내걸렸으며 "동무는 천라마를 탔는가"와 같은 포스터도 곳곳에 붙어 있었다. 북한식 사회주의 건설이었다.

이런 의지대로 김일성의 현장 지도를 받으면서 진행된 천리마운동 첫해에는 공업생산 44퍼센트 상승, 농업생산은 대풍작을 이루었다. 모든 것이

급조되었다. 자동차를 두들겨 만들어냈고 주택을 14분 만에 조립하는 속도전이 전개되었다. 이것이 '평양속도'였다. 예를 하나 들어보자. 댐을 건설하는 공사장의 어느 노동자는 70킬로그램이 들어가는 모래주머니 580개를 만들려고 강물 속에서 29시간 동안 나오지 않고 작업을 계속했다 한다.

이들에게는 공화국영웅이나 '로력영웅' 따위의 칭호가 주어지는데, 일단 영웅의 칭호를 받으면 대우가 여간 좋지 않았다. 휴양소에 가서 휴가를 즐길 수도 있었고 상금이나 상품을 받았으며 지위가 높아지기도 했다. 1960년까지 진행된 이 운동은 성공을 거두었고 이를 바탕으로 그 뒤로도 계속되었다. 이런 대중동원은 획기적 효과를 끌어냈다. 이런 발전은 계속되어 1976년까지는 남한의 경제발전을 앞질렀다.

이 모든 것이 김일성의 항일정신에 맞추어져 있었다. 춥고 굶주리면서 목숨을 걸고 벌인 김일성의 자력갱생의 생활방식을 본받는 것이었다. 그리고 대중을 동원하는 방식에 따라 일체감을 불러일으키는 집단동원의 방식을 만들어내기도 했다. 오늘날 수만 명 또는 수천 명을 일시에 동원하는 집단체조 같은 원초를 만들어낸 것이다. 이는 정치적으로 성공했고 김일성 우상화에도 크게 기여했다.

김일성의 현장 교시는 절대적 권위를 지니고 있었다. 내용이 옳든 그르든 가릴 것 없이 절대적 교조를 지니고 수행해야 했다. 1970년대 후반 농업생산량이 떨어져 식량부족 현상이 일어났다. 김일성은 어느 날 갑작스럽게 하나의 교시를 내렸다. 식량생산을 위해 모든 언덕이나 산기슭에 계단식 밭을 만들라는 지시였다. 그리하여 작은 언덕이라도 있으면 풀을 뽑고 나무를 잘라 밭을 일구는 천리마식 작업이 벌어졌다.

이렇게 일군 척박한 밭에 씨앗을 뿌리고 가꾸었으나 소출은 기대치에 미치지 못했고, 장마철이면 적은 비에도 토사가 쓸려 내려왔다. 그 결과 몇 년이 지난 뒤 산림은 황폐되고 하천이 범람해 홍수 피해가 가중되었다. 이것이 주체농법의 하나였다. 그 불합리성이 여기에 적나라하게 드러나는 것이다.

● 모든 것은 오직 위대한 수령 김일성 동지로부터

1967년 김일성은 자신감이 넘쳐 자만에 빠져 있었다. 그는 독재자의 속성을 여실히 보여주기 시작했다. 김일성체제는 주체와 자주를 강조하면서 전체 세출액의 30퍼센트 이상을 군사비에 지출했다. 남한이 빠른 속도로 경제발전을 이룩하던 시기였다. 이 무렵 김일성은 1955년 무렵부터 주장해온 주체사상을 부쩍 강조하기 시작했다.

> 주체사상은 '혁명과 건설의 주인은 인민대중이며 혁명과 건설을 추동하는 힘도 인민대중에게 있다는 사상' 혹은 '자기 운명의 주인은 자기 자신이며 자기 운명을 개척하는 힘도 자기 자신에게 있다는 사상'으로 정의된다.
>
> 김성보 · 기광서 · 이신철 공저 〈주체사상의 형성과 변화〉《북한 현대사》

그 뒤 주체사상은 김일성의 통치이념으로 자리를 잡았고 1974년 이후에는 김일성 – 김정일의 세습권력과 수령 중심의 통치체제 수립에 기여했다. 여기에는 반미를 핵심으로 한 자주노선이 기저를 이루고 있다.

김일성 우상화는 1968년부터 구체적으로 진행되었다. 북한의 모든 당사 연구실들이 '김일성동지혁명역사연구실'로 바뀌었으며 모든 학습 현장에 김일성 석고상이 세워졌다. 김일성의 발자취가 닿은 곳마다 사적지라하여 기념비를 세웠으며 김일성 동상도 건립했다.

이를 좀 더 구체적으로 알아보자. 본디 김일성은 귀국 이후 측근들이나 가족들을 대동하고 북한 내의 여러 유적지나 경승지를 자주 돌아보았는데, 금강산, 묘향산, 화진포 등이 대표적이다. 그런데 한국전쟁 뒤부터는 김일성의 발길이 닿거나 머문 곳마다 찾아온 날짜와 어록을 붉은 글씨로 새긴 돌비를 세웠다. 그리고 이곳에 감시원을 배치해 24시간 관리했으며 지나가는 사람들은 이 자리에 앉기만 해도 처벌을 받았다. 이런 것이 북한 전역에 걸쳐 3만 개쯤 조성된 것으로 추정된다. 또 기념 조형물의 전체 숫자는 14만 개로 추정된다.

이어 모든 인민들에게 김일성 초상화를 주조한 '김일성 배지'를 지위 고하를 가리지 않고 달게 했다. 일상생활에서는 물론 외국에 나갈 때도 예외가 아니었다. 어린이는 소년단에 가입하면 배지를 달기 시작했으며 배지를 달고 다니는지 정기적으로 검열을 받았다. 모든 인민은 붉은 배지를 소중하게 간직해야 하며 결코 훼손해서는 안 됐다.

그리고 김일성 동상을 거대하게 만들었다. 최초의 동상은 1948년 김정숙의 주장에 따라 평남 대동군 간리에 있는 혁명유자녀학원에 세웠다. 가장 큰 동상은 만수대에 세운 것인데, 1972년 김일성 60회 생일을 기념해 만수대 조선혁명박물관 앞에 높이 23미터의 동상을 건립했다.

동상마다 황남색 질을 해서 주변을 공원처럼 조성했다. 도시만이 아니라 지역마다 중심부 광장이나 높은 곳에 세워두고 주변에 촉수가 높은 전등을 가설해 밤 10시 이후 잠시 소등했다가 4시 이후부터 일출시까지 밝혔으며, 김일성 생일 등 행사가 있을 때마다 인민을 동원해 참배하게 했다. 동상에는 모두 보초를 세우고 있다. 이런 동상은 전국에 걸쳐 70여 개가 넘을 것으로 추정된다. 이어 김일성 가족의 이미지도 조작되었다. 이 일은 김정숙의 우표를 발행하는 따위로 진행되었다.

또 전쟁이 발발할 경우를 대비해 동상을 보관할 20평 남짓의 지하 보관소를 곳곳에 조성해 두었다. 이곳은 수령관, 지도자관, 어머니관으로 나누었다. 이를 관리하는 1년 경비를 북한 예산의 40퍼센트에 해당하는 12억 달러로 책정했다 한다.(미국 〈크리스천 사이언스 모니터〉) 이는 북한 주민이 1년 반 동안 먹을 식량을 구입할 수 있는 돈이다.

이를 막후에서 주도한 인물은 바로 김일성의 아들인 김정일이었다. 김정일은 당시 숙부인 김영주를 밀어내고 2인자로 군림하면서 표면에 나서지 않고 은밀하게 이 작업을 진행시켰다. 또 1974년 김정일은 정식으로 후계자로 추대되었다. 그러니 우상화작업은 김정일이 권력투쟁에서 승리하는 과정에서 이루어낸 업적이었다고 할까?

그러면 다시 '수령 중심체재'란 무엇일까? 1966년 조선노동당 당대표대회가 열렸는데, 이 자리에서 수령을 중심으로 단결해야 한다고 강조하여 김일성 개인숭배가 본격적으로 이루어졌다. 곧 수령은 인체에 비유하면 머리인데 팔과 다리는 당 간부 등 지도급 인사들, 나머지는 인민이므로 머리를 받들어야 한다는 논리였다.

당 중앙위원회는 김일성의 권력을 절대화하고 유일사상 체계 확립을 계속했다. 이 과정에서 봉건적 유교사상 또는 부르주아사상에 물들었다는 이유로 당 상무위원인 박금철 등이 숙청되었다. 박금철이 정약용의 《목민심서》를 읽도록 지시했다는 것을 핑계 삼은 것이다.

앞에서 본 대로 북한정권은 1960년 후반기부터 국가 이데올로기 창출에 열을 올렸고 그 초점은 주체적 독립국가의 건설에 있었다. 곧 주체사상과 혁명전통이 국가의 이데올로기로 고양되었다. 항일정신은 곧 주체적 독립국가 건설의 정신이 되었다. 이 과정에서 김일성의 우상화가 정도를 더해 갔으며 할아버지 등 일가의 이미지조작도 이루어졌다. 그리고 주체사상과 혁명전통의 이론을 만주 항일유격대 시절에 구상했다고 주장했다. 이는 허구일 것이다.

여기서 김일성의 통일구상에 대해 간략하게 부연해보면 이렇다. 남북관계는 1968년 무장부대의 청와대 습격사건을 진행시키고 이어 동해에서 미국의 군함 프에블로호를 나포한 사건이 있은 뒤 극단으로 나빠졌다. 그러다가 1972년 남북공동성명이 발표되었으나 박정희의 유신체제 성립과 김일성 유일체제의 구축에 따라 수포로 돌아가고 말았다.

김일성은 1974년 김정일을 후계자로 추대하게 한 뒤인 1980년 조선노동당 대회에서 고려연방제 통일방안 곧 남북은 상대방이 존재하는 사상, 제도를 인정하는 기조 위에서 연방제를 성립시키자고 제의했다. 그러나 남쪽의 유신체제와 신군부의 등장, 북쪽의 김정일 후계체제 아래에서 논의할 조건이 성숙되지 않았다. 그리하여 극단적 대치상황이 계속 되었던 것이다.

● 돌이킬 수 없는 역사적, 민족적 과오를 저지르다

북한의 기본 인식은, 김일성이 영도한 조선공산주의자들은 장구한 기간 일제와 제국주의 반동들을 반대하는 혁명투쟁에서 거대한 역할을 수행했으며, 민족사와 세계 혁명운동사에 특기할 빛나는 업적을 이룩했다는 것이다. 최진혁(조선사회과학자협회 부위원장)은 다음과 같이 말하고 있다.

> 첫째로는 일제를 반대하는 항일무장투쟁을 조직 전개함으로써 우리나라 반일민족해방투쟁에서 주류를 이루고 결정적 역할을 수행한 것이며, 둘째로는 중국 동북지역의 혁명운동발전에서 개척자적, 주도적 역할을 함으로써 동북에서의 항일운동과 항장원화抗蔣遠華운동(장개석과 국민당 투쟁)에서 커다란 업적을 이룩하고 전반적 중국혁명에 커다란 국제주의 기여를 한 것이다.
>
> 최진혁 〈중국 동북지역의 혁명운동발전에서 논 조선공산주의자들의 역할〉
(1999년 연변대학민족문제연구원 주최 발표문)

이런 이론과 주장이 북한의 항일유격대에 대한 통일된 평가이다. 또 그 과정에서 김일성 일가의 항일경력을 과장되게 부각시켰는데, 이것은 셔면호 사건까지 거슬러 올라간다. 1866년 평양의 인민들이 셔면호를 격침했을 때 김일성의 증조할아버지인 김응우가 청년들을 앞장서게 독려했다는 것이다. 이를 다음과 같이 기술하고 있다.

> 인민대중의 앞장에서 미국해적선 샤만호를 소멸하기 위한 창발적인 전법

을 발기하시고 몸소 투쟁의 앞장에 서신 분은 경애하는 수령 김일성 동지의 증조할아버님이신 김응우 선생님이시였다.

북한 과학백과사전출판사《조선전사 근대편》

김응우의 이름은 관련 사료에서는 찾아볼 수 없으나 집안 구전으로 전해지는 이야기인 듯하다. 할아버지 김보현에 대해서는 창씨개명을 끝까지 하지 않고 버텼다고 소개하고, 김일성의 입을 통해 다음과 같이 말하고 있다.

우리 할아버지는 늘 남자는 전장에서 적과 싸우다 죽어야 마땅하다고 하면서 집안 식구들이 모두 나라를 위해 떳떳이 살도록 교양했으며 자손들을 혁명투쟁에 아낌없이 내세웠다.

김일성《세기와 더불어 1》

아버지 김형직은 숭실중학교를 중퇴하고 서당 교사로 있을 때 비밀결사체인 조선국민회 결성에 가담했다가 체포되어 형을 살았다 하며, 3·1운동 뒤 만주로 이주하여 의원 노릇을 하면서 민족주의 사상을 전파했다고 한다. 또 그의 삼촌들도 모두 항일적 인물로 그리고 있다.

김일성의 아내가 항일유격대 대원이었음은 말할 나위도 없다. 외가인 강씨들의 항일 경력도 부각되었다. 이렇게 일가의 항일 경력은 진실 여부 또는 과장이나 왜곡을 떠나 이미지 조작에 철저하게 동원되었다.

이런 정신적 바탕에서 일본과의 비타협적 자세를 보이는 외교전술도 수립되었다. 분단과 한국전쟁을 거친 뒤 항일전통이 바로 항미抗美로 계승

되었다. 항일·항미는 북한정권의 기본 이데올로기였고 인민의 혁명정신을 고양시키는 기저였다.

마지막 김일성의 역사적 과오를 몇 가지로 나누어 살펴보면 이러하다. 첫째, 아들을 후계자로 삼은 것이다. 김일성은 1992년 2월 16일 김정일 생일 50주년을 맞이해 〈광명성 찬가〉라는 시를 지었다.

> 백두산마루에 정일봉 솟아있고
> 소백수푸른물은 굽이쳐 흐르누나
> 광명성탄생하여 어느덧 쉰인가
> 문무충효 겸비하니 모두다 우러르네
> 만민이 칭송하는 그 마음 한결같아
> 우렁찬 환호소리 하늘땅을 뒤흔든다(맞춤법과 띄어쓰기는 원문을 따랐다.)

여기서 소백수는 백두산 천지에서 남쪽으로 흐르는 물의 한 갈래이다. 금강산 구룡폭포 아래에는 김일성이 김정일을 두고 '만고 영웅萬古英雄'이라고 표현한 시구가 김일성 친필로 새겨져 있다. 김정일을 두고 백두산 봉우리 이름을 붙이고 광명성에 비유하기도 하고 위대한 영웅이라 표현했으니, 그야말로 만고에 이런 일이 있었던가?

저의는 간명하다. 김일성 – 김정일 부자의 세습제를 확립하려는 것이다. 그리하여 김일성 우상화를 영구적으로 보장하려는 것이다. 그 역사적 근거는 항일 빨치산에 두고 있으며 이를 통해 민족적 영웅으로 부각시켜 우상화하는 것이다. 이 세습제를 동조하고 지원한 세력은 만주계와 소련계 2세들이었다. 기득권 세력인 이들이 김일성체제를 지원하여 권력의 한 부분을 분점하려는 얄팍한 꾀에서 나온 것이다. 현재 김정일은 더욱 경색된 정권을 유지하고 있다.

둘째, 김일성 일가의 우상화 작업이다. 이는 북한 인민에게 교조화, 도식화, 획일화의 의식을 조장하고 다른 사상과 체제가 존재한다는 가치를 깡그리 통제했다. 그리하여 북한 사회를 폐쇄로 이끌었고 역사발전을 가로막았다. 스탈린과 모택동의 우상화를 뛰어넘는 세계에서 유례를 찾을 수 없는 모델을 만들었다. 하나의 웃음거리이다.

셋째, 우상화 결과 인민생활이 도탄에 빠졌다. 국가적 물량을 들여 우상화 작업을 벌여 인민은 생존적 조건을 위협 받았고, 마침내 아사자가 속출했다. 우상화에 동원한 재정 예산을 식량 확보에 사용했더라면 주민의 주림을 줄일 수 있었을 것이다.

다시 정리해 보면 김일성은 항일투쟁을 한 독립투사였고 초기 남북 분단구조 아래에서 유연성을 보였으며 고려연방제를 제의하는 합리성을 보였다. 그리고 동족상잔의 한국전쟁을 도발했으나 최소한 나름대로 통일 의지에 충실했다고도 볼 수 있다. 그러나 유일 체제의 주체사상 정립, 일가의 우상화 조작, 부자 세습제의 추구 등으로 돌이킬 수 없는 역사적, 민족적 과오를 연출하고 말았다. 김일성은 불새가 되려 했으나 역사와 인민은 이것을 받아들일 정도로 순진하지 않을 것이다.

◉ 백남운, 학자 출신의 좌파 정치인

◉ 허헌, 월북한 외로운 민족지도자

4부 이념인가 민족인가

01

허 헌

월 북 한 외 로 운 민 족 지 도 자

허헌이 줄기차게 민족운동과 민권운동을 벌이고 난 뒤, 마지막에 가서 인민공화국에
참여한 사실은 우리를 혼란스럽게 한다. 그러나 우리는 단 하나, 그가 나무랄 데 없는
휴머니스트였다는 점에 주목해야 할 것이다.

● 민족지도자의 반열에 들다

시간을 거슬러 올라가 1959년 7월 24일, 한 달여 동안 대전형무소 독
감방에 갇혔던 나는 무죄 석방되었다. 그때 나는 비로소 아버님이 1951년
8월 배 사고로 세상을 떠나셨다는 사실을 알게 되었다. 순간 나는 나를 지
탱해주었던 정신적인 배경이 와르르 무너지는 것을 의식하며 허정허정 세
상 속으로 발걸음을 옮겼다.

나에게 있어 아버님은 정신적인 지도자였고, 삶의 스승이었고, 더없이 인
자한 박애주의자였다. 같은 우리나라 땅, 비록 분단된 북쪽 땅에 계신 아
버님을 가까이에서 뵙지는 못해도 아버님이 살아 계시다는 사실 하나만으
로도 나는 살아갈 용기와 희망을 지닐 수 있었다. 독감방 안에서 나는 내
가 여학생 때 '경성방송국 단파사건'으로 일본 형사에게 체포되어가시던
아버님을 떠올리며 감방의 비정함을 알게 되었다.

이 글은 허헌의 딸 허근욱이 《민족변호사 허헌》의 책머리에 쓴 글이다.
그의 생애를 추적해보면 이렇게 말한 깊은 사정을 알게 될 것이다.

허헌許憲(1885~1951)의 생애는 남북을 넘나들며 전개되어서 그야말로 파
란으로 이어졌다. 미리 말하면 그는 민족운동가, 민권변호사, 박애주의
자 그리고 마지막 단계에서는 남북협상의 주역, 북한정권의 초기 지도자
였다고 말할 수 있다.

그는 서울에서 머나먼 함경북도 명천에서 태어났다. 그의 조상들은 고
려 말기 이씨 조선이 태동될 무렵, 충절을 지켜 북쪽으로 가서 살았다 한

다. 아버지 허추許抽는 향반의 아들로 중농의 살림을 꾸린 전형적 농촌 지식인이었던 것으로 보인다.

조선시대 함경도 인사들은 반역향인 서북지역 출신이라 하여 중앙정계에서 소외되어 왔다. 그리하여 과거에 합격하더라도 실직을 받지 못해 향리에서 생원 또는 진사로 행세하는 수준이었다.

하지만 허추는 경원부사(정3품)를 지내고 서울에 진출해 경무청 경찰관을 지냈다 한다. 허헌의 이력을 소개한 글(《동광》 39호)에는 아버지 직업을 '관리'라 했으니 믿을 만할 것이다.

그런데 어떤 연유로 이런 줄을 잡았을까? 당시는 세도가에 줄을 대거나 뇌물을 듬뿍 쓰지 않으면 이런 자리를 얻을 수 없는 부정이 판을 치는 세상이었다. 그 해답은 쉽게 찾을 수 있다.

● 신학문과 외국어를 익히다

이용익은 함경도 출신의 전주이씨 후예였으나 어릴 때 가난해 떠돌이 생활을 했다. 그러다가 광산에서 금덩이를 캐내 고종에게 바친 덕분으로 궁내에 들어가 일을 보았고, 임오군란 때 명성황후를 업고 장호원으로 가서 신변을 보호하여 승승장구 출셋길을 달렸다. 허추는 이용익과 친분을 지니고 있었다. 유광렬은 허헌의 인물론을 쓰면서 이렇게 기록하고 있다.

그의 부친은 오래 유경遊京하야 권문세가에도 아는 이가 많았을 뿐만 아니라, 내직으로 경찰관, 외직으로 경원부사를 하여……

《삼천리》(1932) (허근욱 《민족변호사 허헌》에서 재인용)

여기서 말한 경찰관은 경우청의 한 직책을 말한다. 곧 1894년 갑오개혁으로 포도청을 경무청으로 개편하고, 경찰사 아래 경찰관(곧바로 경무로 바뀜)을 말한 것이다. 이때의 경찰관은 경찰사와 부관 아래의 직책이었다. 경무청은 한성 시내의 치안을 맡은 기구였으니 허추는 이 직책을 받아 서울로 이사왔을 것이다.

허헌은 명천군 하우면 장평리(장골마을)에서 허추의 큰 아들로 태어났다. 이 마을은 오지여서 산짐승이 들끓었다. 어린 허헌은 어느 날 귀가하다가 호랑이에게 오른팔을 물린 뒤 나무로 올라가 살았다 한다. 그래서 평생 오른팔을 제대로 쓰지 못했다 한다.

이런 산골에서도 그는 서당에 다녀 경서를 배웠다. 재주가 뛰어났던 것 같다. 일곱 살(1891년)에 소과에 합격했다고도 하는데 이는 잘못 전해지는 말이다. 성년이 되어야 과거에 응시자격이 주어졌으니 향교에서 보는 소과 모의시험에 합격할 수는 있었을 것이다. 더욱이 1894년 갑오개혁으로 과거제는 완전 철폐되었다.

그는 1895년 11세 때 아버지를 따라 서울로 올라와 광화문에 있는 집에서 살았다. 그리고 오궁골에 사는 이용익을 찾아보기도 했다. 또 함경북도 경성 출신으로 고위 법관을 맡은 장박과도 친분을 가지고 있었다. 이제 과거제가 없어졌으니 출셋길을 달리 찾아야 했다. 허추는 그를 신설된 관립재동소학교에 입학시켰다. 이어 1899년에는 한성중학교에 입학하여 본격적으로 신학문을 익혔다. 이때 허추는 궁내부 경위원(1901년에 설립되었으니 이것은 앞뒤가 맞지 않다)에 근무했다고 한다. 그런데 허추는 건강이 나빠져 낙향하기로 결정하고 아들을 이용익에게 맡겼다. 어린 허헌은 이용익의 사랑채에 기거하면서 학교를 다녔다.

허추의 병이 위급하다는 연락을 받은 허헌은 서울에서 말을 타고 장골로 달려갔다. 그는 관례대로 어머니 박씨를 모시면서 아버지의 3년상을 치르고 호주가 되었다. 그는 견문을 넓힌다는 생각으로 우리 동포들이 많이 사는 연해주 블라디보스토크에 다녀왔고, 돌아오는 길에 청진의 친지인 강씨를 찾아가 다시 서울에서 공부하고 싶다는 뜻을 밝혔다. 재력가인 강씨는 당나귀 두 마리와 엽전 한 꾸러미를 학자금으로 주었다.

그가 집으로 돌아오자 어머니는 장가 들기를 권해 함흥에 사는 정보영(뒤에 경자로 개명)을 아내로 맞이했다. 그는 아내를 데리고 서울로 와서 한성외국어학교에 입학해 독일어를 공부했고 영어와 일어도 익혔다. 그는 국제법을 전공할 결심으로 외국어를 배웠다. 이 과정에서 그는 많은 동료를 사귀었는데, 이용익의 손자 이종호와 친분이 두터웠고 서북출신인 이갑, 이동휘 등 여러 명사들과도 인사를 나누며 안면을 넓혔다 한다.

그는 러일전쟁이 발발한 해인 1904년에 외국어학교를 졸업했다. 얼마동안 지계아문과 규장각, 법무아문에서 하급관리로 임명되어 근무했다. 하지만 이때는 을사조약으로 국권이 유린되고 있을 무렵이었다. 이럴 즈음에 그는 학생의 몸으로 단란한 가정생활을 유지하면서 딸(정숙)을 두고 있었다.

● 민권변호사가 되다

1905년 4월 서울 종로 수송동 교사에서 보성전문학교가 개교했다. 이용익은 전문학교 설립을 위해 임금의 허가를 받았다. 그리고 예전 태고사(현 조계사) 자리에 있던 폐교된 관립아어학교(러시아어학교) 건물을 확보해서 정식으로 문을 열었다. 허헌은 이용익의 주선으로 이 학교 전문과에 입학해 낮에는 법무아문 주사로 근무하면서 야간에는 학교를 다녔다. 그의 관심은 법학 이론에 있었다. 그는 이때부터 공정한 사회를 만들려는 일념으로 법률가의 꿈을 키웠다.

그가 학교에서 공부를 하는 동안 을사조약으로 외교권이 박탈당하고 이어 한국통감부가 설치되어 내정이 연달아 박탈당하는 상황을 겪었다. 또 민영환, 이준이 순국을 하고 이용익이 망명하는 사태를 겪었으며, 마침내 이용익이 망명지인 블라디보스토크에서 사망했다는 소식도 들었다. 이용익은 아버지 다음으로 그의 후원자가 되어준 인물이다. 그런 뒤 그는 학생 신분으로 새로운 각오를 다지는 수밖에 없었다.

그는 1907년 봄에 보성전문학교를 졸업했다. 그는 마지막으로 꿈을 이루려고 동경 유학을 결심했다. 그리하여 23세의 나이로 가족을 서울에 남겨두고 동경의 메이지 대학에 입학했다. 그는 열심히 학업을 닦으면서 대한흥학회에 참여해 평의회 의장을 맡았다.

당시 동경에는 김성수, 송진우, 이광수, 백남훈 등이 유학생 신분으로 여러 활동을 벌이고 있었다. 이들은 한일병합을 반대하는 공작을 벌이기도 했다. 하지만 그는 기어코 변호사가 되어 법정에서 일제와 싸우려는 결심을 한시도 잊지 않았다.

그때 학비가 떨어져 더 이상 학업을 계속할 수 없는 처지에 몰렸다. 그리하여 고향 선배이자 참령 지위에 있는 군인 이갑에게 편지를 보내, 이종호에게 학비 400~500원을 보내주게 주선해달라고 요청했다. 이종호는 당시 친일매국노 송병준에게 납치되어 재산을 모두 내놓으라는 협박을 받고 있었다. 이갑은 이런 사실을 알고 자신의 주머니에서 돈을 마련해 허헌에게 보내주었다. 열심히 공부를 거듭한 끝에 1908년 7월에 실시한 제1회 변호사 시험에 합격했고 변호사 11호로 등록했다. 이제 그에게는 일제와 싸우는 합법적 공간이 제공되었다.

나라의 사정은 더욱 꼬여갔고 안중근이 이토 히로부미를 저격한 뒤 일제의 탄압은 더욱 가중되어 이갑, 이동휘, 이종호 등 지사들이 체포되었다. 이어 1910년 마침내 쭉정이만 남은 대한제국은 일제에 병합되어 식민지로 전락했다. 허헌은 더 버틸 수가 없었다. 그는 동지들을 따라 망명을 할 것인지, 국내에서 합법적으로 항일투쟁을 벌일 것이지를 두고 고민을 거듭했다. 그런 끝에 휴식 또는 새 모색을 위해 변호사 사무실의 문을 닫고 고향으로 내려가기로 했다.

그는 가족을 데리고 부산에서 배를 타고 원산에 도착했다. 마침 유배되었던 이동휘가 원산에서 자유와 평등을 외치면서 기독교 진리를 설파하는 강연을 목격하게 되었다.

두 사람은 반가움을 이기지 못해 얼싸안았다. 그는 이동휘의 권유로 기독교에 입교했다. 기독교로 허탈한 심정을 달래려 했을지 모른다. 이것이 그의 첫 번째 사상적 전환이었다고 할 수 있다. 허헌은 고향에서 나날을 보낼 때 어머니가 급체로 사망하는 불행을 겪었다. 그는 어머니의 3년 상을 치르면서 함흥에 변호사 사무실을 열었다. 이때의 사정에 대해 다음의 기록이 전한다.

> 억울하게 경작권, 도지권을 박탈당한 농민들의 소유권 분쟁을 무료 변론하는 한편, 투옥된 항일운동가들의 무료 변론과 뒷바라지를 하면서 우수한 준재를 발탁하여 해외유학의 길을 터주었다.
>
> 허근욱 《민족변호사 허헌》

이 말은 당시에만 해당하는 것이 아니었다. 그는 원산 또는 멀리 전라도 부안까지 출장을 다니면서 일제의 토지조사사업으로 농토를 빼앗긴 농민들의 권익옹호와 신민회 회원의 집단 검거 등에 따른 지사들을 변론했고, 청소년의 교육비를 부담했다. 뒷날 그는 잡지 〈삼천리〉에서 '돈 10만 원이 있다면?'이라는 설문에, 준재의 해외 파견 또는 교육 사업에 쓰고 싶다고 말한 적이 있다.

● 민족운동가로 반일 노선의 선봉에 서다

허헌은 다시 서울로 진출했다. 그의 활기찬 활동은 서울과 함흥을 중심축으로 하여 전국에 걸쳐 이루어졌다. 그는 3·1운동 당시 최인에게서 〈독립선언서〉를 받아 구두 밑창에 숨기고 함흥으로 가서 학생 전도사를 불러

책 판매원으로 위장하여 배포케 했다. 이렇게 해서 3월 3일이라는 아주 빠른 시기에 함흥과 이웃 고을에서 만세시위가 벌어졌다. 이들이 체포됐을 때에는 전면에 나서지 않고 변론했다.

그를 무엇보다 유명하게 만든 것은 3·1운동 당시 민족대표 33인과 관련자 14인을 포함한 47인에 대한 변론을 맡은 일이었다. 일제 당국은 33인을 두고 단순한 보안법 위반을 적용하느냐, 내란죄로 다스려 사형을 시키느냐로 머리를 짰다. 그 결과 이들을 처음에는 내란죄를 적용해 사형을 시키기 위해 경성 고등법원 검사국에 송치했다.

그러나 일제 당국은 사형에 대한 세계 여론이 두려웠고 조선 민중에게 더 큰 반감을 유발할 수도 있었으므로 신중한 검토를 거듭했다. 일제 당국 내에서는 식민통치가 가혹하지 않다는 이미지를 조작할 필요성도 제기되었다. 그리하여 처벌이 경미한 보안법을 적용하기로 방침을 정하고, 이 사건을 다시 경성 지방법원 검사국으로 내려보냈다. 갈팡질팡하는 모습이지만 이로써 33인은 사형을 면할 수 있었다.

허헌은 이 사건의 1급 변호인으로 나섰다. 변호인단은 일본 변호사를 합해 모두 11명이었다. 이들 재판에 국내외의 관심이 집중되었다. 허헌은 이 재판에 관련된 모든 서류를 챙겨들고 함흥으로 내려가 3개월 동안 기록을 검토했다. 조그마한 틈이라도 찾아내려는 의지 때문이었다. 허헌은 마침내 법률상의 하자를 발견해냈다. 그것은 바로 소송 절차문제였다. 즉 '공소 불수리公訴不受理'를 제기한 것이다. 공소불수리란 무엇일까?

이 사건을 경성고등법원 검사국에서 다시 경성지방 검사국으로 송치하는 데는 "이 사건은 내란죄에 해당하지 않는다. 보안법 위반사건이므로 경성지방법원의 관할에 속한다"는 취지의 기록송치 결정서를 작성해 공식 절차를 밟아 송치해야 하자가 없다. 그런데 경성고등법원 검사국에서 총독부 당국의 방침에 따라 서둘다 보니 이 절차를 밟지 않고 사실행위로만 인정하는 기록을 송치했던 것이다. 다시 말해 경성고등법원의 주문에는 '이 사건을 경성지방법원의 관할로 지정한다'고만 했지 '송치한다'는 말은 빠졌던 것이다.(심지연 《허헌 연구》 참고)

허헌은 47인은 심리 받을 필요가 없이 즉시 석방되어야 한다고 주장했다. 경성지방법원 검사들은 절차상 하자가 있음을 알고 당황했다. 허헌은 끈질기게 물고 늘어졌고 그 결과 손병희 등 주모자 8인은 최고 징역 3년에 처해졌고 관련 판사들은 좌천되었다.

그 뒤 허헌은 전국적 명성을 안고 의열단, 조선공산당 사건의 무료 변호를 맡는 등 일상적인 변호사 업무 외에 여러 사업을 벌였다. 앞에서 말한 대로 교육 사업에도 열중했다. 1921년에는 함흥영생학교 교장에 취임하기도 했다. 이어 이상재 등과 함께 민립대학 설립운동을 벌였는데 총독부에서 인가를 내주지 않았지만 경성제국학 예과를 설립하게 하는 효과를 가져왔다.

특히 그는 여성교육에도 관심을 기울였다. 여성운동가 차미리사를 도와 근화학원(덕성여고와 덕성여대의 전신) 설립에 나섰고, 〈동아일보〉가 창간될 때에는 8,000여 원의 거금을 출자하고서 감사를 맡기도 했다. 1924년에는 경영이 부실한 보성전문학교 교장에 취임했고, 〈동아일보〉 사장 직무 대행을 맡기도 했다. 그의 활동 영역은 이렇듯 매우 넓어 일일이 거론할 수 없을 정도이다.

● 신간회 간부로 활동하다 투옥되다

1926년 허헌의 나이는 42세에 접어들었다. 그는 무엇인가 새로운 돌파구를 찾으려 더욱 견문을 넓혀야 한다는 의지에서 구미 유학의 뜻을 품고 준비를 서둘렀다. 당시 맏딸 정숙은 배화여고보를 졸업하고 일본 유학에서 돌아와 있었다.

그는 자신이 딸 역시 여성운동가나 지도자로 키우려는 생각으로 미국 유학을 보내려 했다. 그리하여 가족을 고향으로 돌려보내고 정숙과 함께 미국 가는 길에 올랐다.

그는 하와이, 샌프란시스코, 뉴욕 등을 6개월 동안 돌아보고 나서 딸을 미국에 남겨두고 발길을 유럽으로 돌렸다. 그는 미국 유학의 꿈을 접고 여러 나라 시찰에 나선 것이다. 그리하여 영국, 프랑스, 스위스, 독일, 러시아, 중국 등 6개월 동안 대륙횡단 여행을 하고 돌아왔다.

여행 도중에 여러 나라 요인들을 만나기도 했지만, 무엇보다 벨기에에서 개최된 국제약소민족대회와 반제동맹 창립대회를 참관한 것이 주목된다. 이 대회는 바로 사회주의권에서 주도한 것이다.

1917년 러시아에서 레닌은 볼셰비키 정권을 출발시키고 약소민족 해방을 외친 적이 있다. 이 대회는 1927년 2월 10일부터 10일 동안 세계 약소민족 대표 500여 명이 참석한 회의였다. 그는 신문기자 자격으로 이 회의를 방청석에서 모두 참관했다.

그는 이때 독일에서 유학하고 있는 이극로, 프랑스에서 유학하고 있는 김법린을 만났다. 조선대표단 단장 이극로는 조선독립 보장, 총독정치 철폐, 임시정부 승인을 주장했으나 중국, 인도, 이집트 문제에 밀려 주목을 받지 못했다. 그는 일본 제국주의 실상을 발표했고 일본을 구축해야 한다는 결의안 그리고 조선의 실정을 알리는 글을 배포하기도 했다.

허헌은 이 대회에 참가한 뒤 새로운 현실관을 갖게 되었다. 침략적 제국주의 실체를 더욱 알게 되었고 사회주자들의 주장에 대해 더 소상하게 이해하는 계기가 되었다. 어느 학자는 이를 두고 허헌은 일차적 목표를 민족해방에 두었기에 계급투쟁을 목표로 한 사회주의 혁명운동과는 일단 구분된다는 논리를 펴면서 그 둘을 모두 포괄할 수도 있을 것이라고 했다. 그는 귀국길에 중국 상해에 들르려 했으나 신병이 있어 남은 일정을 취소하고 돌아왔다.

귀국한 그에게는 새로운 활동이 기다리고 있었다. 1920년대에 들어 민족운동단체는 여러 갈래로 갈라졌다. 크게 구분하면 난립한 비타협적 민족주의 진영과 조선공산당이 불법화된 뒤 분열된 사회주의 진영이다. 이를 단일화해서 민족단일당 또는 민족협동전선을 구축해야 한다는 주장이 제기되었다.

그리하여 1927년 2월 신간회를 창립하고 회장에 이상재, 부회장에 권동진, 중앙위원에 안재홍, 홍명희, 허헌, 한용운 등 37명이 선출되었다. 당시 허헌은 외국 여행 중이어서 창립대회에는 참석하지 못했다. 하지만 허헌은 이 조직의 핵심 멤버로 활동했다.

신간회는 조직이 확대되어 최고조에 이르렀을 때에는 지방의 지회는 143개, 회원은 4만여 명을 헤아린 적도 있었다. 허헌은 중앙집행위원장을 맡기도 하면서 활동을 벌었다. 갑산의 화전민 방화사건을 조사 보고하고 총독부 당국에 항의했으며, 노동운동, 농민운동, 여성운동, 청년운동, 형평운동 등의 단체와 연계해 강연을 하기도 하고, 진상을 조사하여 공개하기도 했다.

그러다 큰 사건이 터졌다. 1929년 광주학생사건이 일어난 것이다. 광주고보 학생들은 여학생을 희롱한 일본 학생들과 난투극을 벌이기도 하고 경찰의 부당한 처사에 가두시위를 벌이기도 하다가 동맹휴학을 했다. 이 소식을 들은 다른 지역 학생들도 동맹휴학에 참가하여 전국적 학생운동으로 번졌다.

허헌, 김병로, 조병옥은 광주로 가서 진상을 조사하고 경찰을 방문해 항의하기도 했다. 일제 당국의 방해가 따르자 서울에서 민중대회를 개최하고 시위운동을 벌이기로 비밀 계획을 세워 격문 2만 장을 찍었다. 이 비밀 계획을 탐지한 일제 경찰은 일제히 신간회 간부를 검거했고 허헌의 변호사 사무실을 압수 수색했다.

그리하여 먼저 허헌, 홍명희, 조병옥 등 20여 명이 체포되었고, 이어 청년동맹, 근우회 관계자 등을 포함해 모두 100여 명이 체포되었다. 허헌은 2년 동안 감옥생활을 했다.

그런데 이 무렵 딸 허정숙도 체포되었다. 허정숙은 미국 컬럼비아대학에서 유학했다가 1927년에 귀국해 신간회 자매단체인 근우회에 가입해 활동했다. 허정숙은 광주학생사건으로 동맹휴학이 번질 때, 이화여고보 등 11개 학교 학생을 중심으로 항일시위를 벌이기로 모의했다. 그리하여 주모자인 허정숙과 학생 8명이 검거되었다.

허정숙은 징역 1년을 언도받았다. 부녀가 동시에 감옥생활을 했으니 화젯거리가 될 만했다. 이 사건으로 신간회는 없어졌고 허헌은 한동안 활동에 제약을 받았다.

● 결코 타협하지 않고 지조를 지키다

허헌이 옥중에 있을 때 아내 정보영이 죽었다. 그가 감옥에서 나오자 일제는 변호사 자격을 박탈했다. 그때 그는 딸 정숙의 소개로 여성운동가로 활동하는 유덕희를 알게 되었다. 유덕희는 이화학당을 졸업하고 여성동우회, 근우회에서 활동하면서 허헌과 가까워져 결혼했다. 두 사람의 나이 차이는 19년이었다. 딸과 같은 젊은 내조자를 얻은 것이다. 새 아내 사이의 첫딸 근욱이 1930년에 태어났다.

그는 변호사 일을 접고 대동광업주식회사의 중역을 맡았다. 그런데 딸 정숙이 중국 망명을 가겠다는 결심을 털어놓았다. 여성운동을 하던 정숙은 첫 남편과 이혼을 했고, 공산당 간부인 새 연인 최창익과 함께 중국 남경을 거쳐 연안의 독립동맹의 멤버로 활동하다가 북한으로 갔다. 딸의 이런 행적은 앞으로 그의 활동과 깊은 관련을 맺고 전개되었다.

일제는 만주사변을 일으킨 뒤 곧바로 〈동아일보〉와 〈조선일보〉를 폐간시켰다. 1937년에는 중일사변을 도발한 뒤 식민지 조선을 전시체제로 개편해 압박을 가했고, 마침내 1941년 미국과 전쟁을 벌였다. 1942년 일제는 전세가 불리해지자 방송 등 언론통제에 나섰다. 당시 미국에서는 미국의 소리를, 임시정부에서는 일본의 패배를 알리는 단파방송을 내보내고 있었다.

이를 경성방송국 조선인 기술자나 아나운서 등 관계자들이 비밀리에 청취해서 송남헌 등을 통해 청진동 합동변호사 사무실에 전달했다. 그리하여 허헌, 김병로, 이인 등은 국제정세를 환하게 꿰고 일제의 패망을 예견하고 있었다.

이때 일제 경찰은 경성방송국을 덮쳐 40여 명을 연행했고, 뒤이어 허헌 등도 잡혀갔다. 이 일에 150여 명이 연루되었다. 허헌은 58세의 노인으로 심한 고문을 받았고 딸이 망명한 혐의도 죄명에 포함되었다. 그는 2년 정도 옥고를 치르다가 건강이 극도로 악화되어 1945년 4월 병보석으로 출감했다.

이 사건을 경성단파 방송사건이라 부른다. 그 뒤 허헌은 두 번째 아내의 처가가 있는 신천의 달천온천에서 휴양을 하면서 해방을 맞이했다. 그는 식민지 시기 한 번도 일제와 타협한 적이 없는 지조를 지닌 인물이었다.

● 나무랄 데 없는 휴머니스트

여운형은 해방 공간에서 건국준비위원회를 조직해 조선총독부에서 행정을 접수하고 치안대를 조직해 혼란 방지에 힘을 기울였다. 허헌이 신천에 있을 때 여운형은 사람을 보내 허헌에게 건국준비위원회 참여를 당부했다.

허헌은 병을 치료하는 중이었으나 흔쾌하게 참여했다. 초기 안재홍은 건국준비위원회의 부위원장을 맡았으나 현실 대처를 달리해 조선국민당을 창설하고 임시정부 지지를 선언했다. 건국준비위원회는 내부 갈등이 유발되었으나, 이해 9월 무렵 여운형, 안재홍을 재신임하고 허헌을 부위원장에 추대했다. 그 결과 건국준비위원회는 위원장 여운형, 부위원장 안재홍, 허헌 체제로 지도부를 형성했다. 이어 전국인민대표자대회를 열고 조선인민공화국 수립을 준비했다.

허헌은 인민위원으로 참여하면서 한민당 계열과는 달리 임시정부의 추대론을 부정하고 인민공화국을 준비해야 한다는 현실관을 보였다. 마침내 인민공화국 조각이 발표되었다. 주석 이승만, 부주석 여운형, 그리고 다음으로 허헌은 국무총리에 추대되었다. 좌우의 계열이 망라되어 있었다. 미군정이 실시된 뒤 건국준비위원회는 해체되었으며 인민공화국도 부정되었다.

그는 미군정이 추진했던 좌우합작운동이 일어났으나 지지부진한 현실을 보고 이를 반대했다. 오히려 미소 공동위원회가 원만하게 진행되기를 바랐다. 그는 해방 이후 정당에 가입하지 않고 개인 자격으로 활동했다.

한편 1946년 가을 북조선노동당이 결성되자 이에 자극을 받아 백남운의 신민당, 여운형의 인민당, 그리고 일부 공산당이 합당하는 논의가 활발하게 전개되었다. 특히 남쪽 공산당을 이끈 박헌영이 이를 적극적으로 추진했다. 이를 허헌이 지지하며 박헌영 노선을 따랐다. 허헌은 이 무렵 무엇보다 일제 잔재의 숙청, 정권을 인민위원회에 넘길 것, 토지제도를 개혁할 것 등을 주장하거나 동조하고 나섰다.

좌파 계열 합당도 두 갈래로 나누어졌다. 앞에서 말한 3당이 합당해 결성한 사회노동당과 박헌영이 주도하는 남로당이 갈라진 것이다. 이때 허헌은 처음으로 신민당에 가입했고 이어 남로당과 합당을 도모했다. 당시

9월 총파업, 대구 10·1항쟁이 일어났고 박헌영에게 체포령이 내려졌다. 이런 상황에서 이해 12월 10일 미군정 대표가 참석한 가운데 남로당이 결성될 때 그는 위원장으로 선출되었고 박헌영은 부위원장으로 추대되었다.

이때 그는 사회노동당을 겨냥해 기회주의적 태도를 배격한다고 선언했다. 허헌이 이끈 남로당의 당세는 100만 명의 당원을 확보할 정도로 확대되었다. (심지연《허헌 연구》)

여운형이 1947년 7월 암살되고 난 뒤 좌우합작은 일단 실패로 돌아갔고 단독정부 수립 논의가 활발하게 전개되었다. 1948년 4월 김일성의 제안으로 남북정치지도자 연석회의가 해주에서 열렸다. 그는 남쪽 좌파 대표로 여기에 참여했고 우파로는 김구, 김규식, 북쪽 좌파로는 김일성, 김두봉 그리고 각계 대표로 홍명희, 백남운, 김원봉 등이 참여했다. 이 역시 성과를 거둘 수 없게 되자 그는 가족을 데리고 월북했다.

당시 딸 정숙은 독립동맹의 일원으로 북한에 들어가 맹렬하게 활동하고 있었다. 그는 조선민주주의인민공화국의 최고인민회의 대의원에 이어 의장이 되었다. 북한에서 그는 명망가로 활동하면서 원만한 대인 관계로 마찰을 거의 빚지 않았다. 딸 정숙은 조선인민공화국의 초대 문화선전상을 맡았다.

비극의 한국전쟁이 일어났을 때 그는 65세의 노구를 이끌고 평북 강계 초산리 등지로 피난을 다녔다. 1951년 8월 일시 중지되었던 김일성대학이 정주에서 개교를 준비하고 있을 때, 그는 그 대학 총장으로 개학식에 참석하려고 대령강을 건너다가 홍수로 범람한 물에 배가 뒤집혀 익사했다. 그의 유해는 평양 애국열사릉에 묻혔다.

앞에서 본 대로 줄기차게 민족운동과 민권운동을 벌인 뒤, 마지막에 그가 인민공화국에 참여한 사실은 어떻게 해석해야 할지 혼란스럽다. 하지만 단 하나, 그는 나무랄 데 없는 휴머니스트였다는 점에 주목해야 할 것이다.

02

백남운

학 자 출 신 의 좌 파 정 치 인

백남운은 혼돈의 시대를 살면서 학문을 탐구한 중요한 역사가였으나 마지막에는 정치가로
변신하여 북한정권 아래에서 안정을 찾았다. 이를 성공으로 평가해야 할까, 실패로 규정해야
할까. 다시 생각해볼 문제이다.

● 선비의 아들로 태어나 신학문을 배우다

오늘날 남쪽에서 백남운白南雲(1894~1979)을 아는 사람이 드물 것이다. 그의 생애를 돌아보면 그럴 만한 까닭이 있다. 백남운은 남쪽에서 태어났으나 월북했고 학자 출신이었으나 정치가로 변신했으며 일제와 타협하지 않으면서 사회주의 경제학에 몰두했다. 그야말로 특이한 존재였다 할 수 있다. 그는 북한에서 교육상을 지낸 요인이었다. 그리고 김일성 유일사상에 매몰되어 물리적 탄압을 받지는 않았으나 이름이 역사에서 사라지다시피 했고, 남한에서는 사회주의자로 매도당했다. 이런 아웃사이더의 생애와 행동을 알아두는 것도 의미 있을 것이다.

백남운은 동학농민전쟁이 일어나던 해에 그 중심지의 하나인 전북 고창군 아산면 반암리 반암마을에서, 조선시대 명신인 백인걸白仁傑의 후손 백낙규白樂奎의 차남으로 태어났다. 이들 성내면의 엄골 백씨들은 향반으로 행세했는데, 백낙규는 처가가 있는 반암마을로 이사를 와서 살았다. 백낙규는 넉넉한 처가의 도움을 받으면서 시골 선비로, 이 지역 유림의 거두인 송병선 문하에서 주자학을 연마했다 한다.

그런 배경 탓으로 동학농민전쟁이 일어났을 때 강보에 싸인 어린 아들을 안고 피난을 다녔으며, 이해 9월 유회군 또는 수성군이 일어나 농민군 토벌에 나섰을 때 흥덕을 중심으로 활동했다.(《거의록擧義錄》참고) 하지만 그 뒤 스승 송병선이 일제에 항거해 자결을 하고 유림 중심의 항일의병이 일어났을 때는 여기에 가담하지 않아 비난을 받았다. 그 뒤에도 반암에 서당을 열어 문하생을 기르다가 1935년에 조용한 삶을 마무리했다. 즉 그

는 척사 계열의 선비였으나 평탄한 삶을 살았다고 해야 할 것이다.(방기중
《한국 근현대사상사 연구》)

백남운은 이런 아버지를 따라 어릴 적부터 한문 공부에 열중했고 주자
학을 익혔다. 뒷날 경제사를 연구할 때 이때 배운 한문 실력이 큰 도움이
되었으나, 주자학을 봉건적 이데올로기, 반동사상으로 매도하기도 했다.
18세 때에는 장성의 유림집안 딸인 기남섭과 혼인을 했다.

그는 새로운 결심을 다지고 1912년 19세의 나이로 수원농림학교에 입
학했다. 이 학교는 수업료가 없었고 기숙사 생활을 할 수 있었다. 그리고
학비보조까지 받아 그리 어렵지 않게 공부할 수 있었다. 바로 이런 혜택
때문에 이 학교에 입학했던 것이다. 그는 수원을 제2의 고향이라고 하면
서 그때의 생활을 무척 즐겁게 회고했다. 그러나 기술습득과 응용농학에
는 별로 흥미를 느끼지 못했던 것 같다. 하지만 이 학교에서 근대 과학지
식을 터득하고 경제사상의 기초를 터득했다. 또 조선 농촌에 대한 여러 실
상을 관찰할 수 있었다. 곧 지주와 소작인 사이의 계급적 대립을 구체적
으로 습득했다.

● 조선경제사를 전공하다

백남운은 1915년 농림학교를 졸업하고 의무규정에 따라 강화공립보통학
교의 교원으로 발령을 받았다. 이 학교에서 2년간 근무한 뒤 강화군 삼림
조합의 기술자로 전보 발령을 받아 다시 1년을 근무했다. 그는 이 시기 미

래에 대해 고뇌하면서 방황했고 새로운 지적 욕구를 위해 새 돌파구를 열려고 결심했다. 그리하여 3년 동안의 강화도 생활을 청산하고 일본 유학준비를 서둘렀다. 마침내 1918년 가을 동경으로 건너갔다. 그는 어떤 연유인지 진보적 자유주의자이며 종합잡지 〈개조〉를 발간하는 야마모토 사네히코山本實彦의 집에서 기숙하면서 동경고등상업학교 입학 준비를 서둘렀다. 이것이 그의 인생 향로를 바꾸는 결정적 계기가 된다.

1년 뒤 동경고등상업학교 예과에 진학해 과정을 마친 뒤 동경상과대학에 진학했다. 그동안 국내에서는 3·1운동이 전개되었으나 입시 준비에 몰두한 그가 무슨 역할을 할 처지는 아니었다. 그는 일본의 수재가 들어간다는 동경상대에 입학해 주변 사람들의 입에 오르내리며 화제를 낳았다. 그는 대학에 다니면서 당시 일본 학생들 사이에서 유행하던 사회주의에 매료되었고, 조선경제사를 전공하기로 결심했다. 이런 경향은 일본 관학의 대표격인 동경상대에서는 용납되지 않았으나, 그는 굽히지 않고 꾸준하게 마르크스주의에 심취했다. 이에 대해 방기중은 이렇게 평가하고 있다.

철저하게 민족적 관점을 바탕으로 맑스주의를 수용했다는 것이다. 그는 일제의 지배를 노예적 지배와 하등 차이가 없는 것으로 간주했는데 맑스주의 역시 이러한 강렬한 민족의식과의 관련 속에서 내면화되었다. 그는 맑스주의를 수용하는 초기부터 사회주의 사회의 실현은 민족해방이 전제되는 한에서 가능하다는 입장을 취했다.

방기중《한국 근현대사상사 연구》

이런 신념 탓으로 그는 일제에 영합하지 않는 삶을 살 수 있었다.

● 한국 최초의 사회경제학자로 떠오르다

그는 1925년 동경상대를 졸업하고 곧바로 연희전문학교 상과 교수로 부임했다. 그의 상과 동료교수로는 이순탁과 조병옥이 있었다. 백남운은 이순탁과 함께 마르크스주의 경제학을 적극적으로 소개하면서 이론적 공상보다 민족경제의 현실 문제를 푸는 데 심혈을 기울였다. 그리하여 연희전문학교 상과 학생들은 두 교수의 지도를 받아 사회주의 이론을 터득하는 이론가가 되었다. 조동걸은 백남운의 몸가짐에 대해 이렇게 말하고 있다.

> 백남운은 대단히 적극적인 분이었고 세상을 공허하게 사는 분이 아니었어요. 연전·교수로 있을 때는 만날 웃기를 잘하는, 대인 감각도 아주 좋은 분이었습니다. 항상 눈웃음을 띠고 있어서 일본말로 별명이 '니꼬니꼬'(싱글벙글이라는 뜻)라고 했대요. 자기에게 필요하다면 누구나 만나서 부닥쳐보는 적극적인 성품을 가지고 있었으니……
>
> 역사문제연구소 《한국현대사의 라이벌》

한편 1920년대 조선공산당이 창설되어 지하활동을 전개했는데, 이에 힘입어 노동-농민운동이 세차게 일어났다. 당시에는 국학운동이 활발하게 일어났다. 이를 주도한 학자들 곧 최남선, 최익한, 정인보, 백낙준 등은 실학 등 한국학 연구를 통해 일제 식민사관에 맞섰다. 이들은 다산의 저술을 발간하는 등의 성과를 냈다. 한편 일제 당국은 조선사편수회를 만들어 조선사를 식민사관의 관점에서 진행시키고 있었다. 조선인 학자로는 이능화, 홍희 등이 참여하고 있었다. 백남운은 조선사회경제사 집필에 열중하면서 국학운동에도 참여했다. 그는 정인보와 긴밀하게 교류하면서 정약용을 중심으로 한 실학연구에 몰두했고, 조선의 토지제도 자료 수집과 연구에 열중했다.

이 시기에 조선 내부에서는 좌우대립이 극심하게 전개되어 민족운동 동력이 분열을 빚고 있었다. 그리하여 좌우 합작의 신간회가 결성되어 새로운 활로를 모색했다. 이때 민족개량주의자들이 등장했다. 이들은 신간회와는 달리 연정회를 조직하고 자치운동을 펴 나갔다. 천도교의 신파 최인, 〈동아일보〉 계열의 김성수, 송진우, 수양동우회의 이광수, 기독교계의 윤치호 등이, 조선총독 사이토 마코토齋藤實의 후원을 받아 '일본은 조선의 자치권을 인정하라'는 운동을 펴면서 민족협동전선에 대한 와해공작을 벌였다. 그리고 신간회 해체를 촉발했고 민족운동 전선의 분열을 가속화했다. 게다가 일제 당국은 사상 탄압을 더욱 심하게 벌였다. 그리하여 1928년 조선공산당의 해체에 이어 1930년 첫 무렵 신간회가 해체되었다.

이 과정에서 연희전문학교 상과 학생들은 막후 세력의 사주를 받아 이순탁, 백남운 배척운동을 벌였다. 그리하여 학교 당국에서 학생 100여 명을 처벌하는 조치가 내려졌는데, 여기에는 같은 상과 교수인 조병옥이 개입되어 있었다. 백남운은 우파 계열의 학자들로부터도 배척을 받았으나 정인보와는 학문적 우정을 나누었다. 백남운이 민족주의적 관점에서 자치론을 비판하는 글을 발표하자 자치운동을 벌이는 인사들의 집중적 공격을 받았다. 그는 이 일로 유명세를 타기도 했다.

1933년 6월에는 조선경제학회를 창립해 자신이 대표간사를 맡아 회원 46명을 헤아리는 큰 규모의 학술단체로 성장시켰다. 이어 1933년 9월 《조선사회경제사》가 일본 동경의 개조사에서 일어판으로 출간되었다. 이 저서는 평생 이룩한 백남운의 학문적 성과였고 업적이었다.

1933년에는 조선학운동이 비타협 민족주의자인 안재홍, 정인보 등을 중심으로 본격적으로 전개되었다. 이들의 주도로 정약용의 시문집인 《여유당전서》가 간행되었다. 또 경성제대 출신인 이병도 등이 일본 관학의 방법론에 충실한 실증주의를 표방한 진단학회를 창립했다. 이들 두 계열은 마르크스주의 학문에 대한 대책 또는 대항의 성격을 띠고 있었다. 백남운은 학회가 내분에 휩싸이는 고통을 겪었는데, 이에 대해 이렇게 강조하기도 했다.

> 조선민족은 혈연, 지연, 언어, 문화, 역사적 운명 등의 공통성을 구유한 단일민족으로서 수천 년의 역사를 가졌다는 것은 세계사적으로 이례의 존재거니와…… 역사상의 불사조로서 인류서식의 지구의 수명이 존속되는 한에는 조선민족도 영속할 것이다.
>
> 백남운 《오인의 사명과 주장》

이는 그가 국수주의적 경향을 지닌 민족주의자임을 확인시켜준다. 그는 계속 조선사 연구에 열중했다. 그 결과 많은 논문과 저술을 펴냈고 한국 최초의 사회경제학자로 떠올랐다.

　1930년 후반 전시체제 아래에서도 그는 학문 연구와 학생 지도에 열 중했으나 끝내 사고가 터지고 말았다. 1938년 그의 연희전문학교 제자들 이 주도한 경제연구회에서 여운형을 초빙해 강연을 벌인 적이 있었다. 이 때 이들은 적색분자로 몰려 60여 명이 잡혀갔고 지도교수인 백남운, 이 순탁, 노동규도 연루되어 치안유지법 위반이라는 죄명으로 2년 동안 감 옥살이를 했다.

　그는 석방된 뒤 교수직을 박탈당해 낙백생활을 하게 되었다. 그런데 또 다른 사단이 일어났다. 그는 전시체제 아래에서 추진된 독점적 통제경제 를 비판하는 논문을 써서 주목을 받았다. 그러나 어쩐 일인지 독점적 통 제경제를 지지하는 강연을 했고 뒤이어 신용금고회사의 상무까지 지냈 다. 일종의 친일행각이었다. 이는 이해할 수 없는 행각이지만 자세한 내 막은 알 수 없다.

● 학자에서 정치가로

해방 공간에서는 그에게 새로운 역할이 주어져 있었다. 초기에 그는 학술 문화운동에 나섰고, 해방된 지 하루 만인 8월 16일 조선학술원을 조직했 다. 이것은 급조한 것이 아니라 일제시기 중앙아카데미를 만들려 했다가 뜻을 이루지 못한 뒤 새로 결실을 본 것이다.

　최초로 벌인 이 학술운동은 실패로 끝났다. 이유는 간단했다. 원장인 백남운이 무당파를 선언했기 때문이다. 그 때문에 좌우의 정당 사회단체들이 들고 일어나 반대 공세를 벌였다.

그는 이어 경성대 재건작업을 벌였다. 미군정은 다양성을 무시하고 여러 대학을 통합하려는 국립대학안을 냈다. 그런데 그는 이 국립대학안을 반대하고 나섰고 진보적인 많은 학생과 지식인들이 동조했다. 하지만 미군정 당국이 한민당 계열의 극우인사인 유억겸을 교육 책임자로 임명하면서 다시 좌절을 맛보았다.

모스크바 삼상회의에서 한국의 위임통치안이 발표되자, 그는 조선학술원 원장의 이름으로 반탁을 선언하고 강연을 통해 이를 주장했다. 그러나 나중에는 입장을 바꾸어 찬탁을 지지했다. 이때에도 그에게 비난이 쏟아졌다.

무당파는 좌우의 대립 속에서 힘을 발휘할 수 없었다. 그런 탓인지 백남운은 바로 정치일선에 뛰어들었다. 그는 중국 연안에서 독립운동을 전개하다가 북한에 들어온 조선독립동맹의 지도자 김두봉과 일정한 연계를 맺고 있었다. 그는 조선독립동맹 경성특별위원회를 조직하고 위원장이 되었다. 그도 해방 공간에서 새로운 정당 활동을 벌인 것이다. 그러나 지부 성격을 띤 경성위원회는 한계를 지닐 수밖에 없었고, 이후 김두봉의 동의 아래 조선신민당이라는 간판을 내걸고 발전적으로 개편해 대표가 되었다. 그는 조선신민당의 대표 자격으로 북한에 두 번 다녀왔다.

그리고 정당 사회단체가 난립하는 현실을 타개하기 위해 통일전선운동을 벌였다. 그리하여 신민당과 인민당, 공산당이 합당해 조선노동당을 결성하기도 했다. 그는 박헌영이 이끄는 남로당에는 가입하지 않고 거리를 두고 있었는데, 이를 통해 박헌영과는 맞수 또는 긴장관계를 유지했다.

이 과정에서 그는 현실의 장벽 앞에서 회의를 느끼고 정계은퇴를 선언하기도 했다. 그 뒤에는 민족문화연구소를 꾸리고 문화운동을 펼쳤다. 당시 연구소 구성원만으로 인문학 강좌를 열었는데, 경제학에 최호진, 전석담, 한국문화학에 양주동, 서양철학에 박종홍, 문학에 설정식 등이 참여했다.

하지만 정계은퇴 6개월 만인 1947년 4월 다시 정계복귀를 선언했다. 당시 3·22총파업이 단행되고 미소공동위원회가 속개되었으며 테러가 자행되었다. 그는 단독정부 수립을 반대하는 글을 발표하고 나서 여운형과 합작해 근로인민당을 창당했다. 위원장은 여운형, 부위원장은 백남운을 비롯해 장안파 공산당 지도자인 이영, 인민당 지도자인 장건상 등이 맡았다.

그러나 이해 7월 여운형이 암살되는 비운을 겪고 나서 더 이상 조직을 유지할 수 없었다. 또 8월에 들어 좌익 세력 검거선풍이 불었다. 백남운도 당원과 함께 검거되는 위기에 내몰렸다. 신변의 위험을 느낀 그는 풀려난 뒤 가족을 데리고 은밀히 월북했다.

그동안 그는 북한을 두 차례 드나들면서 남북협상 준비를 서둘렀다. 무당파를 표방하던 그는 어느새 중도파의 면모를 보였다. 그래서 학자들은 그를 여운형과 함께 중도좌파로 분류한다. 그는 통일정부를 구상하면서 공산주의와 자유민주주의를 배격하고 통합적인 신민주주의를 내세웠으나 양측의 배격을 받았다. 그는 남한에서는 공산주의자, 북한에서는 분열주의자로 비판을 받았다.

● 혼돈의 시대를 살다가다

북한의 김일성은 1948년 3월 단독선거와 단독정부 수립을 배격하고, 조선의 모든 정당, 사회단체와 연석회의를 갖자고 제의했다. 이어 김일성, 김두봉의 명의로 남북요인회담을 요구하는 편지를 김구, 김규식 앞으로 보냈다. 처음 초청 인사는 15명이었는데, 백남운은 근로인민당 대표로 여기에 포함되었다.

협상의 주역은 북한의 김일성, 김두봉, 남한의 김구, 김규식이었으나 주요 멤버로는 홍명희, 허헌, 백남운, 김원봉 등이 있었다. 백남운은 남북 연석회의에서 박헌영과 함께 남한의 정세보고를 했고 사회를 맡는 등 많은 활동을 보여주었다.

그는 북한정권이 수립될 때 근로인민당 대표로 주석단에 참여했고 조선민주주의인민공화국 헌법을 제정할 때는 주로 교육 조항에 기여했다. 그런 공적 때문인지 초대 교육상에 임명되었다.

그 뒤 8년쯤 과학원 원장을 겸임하는 등 교육상의 자리를 지키다가 물러났다. 이어 최고인민회의 대의원과 위원장을 맡기도 하고 노동당의 중앙위원(서열 31위)을 역임하기도 했다.

그는 자신의 맞수 박헌영이 미제 간첩혐의로 처형을 당하고 선배이자 동료였던 김두봉이 연안계로 숙청을 당하는 과정에서도 온전하게 자리를 지켰다. 아마도 그의 유연한 처신과 온건한 행동 탓일 것이다.

백남운은 85세의 장수를 누리고서 남쪽의 고향을 다시 찾아오지 못한 채 죽었다. 지금의 고창에 있는 그의 생가는 퇴락해 허물어지고 있다. 친척도 외면하고 후손도 없는 탓일 것이다.

혼돈의 시대를 살면서 학문을 탐구한 역사인으로 그는 중요한 역할을 했지만 마지막에는 정치가로 변신하여 북한정권 아래에서 안주를 찾았다. 이를 성공으로 평가할까, 실패로 규정할까. 다시 생각해볼 문제이다.